国家哲学社会科学成果文库
NATIONAL ACHIEVEMENTS LIBRARY
OF PHILOSOPHY AND SOCIAL SCIENCES

中国高铁技术赶超：
制度激励与能力构建

吕铁 著

中国社会科学出版社

图书在版编目（CIP）数据

中国高铁技术赶超：制度激励与能力构建／吕铁著．—北京：中国社会科学出版社，2023.5

（国家哲学社会科学成果文库）

ISBN 978-7-5227-1591-9

Ⅰ.①中… Ⅱ.①吕… Ⅲ.①高速铁路—铁路运输发展—研究—中国 Ⅳ.①F532.3

中国国家版本馆 CIP 数据核字（2023）第 044687 号

出 版 人	赵剑英
责任编辑	黄　晗
责任校对	李　莉
封面设计	郭蕾蕾
责任印制	戴　宽

出　　版	中国社会科学出版社
社　　址	北京鼓楼西大街甲 158 号
邮　　编	100720
网　　址	http://www.csspw.cn
发 行 部	010-84083685
门 市 部	010-84029450
经　　销	新华书店及其他书店

印刷装订	北京君升印刷有限公司
版　　次	2023 年 5 月第 1 版
印　　次	2023 年 5 月第 1 次印刷

开　　本	710×1000　1/16
印　　张	19.25
字　　数	266 千字
定　　价	138.00 元

凡购买中国社会科学出版社图书，如有质量问题请与本社营销中心联系调换
电话：010-84083683
版权所有　侵权必究

《国家哲学社会科学成果文库》
出版说明

为充分发挥哲学社会科学优秀成果和优秀人才的示范引领作用,促进我国哲学社会科学繁荣发展,自 2010 年始设立《国家哲学社会科学成果文库》。入选成果经同行专家严格评审,反映新时代中国特色社会主义理论和实践创新,代表当前相关学科领域前沿水平。按照"统一标识、统一风格、统一版式、统一标准"的总体要求组织出版。

全国哲学社会科学工作办公室

2023 年 3 月

目 录

第一章 总论
第一节 高铁:"中国一定是做了非常对的事" / 001
第二节 方法:回归产业政策研究的调研传统 / 004
第三节 理论:技术赶超的激励结构、能力基础和
行为特征 / 008

第二章 中国高铁技术赶超的历程与分析框架
第一节 引言 / 016
第二节 中国高铁技术赶超的历程 / 018
第三节 政府干预驱动中国高铁技术赶超的分析框架 / 027
第四节 中国高铁技术赶超的启示与延伸讨论 / 040

第三章 政府干预驱动中国高铁技术赶超的有效边界
第一节 研究问题提出 / 054
第二节 数据来源与调研方法 / 057
第三节 政府干预驱动中国高铁技术赶超的关键因素 / 060
第四节 研究发现与"高铁模式"的有效边界 / 077

第四章　产业创新体系演进与中国高铁技术赶超

　　第一节　引言　/ 081

　　第二节　文献综述与分析框架　/ 083

　　第三节　数据收集方法　/ 092

　　第四节　中国高铁产业创新体系的基本特征分析　/ 093

　　第五节　中国高铁产业创新体系的动态演进　/ 099

　　第六节　结论与讨论　/ 117

第五章　政企系统集成能力共演化与中国高铁技术赶超

　　第一节　引言　/ 121

　　第二节　文献评述与研究问题　/ 125

　　第三节　研究设计与方法　/ 138

　　第四节　案例分析与研究发现　/ 149

　　第五节　结论与讨论　/ 177

第六章　中国高铁技术赶超过程中的正向设计能力

　　第一节　引言　/ 187

　　第二节　文献回顾与分析框架　/ 189

　　第三节　数据收集与分析　/ 194

　　第四节　中国高铁装备产业的正向设计能力发展　/ 195

　　第五节　中国高铁装备产业正向设计能力发展的
　　　　　　促进因素及其作用　/ 198

　　第六节　研究结论与政策启示　/ 208

第七章　面向未来的中国高铁创新体系与政策

第一节　引言 / 212

第二节　"从并跑到领先"面临的挑战与问题 / 213

第三节　构建创新导向的制度激励结构 / 214

第四节　避免企业过度多元化陷阱 / 220

第五节　重构产业共性技术研发机构 / 223

第六节　强化高校基础研究功能 / 228

附　录

附录1　中国准高速和高速列车研制的主要阶段 / 236

附录2　中国准高速和高速列车主要型号 / 242

附录3　中国三大高速动车组整车企业研制的主要动车组型号 / 244

附录4　系统集成能力的多种定义与维度划分 / 247

附录5　访谈数据、实地调查与二手数据来源编号 / 255

参考文献　/ 266

后　记　/ 292

CONTENTS

CHAPTER 1　GENERAL INTRODUCTION AND OVERVIEW
 1.1 HSR Industry: "China must have done something
    extremely right" / 001
 1.2 Methodology: A Return to the Tradition of Field Research on
    Industrial Policy / 004
 1.3 Theoretical Framework: Incentive Structure, Capability Base, and
    Behavioral Characteristics Underlying Technological Catch-up / 008

**CHAPTER 2　PROCESSUAL FACTS AND ANALYTICAL FRAMEWORK
     OF THE TECHNOLOGICAL CATCH-UP IN CHINESE
     HSR INDUSTRY**
 2.1 Introduction / 016
 2.2 Processual Facts: Technological Catch-up in Chinese HSR
    Industry / 018
 2.3 Analytical Framework: Government-Driven Technological
    Catch-up / 027
 2.4 Implications and Extended Discussions / 040

**CHAPTER 3　BOUNDARY CONDITIONS FOR GOVERNMENT
     INTERVENTION TO DRIVE TECHNOLOGICAL
     CATCH-UP IN CHINESE HSR INDUSTRY**
 3.1 Research Questions / 054

3.2　Data Sources and Research Method ／ 057
3.3　Key Factors Underlying Government-Driven Technological Catch-up in Chinese HSR Industry ／ 060
3.4　Findings and Boundary Conditions of the HSR Model ／ 077

CHAPTER 4　EVOLUTION OF INDUSTRIAL INNOVATION SYSTEM AND TECHNOLOGICAL CATCH-UP IN CHINESE HSR INDUSTRY

4.1　Introduction ／ 081
4.2　Literature Review and Analytical Framework ／ 083
4.3　Data Collection ／ 092
4.4　Basic Characteristics of Chinese HSR Industy's Innovation System ／ 093
4.5　Dynamic Evolution of Chinese HSR Industry's Innovation System ／ 099
4.6　Conclusions and Discussions ／ 117

CHAPTER 5　COEVOLUTION BETWEEN GOVERNMENT'S AND FIRM'S INTEGRATION CAPABILITIES AND TECHNOLOGICAL CATCH-UP IN CHINESE HSR INDUSTRY

5.1　Introduction ／ 121
5.2　Literature Review and Research Questions ／ 125
5.3　Research Design and Research Method ／ 138
5.4　Case Analysis and Findings ／ 149
5.5　Conclusions and Discussions ／ 177

CHAPTER 6　DEVELOPMENT OF FORWARD ENGINEERING CAPABILITIES IN THE PROCESS OF TECHNOLOGICAL CATCH-UP IN CHINESE HSR INDUSTRY

6.1　Introduction ／ 187
6.2　Literature Review and Analytical Framework ／ 189
6.3　Data Collection and Data Analysis ／ 194

6.4　Development of Forward Engineering Capabilities in the Chinese HSR Equipment Industry ／ 195

6.5　Factors Facilitating the Development of Forward Engineering Capabilities in the Chinese HSR Equipment Industry and Their Influences ／ 198

6.6　Conclusions and Implications ／ 208

CHAPTER 7　INDUSTRIAL INNOVATION SYSTEM AND INDUSTRIAL POLICY FOR THE FUTURE

7.1　Introduction ／ 212

7.2　Challenges in A New Era: From Parallelling to Pioneering ／ 213

7.3　Contructing Innovation-Oriented Institutional Incentive Structure ／ 214

7.4　Avoiding the Trap of Over-Diversification ／ 220

7.5　Reconstructing Industrial Generic Technology Research Institutes ／ 223

7.6　Enhancing Basic Research in Universities ／ 228

APPENDICES

Appendix 1　Stages of the Development Process of Chinese Quasi-High-Speed and High-Speed Trains ／ 236

Appendix 2　Main Models of Chinese Quasi-High-Speed and High-Speed Trains ／ 242

Appendix 3　Main Models of High-Speed Trains Developed by the Three Major Chinese High-Speed Train Integrators ／ 244

Appendix 4　Definitions and Dimensions of Integration Capabilities ／ 247

Appendix 5　List of Interviews, Field Research, and Second-hand Data Sources ／ 255

REFERENCES ／ 266

POSTSCRIPT ／ 292

第一章
总　论

第一节　高铁："中国一定是做了非常对的事"

2015年7月，习近平总书记在考察中车长春轨道客车股份有限公司时指出，高铁是我国装备制造的一张亮丽的名片。2021年1月，习近平总书记乘坐京张高铁赴张家口赛区考察北京冬奥会筹办工作时再次指出，我国自主创新的一个成功范例就是高铁，从无到有，从引进、消化、吸收再创新到自主创新，现在已经领跑世界。然而，直到2015年[1]，学术界对中国高铁技术赶超经验进行系统理论提炼和解释的研究仍然处于空白状态。中国高铁何以在短短十余年时间完成了对引进技术的消化吸收并逐步形成正向设计能力，在学术研究层面总体上处于"黑箱"状态。为了弥补学术研究严重滞后于中国高铁发展重要事实的缺口，本书的四位作者萌发了基于扎实的实地调研呈现中国高铁技术赶超的典型事实，通过跨学科对话发展复杂产品系统赶超理论的研究动机。

与当前学术界和决策部门对中国高铁技术赶超及其经济社会效益几乎一致的赞誉不同，本书作者开展研究伊始，学术界不乏对高铁"成功"的质疑

---

[1] 其时中国具有自主知识产权的中国标准动车组已经下线，并开始进入中国铁道科学研究院国家铁道试验中心进行型式试验。

和严厉批评。其中，最具代表性的观点，一是吴敬琏先生[1]提出的，中国高铁的技术创新成功不过是"政府强制+国企海量投资"所驱动的"大跃进"式的政绩工程的副产品；二是北京交通大学赵坚教授[2]的观点，"中国是当今世界高速铁路发展最快、运营里程最长、在建规模最大的国家，但同时也是高铁负债规模最大、高铁运营亏损最严重的国家……能否实现盈亏平衡，能否提高交通资源的配置效率优化中国交通运输结构，才是评价高铁是否成功的标准。然而在这两方面高铁并不成功"。两位国内著名学者对高铁技术赶超的批评，代表了当时学术界质疑高铁发展模式和发展绩效的一类立场。不仅如此，基本的经济学信条似乎也很难解释中国高铁的技术成功。直观地分析，中国高铁特殊的制度和产业组织条件都与主流经济学的基本教义格格不入：首先，作为新古典经济学基本框架的阿罗—德布鲁一般均衡理论认为，符合特定条件的完全竞争能够达到社会福利最大化的资源最优配置状态。基于这样的理论认识，主流经济学将市场机制是资源配置最有效的方式视为现代经济学最基本的命题。然而，中国高铁却是中国众多产业中市场化程度最低的产业之一。中国高铁的整个发展过程都体现了鲜明的政府意志，贯穿着频繁、强烈的行政干预活动。而且，不同于其他多数产业多头管理的组织体制，由于铁路部门的管理体制长期相对封闭、独立，即便在2004年中国高铁进入快速发展时期以后，此时中国市场经济的发展已经进入相对成熟的阶段，铁路部门的行政管理色彩相对于其他产业也更加浓厚。其次，主流经济学强调，私人产权对于资源有效配置是重要的，剩余控制权和剩余索取权是激励企业家创新的制度基础。然而，在这个维度，中国高铁国有产权主导的事实再次与主流经济学的基本教义分道扬镳。中国高铁从工程建设到装备制造，再到

---

1 吴敬琏：《高铁危言》，载王晓冰等《大道无形——铁道部：政企合一的失败样本》，南方日报出版社，2013。

2 赵坚：《高铁"走出去"——热烈中的冷思考》，《东方早报》2014年12月2日。

运营组织管理的几乎全部主要的企业主体或科研院所都是国有（国有控股）企业或事业单位。

学术界对中国高铁发展绩效的严重质疑和发展模式的激烈批评，以及经济学基本理论与高铁制度特征的"冲突"，越发激起了我们打开高铁赶超发展"黑箱"的兴趣。但与此同时，也促使我们更加谨慎地提炼研究问题，特别是赵坚教授提出的高铁是否应当大规模建设的讨论，实际上提醒我们，在难以获得足够多的可得数据且高铁技术经济效应的规律性尚未清晰呈现时，我们应避免回答类似高铁是否取得了"市场成功"这样的问题，而应将研究焦点锁定在解释高铁赶超的"技术成功"方面。但面对类似高铁技术赶超的原因只是"政府强制+国企海量投资"这样的观点，我们则坚信中国高铁技术赶超的事实一定比这样的解释更为"丰富"和"新奇"。正如张五常先生在其《中国的经济制度》一书中所言，"中国一定是做了非常对的事，才产生了我们见到的经济奇迹"。中国高铁能够在短短12年时间里完成从模仿到自主创新的跨越，一定也是因为"做了非常对的事"，而基于系统的实地调研和严谨的理论演绎，在制度和行为层面诠释中国高铁领域发生的那些"非常对的事"，正是我们的研究目的所在。

作为研究技术赶超问题"理论抽样"的理想样本，中国高铁技术赶超具有独特的学术研究价值。首先，高铁技术属于典型的复杂产品系统，具有高度的复杂性，在技术上具有很高的赶超壁垒。工程学评估工业产品技术复杂度的三个维度：一是该产品所包含的零部件，特别是非重复零部件的数量多少；二是该产品控制系统中控制软件的逻辑计算的复杂性，以及控制系统解决声、光、电、磁等系统的兼容性问题的技术难度等；三是开发该产品所需要的材料、零部件和装备与既有工业体系供应能力的不匹配程度，针对该产品的性能和功能要求需要对材料、零部件和装备进行专用性开发的强度越大，则该产品的技术复杂度越高。我们从为中国高速动车组和轿车企业都提供三维仿真软件的某跨国公司高级工程师处了解到，仅仅高速动车组的零部件和非重复零部件数量就分别高达4万个和1万个左右，几乎是轿车的两倍，高铁信号控制系统的技术复杂度远远高于传统的燃油轿车，而一列新型动车组对材料和核心零部件进行专用性开发的要求也不低于轿车。此外，由于高铁是涉及人身安全和国防安全的公共交通设施，其对系统和零部件的稳定性、可靠性和安全性都有极高的要求。因此可以确定，高速动车组和高铁系统是比轿车技术复杂度更高的复杂产品。但是，与轿车产业相比，中国在技术复杂度更高的高铁领域显然取得了更好的技术赶超绩效。如果将2004年6月17日铁道部委托中技国际招标公司进行时速200公里高速动车组招标作为中国高铁技术引进的开端，那么仅仅经过12年时间，到2016年8月中国标准动车组首次实现载客运行，标志着中国高铁技术已经在消化吸收再创新的基础上掌握了完全自主知识产权。中国高铁仅用了12年的时间就完成了技术引进消化吸收、形成正向设计能力、掌握完全自主知识产权的技术赶超过程，跻身全球少数系统掌握先进高铁工程建造技术、装备设计制造技术和运营组织管理技术的高铁强国之列。无论是从技术赶超的效率，还是从技术赶超的效果看，高铁都可以称为中国产业技术赶超的样板。中国高铁技术对传统高铁强国赶超的速度之快、水平之高，在复杂产品系统领域是十分罕见的，更重要的是，从技术能力的位置看，高铁是中国极少数在复杂系统产品集成、整车、核心零部件、控制系统等各个领域全面实现赶超的部门。

第二节　方法：回归产业政策研究的调研传统

改革开放以来，中国产业政策研究至少经历了三次重要的争论。[1] 第一次

---

[1] 宋磊：《追赶型工业战略的比较政治经济学》，北京大学出版社，2016。

争论发生在20世纪90年代初期,这次争论本质上是对20世纪80年代中国产业政策实践的反思和调整,是进一步坚定市场经济改革方向在产业政策研究领域的映射。改革开放初期,一方面社会主义市场经济的初步探索充分释放了民营经济的活力,驱动了纺织、服装以及后来的家电等传统产业的快速发展;另一方面计划经济体制下的传统管理体制和模式还没有被完全打破,而以引进日本产业经济学理论、借鉴日本产业政策实践为主流的学术研究又为强化政府干预产业发展提供了理论注脚。两种力量相互角力,造成了当时民营经济蓬勃发展和政府强干预两个重要事实的冲突。在这样的背景下,以公共选择和政府失败理论为基础的产业政策研究基于对家电、轻型汽车、棉纺织、电信等产业的实地调研,对政府干预市场的选择性产业政策进行了批评,[1] 从产业经济学视角为中国进一步深化改革、扩大开放提供了理论支撑。

改革开放以来中国产业政策研究的第二次争论发生在21世纪初期,这次争论本质上是对以往20年市场经济改革认识的一次修正。1978年以后20多年中国的制度改革和市场开放驱动了各行各业的快速增长和发展,在这样的背景下,"民营化""市场开放""发挥比较优势"等符合自由市场经济理念的主张几乎成为学术正确的代名词。然而,市场经济制度可以有效地驱动技术引进和模仿,但并不能自然地引致技术赶超。在这样的背景下,针对完全按照比较优势和自由市场机制定位中国技术发展路径的学术观点和政策主张的逻辑谬误,在演化经济学传统下开展的产业政策研究基于对汽车、大飞机等产业的深度调研,从技术能力的角度为中国坚定推进自主创新战略提供了有力的理论依据。[2] 这类研究当然不可能扭转中国市场经济改革和开放的基本方向,但对于促使学术界和决策部门反思什么样的市场经济制度,或更具

---

[1] 江小涓:《经济转轨时期的产业政策:对中国经验的实证分析与前景展望》,上海三联书店、上海人民出版社,1996;江小涓:《体制转轨中的增长、绩效与产业组织变化》,上海三联书店、上海人民出版社,1999。

[2] 路风:《走向自主创新:寻求中国力量的源泉》,广西师范大学出版社,2006。

体地，什么样的产业政策才能够支撑中国实现由产业大国向产业强国的跃迁，具有很高的理论价值和实践指导意义。

近年来，"林张产业政策之争"掀起了改革开放以来中国产业政策研究的第三次热潮。[1] 但不同于前两次产业政策争论，林毅夫和张维迎这两位中国著名经济学家都没有围绕特定行业开展过系统全面的调研，两人的争论更多是基于经济学基本原理的逻辑演绎。但无论如何，他们的争论再次唤起学术界对一些产业政策深层次问题的反思和关注。而从前两次产业政策争论的过程看，以江小涓[2]和路风[3]为代表的、对中国产业政策理论和产业政策实践产生了重要影响的研究成果几乎都是针对特定产业开展的深度调查研究。这些研究的共同点，是研究者具有扎实的理论素养，同时又能够超越理论本身的意识形态和价值观，采取扎根式研究的立场，认真听取相关产业发展和产业政策重要当事人的声音，在掌握充分事实证据的基础上再基于自身的学术传统开展严谨的理论推演，最终达到事实可靠性、理论创新性和现实相关性的最佳结合，从而最终成为不同阶段中国产业政策研究的里程碑式成果。基于这样的理解，本书的研究也可以作为中国第三次产业政策争论背景下开展的又一次调查研究探索，我们希望以中国高铁技术赶超为"载体"去回答当前中国产业政策研究面临的一些基本且具有挑战性的问题。

我们无意于夸大调查研究在经济学研究或产业政策研究中的作用。由于质性研究无法在"科学规范"的意义上在变量间构建可靠的"因果"关系，因此，以计量分析为主要方法的定量研究一定是经济学实证研究的主流，但调查研究和定性研究对于厚描产业发展过程、探索新奇的因果机制，对于揭

---

[1] 林毅夫：《产业政策与我国经济的发展：新结构经济学的视角》，《复旦学报》（社会科学版）2017年第2期；张维迎：《产业政策争论背后的经济学问题》，《学术界》2017年第2期。

[2] 江小涓：《经济转轨时期的产业政策：对中国经验的实证分析与前景展望》，上海三联书店、上海人民出版社，1996。

[3] 路风：《走向自主创新：寻求中国力量的源泉》，广西师范大学出版社，2006。

示多种因素相互关联并以复杂和整体的形式共同影响产业发展的"组态"(configuration)问题具有独特的优势。推进与理论持续对话的调查研究，与既有的大样本定量研究形成相互补充，应该是中国产业政策研究，甚至是整个经济学研究应该追求的状态。近年来，中国经济学和管理学研究越来越强调学术问题的"中国情境"，认为只有强调中国情境才能既推动中国自己的理论发展，又针对性地解释和推动中国实践。提炼中国情境当然可以通过中国与对照国家的大样本数据比较分析获得，但不可否认，识别并准确理解中国情境最有效的方法，仍然是尽可能"沉浸"到研究问题所涉及的重要当事人对历史的回顾和描述中去。

基于这样的认识，本书作者团队于2015年和2016年以滚雪球式的调研方式对高铁装备、高铁用户、科研院所和高铁工程四大类高铁创新主体开展了扎根式的全景调研，调研对象涵盖了中国高铁技术赶超的主要创新主体和重要当事人。整个调研过程涉及37次焦点访谈，受访对象超过200人、300人次。第一阶段集中调研的持续时间为2015年7—12月，调研对象包括中车株洲电力机车研究所有限公司（以下简称株洲所）、中车工业研究院有限公司、中国铁道科学研究院集团有限公司（以下简称铁科院）、中车青岛四方机车车辆股份有限公司（以下简称四方）、中车长春轨道客车股份有限公司（以下简称长客）和京福铁路客运专线安徽有限责任公司。第二阶段的集中调研开展于2016年3—7月，本轮调研由中国社会科学院办公厅向中国铁路总公司（以下简称铁总）发调研函，中国铁路总公司卢春房副总经理、何华武总工程师等领导接待了研究团队，调研对象包括铁总、铁科院（二次调研）、大西高铁中国标准动车组试验指挥部、太原铁路局、株洲所（二次调研）、四方（二次调研）、中车唐山机车车辆有限公司（以下简称唐车）、中车株洲电力机车有限公司（以下简称株机）和中车戚墅堰机车车辆工艺研究所有限公司（以下简称戚墅堰所），以及西南交通大学（以下简称西南交大)、中铁二院工程集团有限责任公司、中铁二局集团有限公司、成都铁路局、中南大学和铁建重工集团有限公司等机构。在调研过程中，我们尽可能采取扎根研究的立场，在客观呈现"事实"的基础上再发展恰当的理论，而不是带着理论去寻找事实。在两轮集中调研之后，经过多次讨论，作者团队综合考虑中国高铁技术赶超问题的重要性、各自的学科优势和研究基础，确定相互补充的研究主题和学术问题。2016年底，本书作者开始进入研究写作阶段。作者团队灵活采用"集中"和"分散"的科研组织方式，访谈采取主访谈方式，访谈资料和数据处理采取统一编码和共享的方式，问题精练和具体研究方法则发挥团队成员各自的优势，尊重各自的研究偏好。在本书写作过程中，作者团队多次举行正式的研讨会，同时也充分利用各种非正式的场合进行高频的讨论交流。

第三节　理论：技术赶超的激励结构、能力基础和行为特征

技术赶超问题并不是发展经济学和产业经济学领域的新问题，不同的学者从不同的视角提炼了后发国家技术赶超的关键因素和行为特征。但总体上看，国内外学术界并没有一个有关技术赶超的完整的且广为接受的分析框架。为了能够全景式地展示中国高铁技术赶超的历程，本书探索性地提出一个"制度—能力—行为—绩效"的理论分析框架（见图1-1）。我们认为，制度塑造了政府和企业技术赶超的激励结构，政府的政策能力决定了政府干预行为的有效性，并影响企业的能力和行为进而产业发展绩效，而企业的能力以及基于能力开展的技术学习活动是产业技术赶超的微观基础。这个分析框架可以分解为相互关联的五个子问题模块：一是特定制度基础上形成的政府激励结构和政策能力如何影响政府的干预活动和效果（第二章研究主题）；二是政府干预中国高铁成功的行为特征是什么（第三章研究主题）；三是政府

的干预活动如何通过产业创新体系影响企业的激励结构和创新活动（第四章研究主题）；四是中国高铁技术赶超过程中企业能力的独特性是什么，以及企业技术能力和政府政策能力如何相互影响和协同演进（第五章研究主题）；五是中国高铁装备产业技术赶超活动的独特性是什么（第六章研究主题）。也就是说，除了第一章给出本书的总体研究设想和分析框架、第七章对未来中国高铁的政策体系和创新体系调整进行展望以外，第二章至第六章构成本书的主体，各章分别从不同视角回答了"制度—能力—行为—绩效"框架下既具有现实重要性又具有理论拓展空间的子问题。

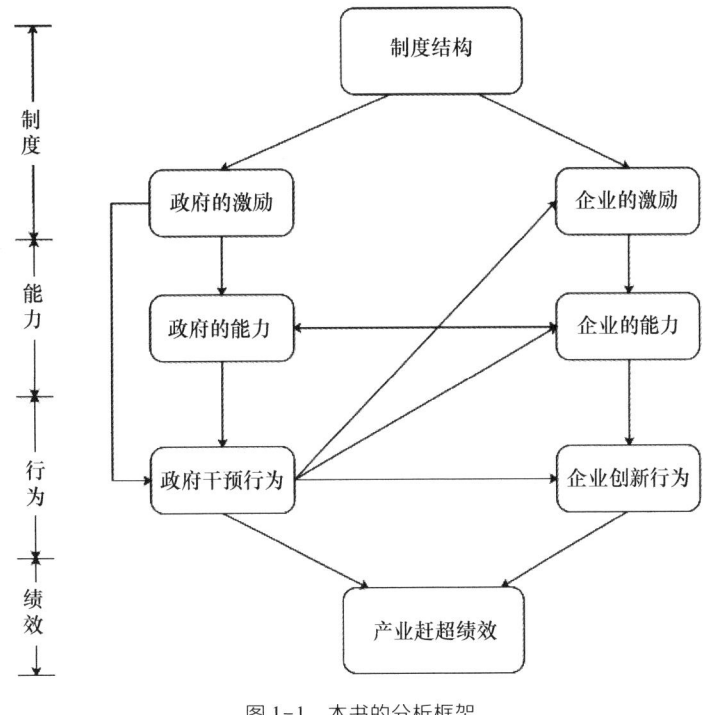

图 1-1　本书的分析框架

资料来源：作者绘制。

我们提出的"制度—能力—行为—绩效"分析框架第一个方面的学术价

值在于，其涵盖了理解技术赶超问题的所有重要因素，因而具有分析框架的完整性。无论是主流的基于新古典或奥地利学派的产业政策研究，还是政治学传统下开展的发展型政府研究，都将政府干预产业发展的制度基础和激励结构作为其研究的焦点，但政府的政策能力，即政府调动必要的资源以作出明智政策选择并有效付诸实施的能力，[1] 在国内的产业政策研究中并未得到足够的关注。有些研究[2]甚至完全抹杀政府对产业发展的洞察力和专业能力。而本书研究发现，只有政府同时具备恰当激励和特定能力两个条件，才能够主动构建独立于市场机会之外的技术机会，才能够强化自主创新战略的产业化导向（避免科技项目流于形式），才能够推动创新主体之间的积极互动，从而引致企业和科研院所长时期、高强度、高效率的技术学习。完整的产业政策研究不仅要关注政府能力，而且应该进一步回答，政府能力的制度和组织基础到底是什么？本书作者对于不同学科理论分析工具的基本判断是，经济学理论工具更适用于对"激励"相关的问题进行制度性分析，而管理学则强于对特定的"能力"进行构念化和测度，[3] 而这也恰恰符合本书作者之间产业经济学、发展经济学、技术创新管理和战略管理多学科对话融合的特点。

"制度—能力—行为—绩效"分析框架第二个方面的学术价值在于该分析框架为我们探寻新的理论问题打开了空间。例如，该分析框架将政府视为同时具备制度供给能力和市场主体能力的行动者，突破现有技术追赶研究普遍使用的、割裂政府与企业行动维度的"政府制度安排—企业能力发展"范式，创造性地提出了政府能力和企业能力协同演化的新问题。本书研究发现，在企业能力普遍不足的后发追赶情境下，政府可以对企业形成能力替代或能力

---

[1] Painter, M. and J.Pierre, *Challenges to State Policy Capacity: Global Trends and Comparative Perspectives*, Basingstoke: Palgrave Macmillan, 2004.
[2] 张维迎：《产业政策争论背后的经济学问题》，《学术界》2017年第2期。
[3] Williamson, O.E., "Strategy Research: Governance and Competence Perspectives", *Strategic Management Journal*, 20 (12), 1999.

补充,从而启动和推进技术追赶过程。这是因为,在特定的制度和组织条件下,政府自身有可能成为积极的能力载体,不仅能够在通常意义上为企业提供必要的制度化激励结构,并且由于拥有理解产业活动必需的知识、信息和技能,而具备必要的市场主体能力。政府和企业互动、政府能力和企业能力协同演化贯穿本书对产业政策和企业创新活动的分析,与主流的"政府、企业"二分法研究传统形成了鲜明的对比。

"制度—能力—行为—绩效"分析框架第三个方面的学术价值在于,在给定问题和变量的基础上,重新理解特定的理论变量,提炼新的经济学或管理学含义。如对于政府干预行为的理解,既有的产业政策研究主要关注财政补贴、税收优惠、市场保护等选择性产业政策措施,而本书研究则将政府干预行为聚焦于战略性市场培育、市场竞争结构塑造等非选择性的政府干预活动。传统选择性产业政策的关注点是政府如何选择赢家,以及选择性产业政策的"强弱"问题,而本书研究则关注政府如何通过激发特定的企业活动来克服产业发展面临的根本性瓶颈和障碍。事实上,本书作者调研发现,作为协调 CRH2 动车组技术引进、CRH380 动车组技术突破和后来中国标准动车组原始创新的领航机构,铁道部和铁总针对特定企业直接进行资金补贴或扶持的选择性产业政策十分有限,"以市场换技术能力""商业化导向的自主创新""人为构建更具挑战的技术机会"等非选择性的政府干预,才是政府有效干预中国高铁产业发展的关键。

"制度—能力—行为—绩效"分析框架第四个方面的学术价值体现在该框架有效地避免了单一行业调查研究的方法论局限,有利于明确研究结论和政策含义的一般性和特定性。本书作者对高铁产业的调查研究发现,中国高铁的激励结构、创新体系和政府能力是在十分特殊的制度基础、组织管理模式和文化传统下形成的,各种因素相互作用,共同构成了中国高铁独特的激励结构和政策能力。因此,中国高铁技术赶超在这些层面的经验都具有很强的特定性，虽然其理论机理具有一般性，但作为一种"模式"很难为其他产业简单照搬。但是，政府和企业在赶超过程中所采取的一系列具体活动对于其他产业则具有很强的可借鉴性。这个多维的分析框架实际上回应了国内既有研究认为高铁模式不具有可复制性的简单判断。

在"制度—能力—行为—绩效"分析框架下，本书四位作者分别结合自己的学科背景和研究兴趣，从中国高铁技术赶超的不同方面归纳典型事实，提炼理论问题，进行理论拓展。

第二章"中国高铁技术赶超的历程与分析框架"试图为全书回答以下核心问题建立分析框架：为什么中国高铁能够在短短12年时间里完成从引进消化吸收到正向设计，再到自主知识产权创新的完整赶超进程，创造了复杂产品系统技术赶超的中国奇迹？该章作者将技术赶超的过程理解为微观主体（核心是政府和企业）在特定激励结构下不断开展能力积累的高强度学习过程，并基于此构建了"激励结构+能力积累"的技术赶超分析框架。

第三章"政府干预驱动中国高铁技术赶超的有效边界"试图回答的核心问题是：政府干预驱动高铁技术赶超的有效边界是什么，即为什么并非所有坚持自主创新战略的企业和产业都能够获得技术赶超的合意绩效？国内既有的有关高铁技术创新的研究都将高铁自主创新动机归因于政治决心和企业家意志。该章作者的研究则发现，技术机会的构建和自主创新行为的发生除了政府官员和企业家的创新抱负外，更主要的是由政府官员和企业家个体的"理性"所驱动的，是高铁管理部门保持"组织合法性"的政治任务、铁路系统的产业分权改革以及铁道部（铁总）有意识推动形成的"有控制的竞争"，是中国高铁各创新主体开展高强度技术学习的激励基础。在能力形成方面，中国高铁自主创新导致技术赶超成功的重要条件，一是始终坚持商业化应用导向，铁道部（铁总）对引进的车型、本土企业正向设计的车型（CRH380A）和自主创新的车型（中国标准动车组）以及配套的各类科研项目，都要求项目成果最终必须投入商业化应用；二是铁道部（铁总）和相关企业出于战略性考虑不断构建技术机会、提出更高的技术要求，才能完成正向设计到原始创新的跨越，大规模市场需求并不是技术赶超的充分条件，只有有效的技术机会才能牵引产业技术能力的持续提升。

第四章"产业创新体系演进与中国高铁技术赶超"试图回答的核心问题是：在产业制度转轨和技术创新前景都具有高度不确定性的情况下，中国高铁的相关创新主体为什么会持续进行高强度的专用性技术投资？该章作者提出，中国高铁创新是在产业分权背景下连续发生的过程，高铁产业创新体系的制度变迁对创新主体的影响具有外生性和非连续性，这深刻地影响了高铁创新主体进行专用性技术投资的强度和方向。虽然中国大多数产业都经历了产业分权改革，但由于自然垄断性和规模报酬递增等独特的经济属性，高铁的部门制度和技术创新活动具有鲜明的行业特性。与此同时，虽然中国高铁的技术成功作为一种"模式"在产业创新体系层面不具有普遍性，但其在行为层面发生的具体活动和做法对其他复杂装备工业具有重要的启示：第一，即使在市场化的条件下，政府利用市场需求和消费升级来整合分散于各个微观主体的创新能力，对产业总体技术能力的提升也至关重要；第二，在复杂装备工业领域，技术能力的关键载体是企业产品设计开发平台和行业性试验体系；第三，产业链横向竞争和垂直合作是提高技术学习效率的重要条件。

第五章"政企系统集成能力共演化与中国高铁技术赶超"试图回答的核心问题是：在后发技术追赶过程中，中国高铁动车组集成企业的系统集成能力如何演化？政府能力与企业能力的共演化模式与其他产业有何不同？该章作者研究发现，中国高铁动车组集成企业系统集成能力的演化表现出迥异于既有研究发现的"非均衡性"。一是在时间顺序上，技术集成能力和项目集成能力的发展先于战略集成能力；二是在能力结构上，技术集成能力和项目集成能力始终高于战略集成能力。而中国高铁动车组集成企业的技术集成能力和项目集成能力之所以能够在"非均衡"状态下持续提升,没有因为战略集成能力落后而跌落到"低位均衡"状态,得益于政府(以及政府代理机构)与集成企业这两类能力主体之间特殊的互动反馈机制。铁道部(铁总)对变异环节的干预使本土企业得以同时引进三个国家差异极大的高速动车组技术,反而提高了集成企业产品开发平台变异的多样性,也即从用户身份的利益出发,注重培育多家竞争性的集成企业。企业系统集成能力强化与政府系统集成能力更新的共变形成了良性循环,带来了产业层次系统集成能力的重构与提升,协同影响着产业技术赶超的效率。

第六章"中国高铁技术赶超过程中的正向设计能力"试图回答的核心问题是:哪些因素促使中国高铁装备产业在后发情境下率先实现了由逆向工程到正向设计的技术赶超?该章作者研究发现:在战略导向上,扭转既往以探索实验和产品示范为主的研发导向,将批量生产自主研发、性能成熟的商业化产品作为根本宗旨,是中国高铁装备产业形成正向设计能力的前提;在资源配置上,数十年传承有序的轨道交通人力资源积淀和高效协调相关人力资源的跨部门、跨行业战略合作机制,是中国高铁装备产业形成正向设计能力的基础;在活动系统上,根据科研实践与工程实际需要持续完善的试验体系以及不断提升的试验理念和组织水平,是中国高铁装备产业形成正向设计能力的重要支撑;在学习机制上,同时引进多国技术路线促成的"试验中学""干中学""用中学"等高强度并行学习,是中国高铁装备产业形成正向设计能力的主要途径。中国高铁装备产业对于后发情境下制造业部门技术赶超的借鉴意义,在于明确以上四类关键因素以及如何营造具备这些促进因素的制度与产业环境,而不在于对政府主导型技术赶超模式的简单复制。

第七章"面向未来的中国高铁创新体系与政策"试图回答的核心问题是:所有曾经导致中国高铁技术成功的因素在未来是否仍将发挥积极作用?目前国内学术界对中国高铁创新的研究成果几乎全部是成功经验的总结,面向未来的批判性、诊断性分析十分缺乏。对此，该章作者认为，应当突破中国高铁技术成功的"光环效应"，也即随着高铁技术范式和中国高铁技术创新使命的变化，过去导致中国高铁技术成功的因素有可能成为制约高铁在更高水平创新发展的障碍。因此，应坚持产业政策和创新体系动态性的原则，从研究者的视角、以探索性讨论的方式，激起学术界、中国高铁当事人和有关政府部门对中国高铁改革发展深层次问题的关注和讨论。

最后，需要再次强调的是，虽然本书的研究目标是解释政府干预在中国高铁技术赶超中的作用，但本书作者在问题提出和理论形成方面特别注意不仅要指出政府干预有效的机制，而且要努力提炼政府干预有效的边界条件。本书作者并未主张将高铁以及其他在政府干预下实现成功赶超的产业的经验不加限制地推广到其他产业。此外，即便是政府有效干预已经发生的产业领域，也应对未来继续保持强力政府干预保持谨慎。政府协调不应抑制微观的市场协调试验。[1] 政府协调时刻存在失败的可能性，而持续改进协调过程是解决协调失败最好的机制。必须始终对政府协调保持审慎观察和评估，防止政府协调抑制微观主体的创新竞争，政府在引导产业发展的过程中就应当有意识地培育市场和社会性组织协调能力的形成，推动企业间、产学研间的信任和合作关系的强化。我们主张产业政策研究不能忽视政府在特定条件下有效的事实，而应从理论上厘清政府有效干预的逻辑和边界，但同时也必须看到，市场经济代表了中国经济改革的主流方向，有效的干预一定是在特定条件和特定范围内发生的。

---

1 Matsuyama, K., "Economic Development as Coordination Problems", in Aoki, M., H.K.Kim and M.Okuno-Fujiwara (eds.), *The Role of Government in East Asian Economic Development: Comparative Institutional Analysis*, Clarendon Press, 1996.

第二章
中国高铁技术赶超的历程与分析框架

第一节 引言

高铁是中国学者和政策制定者最关注的产业,也是争论最为激烈的产业。备受关注,是因为从发展成就看,高铁是中国在较短时间内即实现复杂产品系统技术赶超的极少数产业之一,高铁的快速发展对中国国民经济社会发展形成了巨大的带动效应;饱受争议,则是因为从发展方式看,高铁技术突破和建设发展背后存在强大的政府干预力量,其发展模式在理论上与主流经济学存在冲突,在现实中是否具有普适性也颇受质疑。由于高铁现象的复杂性,如果想打开中国高铁创新发展的"黑箱"、明确高铁经验的适用边界及其对其他产业的借鉴意义,就必须深入中国高铁的发展历程和微观行为层面进行细致的、全方位的观察和分析。

改革开放之后,中国经济社会快速发展与铁路客运能力缓慢增长的矛盾一度十分尖锐。到2000年,即便经过了之前的三次大提速,中国铁路客运平均时速也仅为60.3公里,人均铁路乘车率仅为0.8次,不仅远低于日本(43次)、德国(19次)等发达国家,甚至低于印度(5次)和俄罗斯(3.8次)等发展中国家。[1] 铁路运输已经成为21世纪中国经济进一步发展面临的主要

---

[1] 王雄:《中国速度:中国高速铁路发展纪实》,外文出版社,2016。

瓶颈。30年研究，20年开发，10年运营，高铁以卓越的技术赶超成就，使中国铁路运输供求矛盾大为改观，成为改革开放40年来中国产业创新发展的典范。2008—2019年，全国高铁日均发送旅客由35万人次增加至645.9万人次，年均增长30.3%；高铁总里程达到3.8万公里，占世界高铁总里程的68.8%。中国已成为世界上高速铁路发展速度最快、运营里程最长、运营速度最高、运营场景最丰富的国家。高铁客运周转量占2020年全社会客运周转量的比重达到25.2%，较2012年提高20.4个百分点。高铁已经成为中国人中长距离出行的主要方式。

然而，中国高铁的学术研究价值，不仅源于其技术成就和经济贡献，更重要的是其发展历程所折射出的特殊的因果逻辑和影响机制，形成了丰富和拓展既有理论命题的机会。中国高铁至少从以下三个方面，为深化后发国家的技术赶超问题研究提供了宝贵的素材。一是高技术壁垒领域的快速高效赶超。高铁是典型的复杂产品系统，涉及复杂的系统集成和零部件技术、软件技术攻关。然而，如果将2004年6月17日铁道部为铁路第六次大提速进行时速200公里高速动车组招标作为中国高铁技术引进的开端，中国仅仅用了12年的时间就跻身全球少数系统掌握高铁先进工程建造技术、装备设计制造技术和运营组织管理技术的高铁强国之列。二是全产业链的技术赶超。不同于中国多数行业中仅少数企业实现了在产业链局部环节的技术赶超，中国高铁实现了从装备集成到模块再到零部件、从硬件到软件、从工程技术到基础理论的全面赶超。三是经历了完整的技术赶超过程。中国高铁经过了先形成集成能力、然后整合国外供应链、最终构筑独立产业体系三个连续的发展阶段，完整呈现了以独立研发为主的探索性试验、技术模仿、形成正向设计能力、掌握完全自主知识产权的技术能力提升过程，为中国多数正处于形成正向设计能力和探索构建本土供应链阶段的产业和企业提供了重要的参考和借鉴。

我们把中国高铁创新发展的过程理解为，嵌入在特定制度背景和市场需求环境下的微观主体在特定的激励结构下持续开展高强度技术学习，从而实现技术能力持续积累的过程。按照这样的逻辑，本章首先从外部因素（主要是中国经济社会发展对铁路运输的需求）与中国高铁内部因素互动的角度回溯中国高铁的创新历程；其次，基于微观视角对促成中国高铁创新发展的内部激励结构和能力发展路径进行剖析；最后，探讨高铁产业技术赶超对思考中国自主创新战略的启示与警示。

第二节　中国高铁技术赶超的历程

本章依照高速动车组技术进步的阶段性成就，将中国高铁技术赶超的历程分为四个阶段。一是 2004 年之前以独立研发为主的试验性探索阶段，中国高铁在这个时期积累了初步的技术开发能力；二是 2004—2008 年自主创新导向的技术引进阶段，中国高铁在引进消化吸收的基础上掌握了对引进技术进行适应性改进的能力；三是 2008—2012 年正向设计能力的形成阶段，中国高铁集成技术逐步逼近并达到世界领先水平；四是 2012 年之后自主知识产权和中国高铁标准的建设阶段，中国高铁开始从"跟随者"向"引领者"转变。

（一）基于独立研发的试验性探索（2004 年以前）

面对日益紧张的铁路运输压力，提高运输能力是 20 世纪 90 年代中国铁路部门迫切需要解决的问题。在当时的技术能力、经济实力和政策框架下，就是否要建设、什么时候建设高速铁路，各方存在较大的意见分歧。在争论的同时，中国进行了较长时间的高铁研究开发。这一阶段技术探索的主要目的有两个方面：一是通过试验性项目，初步积累高铁技术能力；二是通过技术攻关，为中国发展高铁的合理性提供论据。2004 年之前，国家科委和铁道部累计列出了250余个高铁研究课题，投资了一批关键的科技基础设施，众多铁路科研骨干参与其中，为后来的引进消化吸收再创新奠定了重要的基础。

在企业内部研发设施尚不完善的情况下，中国依托铁路行业高校与科研院所建立了科研平台，对铁路技术能力的积累起到了重要的支撑作用。以西南交大为例，该校早在1989年便开始筹建了铁路系统的首家国家重点实验室——牵引动力国家重点实验室，其建立的大型滚动振动试验台，是全国模拟和验证车辆运行动态性能和驱动工况的关键平台。该实验室承担了大量国家科研攻关项目和企业委托的应用导向的技术研发项目，并根据铁路提速对试验能力的需求，多次增加投资，从最早的单轴试验台逐渐扩大为六轴整车参数试验台。在中国铁路整体技术水平远远落后于国际先进水平的情况下，中国高铁的台架试验能力率先达到了世界先进水平。

通过一系列的试验性探索，中国在高铁技术的主要领域积累了初步的技术能力。第一，通过改建、新建高速客运专线，中国具有传统优势的工程技术开始向高铁工程技术延伸，增强了后来中国高铁跨越发展的"底气"。1999年开工建设的秦沈客运专线，已经使用了无缝钢轨，研制了600吨架桥机，研发了接触网材，改进了结构设计，并建设了一段试验用无砟轨道。秦沈客运专线建设中遇到的技术问题，有助于明确相关技术的发展方向。例如，施工单位深化了对高铁路基结构的认识，为后来解决高铁路基沉降问题确定了技术突破方向；高速道岔存在的技术问题，推动了轮轨关系基础理论研究和材料技术的发展，加速了中国高速道岔技术的开发和国产化。2003年开工建设的遂渝铁路，研制了CRTS III型无砟轨道结构，后来也被运用至中国高铁线路中。第二，高铁装备的"大系统"和"小配件"均有一定技术进步。在牵引动力系统方面，株洲所研制的交流传动系统被用于"奥星号""中原之星""中华之星"等国产高速列车，积累了较为扎实的自主技术能力；国产高速列车还首次采用了车载速度控制系统，株洲所研发的LKJ2000型通信信号系统于 2000 年被全行业运用；戚墅堰所研制了大缸径活塞环，被应用至准高速列车。

以科技攻关项目为载体，中国还初步形成了高铁技术集成能力。以"中华之星"为例。该车于 2000 年立项，由国内 4 家铁路机车车辆企业、4 家科研院所和 2 所高校组成联合设计攻关团队承担，集中了国内铁路行业"官产学研用"的核心力量。该车于 2001 年 8 月通过技术设计审查后进入试制阶段，各企业制造的动车和拖车分别在西南交大的滚动试验台上通过了时速 330 公里、400 公里的模拟动力学试验。2002 年 11 月 27 日在秦沈客运专线的冲刺试验中，该车创造了 321.5 公里的最高时速，表明中国初步掌握了高铁成套技术。虽然由于种种原因，"中华之星"没有投入大规模生产和运用，但是参与研制的科研人员后来大多成为中国高铁技术创新的中坚力量。

这一时期高铁技术创新具有探索性和试验性，加之产业技术创新能力的主要载体是高校和科研院所，企业的技术开发能力相对薄弱，造成高铁技术在实际运营层面存在明显的缺陷。更重要的是，由于铁路装备企业的制造技术能力积累不足，国产高速动车组的质量控制难以满足运输部门安全、经济、高效的运营需求。装备制造技术的"短板"，造成了高速动车组的设计缺乏灵活性，短时期内难以适应中国高铁运营环境多样化的需要。制造技术的"短板"还造成了高铁工程、网络控制等互补性技术的发展缺乏装备载体，致使高铁创新体系整体低效。但是，这些特定发展阶段存在的能力不足问题并不能否定这一阶段中国高铁开展的积极探索和取得的技术进步的重要价值，相反，这些试验性探索为后来明确中国高铁技术学习的方向和重点积累了重要的"正向知识"和"负向知识"。

（二）自主创新导向的技术引进（2004—2008 年）

按照经济学的分析框架，可将高铁技术引进时中国高铁发展的决策问题表述如下：在决策目标方面，中国铁路运输供求矛盾日益突出，同时面临高速公路和航空等运输方式快速发展的激烈竞争，迫切需要加快铁路发展，提升铁路运能；在约束条件方面，国内高铁制造技术发育不足已经构成高铁发展最为突出的障碍，必须加以破除。因此，最优的决策是以最小的成本、最快的速度补齐高铁制造技术的"短板"。2004年，铁道部提出了"直接利用世界最新科技成果，把引进、消化、吸收先进技术与自主创新结合起来，在较高起点上实现铁路技术发展的跨越"的技术发展策略。对于这个发展策略应从"事前"的策略瞄准效率、"事中"的投入产出效益和"事后"的发展成效三个层面进行评估。从"事前"决策的动机看，"实现铁路技术发展的跨越"，切中了制约中国铁路发展的关键因素，设定了更具雄心的高标准发展目标；"直接利用世界最新科技成果，把引进、消化、吸收先进技术与自主创新结合起来"，确定了以高效率、低成本的方式达成特定目标。

从"事中"行为看，设定技术引进的门槛和激励本土企业加强自主创新至关重要。一是铁道部规定合格的投标人须为"在中华人民共和国境内合法注册的，具备铁路动车组制造能力，并获得拥有成熟的时速200公里铁路动车组设计和制造技术的国外合作方技术支持的中国制造企业（含中外合资企业）"，这样的安排确保了中国本土企业在技术引进和学习中的主动权。根据技术引进合同，技术转让包括技术文件（含设计、制造和质量管理等）、人员培训、外方专家来厂指导等内容，并由外方进行质量验收，在技术和工艺上确保中方企业生产的高铁动车组产品（CRH1、CRH2、CRH3和CRH5）"与外国产品同一档次、同一水平"。二是按照铁道部的技术招标合同，每包20列车包括1列原装进口的原型车，2列进口散件在国内组装，其余17列不断提升国产化比率。由于高铁动车组近八成的质量问题都与零部件有关，这种早期大量采用进口零部件的引进方式，排除了零部件对最终产品质量的干扰，确保中方企业能够集中精力学习国外转让的制造工艺，从而快速提高工艺水平和产品质量控制能力。三是逐步提高零部件的国产化率，倒逼全产业链的技术能力提升。这与中国汽车产业"市场换技术"的后果截然不同。[1]

从"事后"效果看，以技术引进为手段，铁路行业整合了市场、资金、科研设计力量，避免了低水平重复研究和建设，同时也促使作为以往中国高铁创新体系短板的装备制造企业的技术能力，特别是工艺水平得到了显著加强。更重要的是，企业的研发体系、生产制造体系和质量控制体系建设通过对标国外领先企业在短时期内实现了质的飞跃。通过技术引进，中国能够以较低的时间成本和经济成本接轨国际先进水平，支撑了京津城际等高铁线路的开通运营，加快了中国高铁的产业化和商业化运营的步伐，为后续发展自主开发产品平台奠定了重要的能力基础。

（三）形成正向设计能力（2008—2012 年）

引进的技术主要是给定型号动车组的生产制造技术，[2] 其成效主要是提高本土企业的生产制造能力，确保国产装备出厂时能够达到与国外企业产品基本相当的水平，但这些技术仍然存在较大的改进和提升的空间。第一，原型车在中国环境下运营存在适用性问题，需要根据具体的运营环境进行不同程度的改进。第二，进口替代的国产零部件能否在功能上和性能上替代进口零部件，需要相应的技术平台加以试验验证。第三，2006 年 3 月，京沪高速铁路项目建议书获批，确定了全线最高时速 350 公里、运行时速 300 公里的设计方案。因此，国内三大整车企业必须进一步发展产品开发平台，尽快掌握更高时速的高铁动车组研制技术。特别是只引进了 200 公里时速原型车的国内企业，所面临的压力更大。然而，这些技术升级超出了技术转让合同约定的范围，且国外企业缺乏转让核心技术的动力。国内企业必须通过发展自主

---

[1] 路风、封凯栋：《发展我国自主知识产权汽车工业的政策选择》，北京大学出版社，2005。
[2] 路风：《"两部联合"激发大规模引进"正能量"》，《瞭望》2013 年第 48 期。

产品开发平台进一步提升技术能力。例如，四方陆续建成了涵盖系统集成、结构强度、可靠性、电磁兼容、人机工程等领域的17个试验台，形成了具有国际先进水平的关键部件、系统及整车试验能力。

发展自主产品开发平台需要强化基础研究支撑，这就要求通过深化铁路科研体制改革，引导利益相关方共同推进高铁部门创新体系的进一步完善。2008年2月26日，为了支持京沪高铁的建设，科技部与铁道部共同签署了"两部联合行动计划"，科技部门从项目支撑、理论支持、成果认定等方面支持了高铁技术创新，先后调动国内100余家高校、科研院所、国家级实验室和工程技术研究中心开展了广泛的技术合作，整合全国的科技资源支撑本土高铁技术能力升级。

通过上述努力，中国在较短的时间内实现了从逆向工程能力向正向设计能力的跃升，[1] 标志着中国高铁集成技术已经达到世界领先水平。中国高铁装备企业针对京沪高铁对时速350公里动车组的需求，正向设计了"和谐号"CRH380系列动车组。以四方为例，该企业在CRH380A高速动车组的设计过程中，依托自主产品开发平台，高效率地完成了20种车头概念设计、10种头型三维流场数值分析、5种头型风洞试验，共进行了17项75次的仿真测试、760个工况的气动力学试验、60个工况的噪声风洞试验以及520个测点的22项线路测试。以CRH380系列动车组的成功研制为平台，中国系统掌握了高速动车组9项关键技术和10项主要配套技术，不仅满足了高铁运营需求，还创造了多项世界纪录。

高铁是由多个子系统构成的复杂产品系统。由于子系统间的技术和功能互补，每个子系统的价值受到其他子系统的影响。[2] 中国以高速动车组制造

---

[1] 吕铁、江鸿：《从逆向工程到正向设计——中国高铁对装备制造业技术追赶与自主创新的启示》，《经济管理》2017年第10期。

[2] Shapiro, C. and H. R. Varian, *Information Rules: A Strategic Guide to the Network Economy*, Boston: Harvard Business School Press, 1999.

技术为基础，发展了与之兼容的工程技术和网络控制技术。以不同运营环境下的高铁建设为契机，中国逐步突破了复杂地质条件下地基处理和路基填筑成套技术，系统掌握了长大桥梁简支箱梁成套技术体系以及无砟轨道技术标准体系，有效缩短了高铁建设工期和建设成本；研发了能够满足时速350公里高铁运营要求的CTCS-3级列控系统。最终，以高铁运营为目标，中国实现了高速铁路工务工程、动车组、牵引供电、通信信号、运营调度、客运服务等各子系统的集成和优化。

正向设计能力的形成，还倒逼了本土产业链的升级。通过一系列重组改制后，中国形成了以三家整车企业为龙头、以一批关键系统供应商为骨干、数以千计的多级配套企业为支撑的高铁装备制造产业链，涉及冶金、机械、材料、电子、电气、化工等诸多行业。正向设计从用户需求出发，要求各级集成企业与其供应商建立紧密的合作关系，避免机会主义行为造成产品质量控制失灵，因此，当用户需求升级时，产品性能和质量标准提高促使各级供应商协同升级，从而起到"牵一发而动全身"的效果。高铁运营部门、整车企业还与核心零部件和关键系统供应商联合攻关，带动了中国基础工业的升级。例如，相关企业联合攻关高铁车体材料、轴承、车轮和半导体器件等，带动了中国原材料工业、装备制造业、电气产业的技术升级；铁路工程建设企业联合国内工程机械企业联合攻关，研发了大型高铁工程专用设备和高精度施工测量定位设备。本土产业链的升级对高铁的快速发展起到了有力的支撑作用。全长1318公里的京沪高铁建设工期3.5年，年均完成376.57公里；而全长109公里的英国伦敦—福克斯高铁建设工期11年，年均完成9.91公里。建设效率提升有效降低了中国高铁的建设成本，缩短了投资回收周期。

（四）自主知识产权创新与标准体系建设（2012年之后）

形成正向设计能力对高铁的技术能力积累至关重要，然而，中国高铁在运营层面和技术层面出现的新问题，催生了新的市场机会和技术机会，促使中国高铁的技术能力继续攀升。首先，截至 2012 年，中国尚未完全掌握高速动车组的部分关键技术和系统，高速动车组的四大关键子系统中，网络、牵引和制动系统对外国供应商依赖度较高，对中国高铁"走出去"构成了严重制约。其次，经典的研究表明，科学合理的技术标准是铁路高效运营的核心前提。[1] 中国出于鼓励竞争的考虑，引进了 4 种动车组原型车，后经再创新，一共形成了 20 余种动车组型号。在实际运用当中，不同型号的动车组定员、司机室布局、编组方式和车体尺寸存在差异，而且不同车型的信号不能实现互联互通。为保障安全高效运营，运输部门需要准备多种型号的备用车，维护设备和备品备件的多样性还增加了存货投资和成本，限制了高铁运营的规模经济和运输企业的盈利能力。最后，随着中国高铁网的进一步扩张，高铁运营环境变得更为复杂多样，需要对高速动车组进行持续的优化。特别是随着中国高铁骨干线路的拓展，大运量、长距离运输不断增长，需要建立符合中国实际情况的高铁出入库检查和日常管理体系，而标准化是提高效率的前提。

针对上述问题，铁总于 2013 年正式启动了由铁科院牵头的中国标准动车组研发项目。一是针对部分关键设备和系统尚未完全自主化的问题，铁总提出中国标准动车组要"软件全面自主、硬件原则自主、具有自主知识产权、满足'走出去'"的目标，由国内企业进行自主设计和制造。在设计阶段，相关企业就对中国标准动车组的核心技术加以分解，明确了形成专利的技术点，提出专利申请方案，开展专利价值评估，提出申请国外专利的建议。这种形成自主知识产权导向的产品设计和开发方式，确保研制的中国标准动车

---

[1] Chandle, A.F. Jr. and T. Hikino, "The Large Industrial Enterprise and the Dynamics of Modern Economic Growth", in Chandler, A. F. Jr., F. Amatori and T. Hikino (eds.), *Big Business and the Wealth of Nations*, New York: Cambridge University Press, 1999.

组"走出去"不存在知识产权纠纷。二是针对车型不统一造成运营成本高企的问题，铁总要求不同厂家生产的相同速度等级的动车组可重联运营，不同速度等级的动车组可相互救援。为此，中国标准动车组细化了各车型机械接口能够互联、电气接口逻辑互通、控制指令和操作界面互操作的要求，从各承担单位提出的解决方案中选择最优的方案，在更高的水平上鼓励了企业技术竞争，在一定程度上推动了全国高铁技术、知识产权和标准的整合。截至2018年2月，中国标准动车组已经产生了1000多项发明专利。铁总还组织对高速动车组的11大系统、96项零部件开展统型研究，实现了不同供应商提供的车体设备、旅客信息及娱乐系统主要部件可以互换通用，降低了运输部门的运维成本，促进了国内高铁供应链的整合与升级。三是中国标准动车组的研制，涵盖了动车组技术标准体系中的13大类；截至2016年3月，在260项重要标准中，中国标准约占83%。中国高铁标准还具有较强的兼容性，更大程度上满足了中国高铁"走出去"的需要。

通过自主知识产权创新与标准体系建设，中国高铁形成了先进、完备的技术体系，实现了从追赶到比肩甚至在部分领域领先国际先进技术水平的跨越。首先，中国高铁的研发效率大幅提高。以中国高铁正向设计能力和本土产业配套能力为支撑，中国标准动车组不仅技术水平更高，而且研制周期大为缩短。时速350公里等级的中国标准动车组（正式运营后定名为"复兴号"，CR400），仅用了5年时间便完成了项目立项、编制顶层技术指标和技术条件、两个型号的样车研制、运营考核试验以及规模化生产和上线运营。而德国西门子公司开发的时速280公里等级的高速动车组ICE 4，从技术招标到批量采购就耗时近10年，约为中国"复兴号"的两倍。在标准化和建设自主产品开发平台的基础上，中国还加快不同速度等级的中国标准动车组的研制，以谱系化的中国标准动车组（CR300、CR200）增强对不同运营环境的适应性。

其次，部分技术突破拓展了国际技术前沿。"复兴号"的试验时速达到400公里，并于2016年7月在郑徐高铁完成世界上首次时速420公里的高速交会试验，标志着中国高铁总体技术水平和科研试验条件处于国际先进水平，且部分技术达到了世界领先水平。中国标准动车组在智能监测、数据集成、安全策略、远程维护等方面正在引领全球高铁的发展方向。依托中国标准动车组的研制，永磁驱动系统、变轨距车、自动驾驶和无人驾驶等多项前沿性技术得到了试验，加强了下一代技术储备。"复兴号"在运行的平稳性、减振降噪、用电用网、空调系统、座位布局、车内空间、安全检测、电磁干扰等方面均进行了优化，乘客的旅行体验达到世界领先水平。"复兴号"还采用低阻力流线型、平顺化设计车体，在车体断面增加、空间增大的情况下，列车空气阻力比CRH380系列还要降低7.5%—12.3%；按时速350公里运行，"复兴号"比CRH380的人均每百公里能耗下降约17%。

最后，中国标准动车组研制开发带动了自主知识产权与标准体系的发展，促进了中国高铁科研试验体系的进一步完善，形成了固定设备和移动设备相结合、试验基地和正线试验相结合、实车试验和试验仿真相结合的世界一流的试验检验体系，有效提升了中国高铁核心技术的创新能力。

第三节 政府干预驱动中国高铁技术赶超的分析框架

无论是一国整体的技术赶超，还是一国某个部门的技术赶超，都是在特定、复杂的条件下才可能发生的经济现象。也正因此，基于自主创新的技术赶超实际上是后发国家经济发展过程中的罕见现象。然而，在中国铁路这样一个以国有企业为主体、长期存在政府强力干预的传统部门，事实上却发生了如此高效率的、全产业链的高铁技术赶超。为了理解这种"非典型"现象，必须对中国高铁背后的微观激励结构和能力发展路径进行细致的观察和分析。

（一）激励结构与高强度技术学习和组织间合作

在给定市场机会和技术机会的前提下，自主创新活动的发生和技术能力的发展需要创新主体具备特定的激励。创新主体面临的激励结构不仅决定了技术学习的强度，而且影响了技术能力发展的方向。高铁的技术创新过程是在中国铁路制度改革的背景下逐渐展开的。铁路部门从依靠行政命令运行的计划经济模式向依靠供需关系调节的市场经济模式的制度变革，塑造了创新主体的激励结构，并影响了创新主体间的组织互动关系。

中国铁路行业有着很长的自主发展历史，在大规模发展商用高铁之前，就已经形成了高度专业化的创新主体（企业组织和非企业组织）以及比较完整的创新体系。这一体系由运输服务主体、勘测设计和工程建设企业、装备生产企业、通信信号系统生产企业、行业高校和科研机构五类创新主体组成。由于长期的技术能力积累和巨额的固定资产投资构筑了很高的行业进入和退出壁垒，即使部门的制度基础发生了重大变迁、新的创新主体进入，高铁部门创新体系的关键创新主体也基本保持稳定，并形成了广泛而紧密的分工网络。一方面，尽管既有创新主体的组织属性、所有制性质和内部管理体制在改革开放之后经历了多次变革，但重组与调整更多地发生在企业和科研院所的体制和治理结构层面，并未触及创新主体的业务领域。另一方面，2004年的技术引进项目与2008年的"两部联合行动计划"实施后，国外企业以及铁路行业之外的高校和科研院所成为新的创新主体，高铁部门创新体系的行为人数量增加，合作网络扩大。但是，随着中国高铁制造技术和本土高铁供应链的成熟，以及整个高铁产业正向设计和自主知识产权创新能力的提升，国外企业的供应范围也仅限于本土供应商尚不具备制造技术或基于经济可行性考虑暂时不必国产化的少量零部件。新进入的非铁路行业高校和科研院所在技术知识上对铁路部门内部原有的创新主体形成了补充，为其提供了超出铁路行业边界的知识，但并没有替代或冲击原有创新主体的功能或地位。因此，中国铁路行业关键创新主体的构成始终保持稳定。

在市场化改革的背景下，相对稳定的创新主体结构和专业化的垂直分工体系，形成了有利于促进自主创新的微观激励结构。要启动并维持一个高强度的技术学习过程，有效的激励结构必须解决三个方面的问题：一是需求方为高水平创新成果进行支付的激励问题；二是创新主体进行专用性技术投资，从而形成高水平创新成果供给的激励问题；三是创新主体之间开展技术合作的激励问题。中国高铁在特定制度基础上形成的激励结构同时满足了以上三个方面的要求，使得各方主体很快围绕自主创新和技术赶超形成了新的均衡。

对于第一类激励问题，铁道部（铁总）一直具有很强的自主创新抱负。但这种抱负并非独立的外生因素，而是由长期以来铁路行业的垂直分工体系和运输领域始终不变的垂直管理方式决定的。首先，与钢铁、化工等行业的主管部门不同，铁道部在2013年改组前不但承担着第三方监管的职能，而且承担着运输服务供应方的职能，需要对铁路运输效率直接负责。直至21世纪初，中国铁路客运的平均时速仅为60.3公里，远远落后于快速增长的客运需求。铁道部为了保持自身的组织合法性，必须尽快实现客运安全提速，缓解运力紧张问题。"先进、成熟、经济、适用、可靠"的高铁技术是这种情况下的理性选择。其次，铁路涉及国家安全，铁路行业一直以来都有自力更生的文化传统。不同于国家发展改革委、工信部等非垂直管理部门，铁道部高层领导几乎都是一线管理人员或技术专家出身，在基层工作中形成了追求技术"自主"和"可控"的思维习惯，具有创新的内在抱负。[1] 在这种背景下，大规模技术引进并没有抑制引进消化吸收以及后续一系列的自主技术创新。

---

[1] 吕铁、贺俊：《如何理解中国高铁技术赶超与主流经济学基本命题的"反差"》，《学术月刊》2017年第11期。

对于第二类激励问题，关键创新主体特别是企业主体保持相对稳定，加之铁道部（铁总）以需求方身份严格控制市场准入，从而形成了"相互专用"的长期交易关系。这使得作为垄断买方的铁道部（铁总）的创新需求得以有效传导到企业，强化了企业的创新激励。此外，由于每个主体都聚焦于产业链和创新链的特定环节，很少受到上下游企业（包括转制后的科研院所）纵向一体化的竞争威胁，只需要集中资源与同一环节的其他主体开展横向竞争，就能够从 2004 年后庞大的高铁市场机会中获得持续增长的空间，因此有动力根据铁道部（铁总）的技术要求加强主营业务关键技术的专用性投资。这使得高铁产业链的所有环节都得到了充足而持续的投入，创新主体发育出差异化的技术能力，在产业层面则表现为全产业链技术水平的提升。如果创新主体的一体化程度较高，则会加强对自身收入和利润贡献最大的业务或价值链环节的投入，而忽视对其他业务和环节的资源投入。[1] 如果部分创新主体追求业务多元化，其他市场主体也会采取多元竞争战略保卫自身的市场地位，造成技术投资重复、分散，难以形成合力。这也正是 20 世纪 90 年代中国高铁技术进步相对迟缓的原因之一。当时，为了争取各铁路局碎片化、区域化的动车组订单，众多的机车厂和客车厂设计生产了多种技术路线的动车组，而在企业自身技术能力不足的情况下，多样化的技术路线反而抑制了企业在单一路线上持续进行能力积累、建设自主产品平台的激励。

对于第三类激励问题，高度专业化的垂直分工体系不仅有利于合作，而且有利于在用户创新目标发生变化以及新的微观创新主体进入创新体系之时，通过市场机制快速重构以新的创新目标为导向的合作网络。合作是分工的结果。中国高铁产业的分工高度专业化，微观创新主体之间的资产互补性和技术互补性极高，因此产业链上下游的利益冲突较中国绝大多数产业更少，上

---

[1] 吕铁、贺俊：《如何理解中国高铁技术赶超与主流经济学基本命题的"反差"》，《学术月刊》2017 年第 11 期。

下游合作更为活跃，在复杂产品系统的各个层次上，都能够形成中心性很高的、稳定的合作网络。铁道部（铁总）是整个高铁大系统合作网络的中心节点，以顶层用户身份，联结工程建设、高铁装备和通信信号企业，围绕高铁系统创新目标开展合作。在技术引进阶段，铁道部成立了动车组项目联合办公室，协调不同企业和科研机构的资源整合和互动反馈，促进产品设计和生产制造技术完善。而在移动装备、固定设备、信号控制等子系统领域，集成企业则发展为中心节点，与专业化供应商以及相关科研机构达成稳定的互信合作，形成了中国制造业中少见的关系型供应链。

关系型供应链是有效传导铁道部（铁总）以及其他中心节点创新抱负的重要机制，激励各级供应商根据中心节点的创新目标进行专用性投资。但是，这种供应链的维系需要一个产业内分工前提，即集成企业专注于集成活动和少数核心零部件的研制，供应商根据集成企业需求调整技术投入与研发方向，二者之间存在很高的技术互补性，使双方都被锁定在这种关系之中，降低了各方被"敲竹杠"或被排除出供应链的顾虑。这种供应链关系带来了与中国多数制造业部门中的交易型供应链关系完全不同的激励结果。中国制造业的优势产品多数具有明显的开放型模块化架构。[1] 在这种产品架构下，很多集成企业选择采用交易型供应链管理模式，采购决策完全基于当期的产品价格和产品性能，因此将技术水平还不能完全满足要求的供应商排除在采购范围之外。当某些中小供应商取得关键技术突破时，不少集成企业往往不是选择与这些供应商开展长期合作，而是通过模仿创新和改进创新，自行开发与供应商产品功能类似或更好的零部件。这种供应链管理模式强化了供应商的短期导向，扼杀了供应商提升技术水平的投资动力，致使中国大量核心零部件技术创新陷入了两难境地。一方面，集成企业认为本土

---

[1] Fujimoto, T., *Competing to Be Really, Really Good: The Behind-The-Scenes Drama of Capability-Building Competition in the Automobile Industry*, Tokyo: International House of Japan, 2007.

供应商提供的核心零部件无法满足性能要求；另一方面，由于集成企业不使用本土企业开发的零部件，国内供应商也就缺乏在产品应用中不断发现问题、改进产品的机会。

在中国高铁产业中，从铁道部（铁总）到子系统集成企业（如动车组整车企业）都坚持专业化分工，加之铁道部（铁总）策略性地构建了"有控制的竞争"市场结构，以及由铁路行业院校校友资源形成的社会资本，都促成中国高铁形成了关系型供应链，[1] 以长期承诺促成了创新主体之间的合作活动，成功打破了中国制造业普遍存在的合作悖论。特别地，由于市场交易取代行政指令成为企业合作的基础，集成企业不仅可以与铁路行业内部的创新主体保持关系型供应链，而且能够根据自身需要，以同样的方式将2004年后新进入高铁产业的创新主体纳入创新合作网络之中。例如，四方与此前从未涉足铁路业务的丛林铝业、南山铝业等民营企业建立了战略合作伙伴关系，在型材设计、模具开发、检验检测等方面为供应商提供技术和资金支持，并耐心等待后者逐步提高铝型材质量。相应地，当时四方对车体铝型材的需求量并不足以吸引有实力的国有供应商，而这些民营企业的创新努力满足了四方的铝型材性能要求，最终成为四方动车组铝型材的核心供应商。随着独立的创新主体嵌入不同层次的关系型供应链，整个高铁产业形成了创新导向的产业合作网络，使中国高铁技术得以免受既有价值网络对创新抑制效应的影响。[2]

总体来看，在市场化转轨和专业化分工体系的共同作用下，在2004年后，中国高铁形成了新的技术投资激励结构，自主创新成为不同层次、不同类型创新主体的激励相容的普遍选择。而且，这种激励结构解决了此前部分

---

1 吕铁、贺俊：《如何理解中国高铁技术赶超与主流经济学基本命题的"反差"》，《学术月刊》2017年第11期。

2 Christensen, C.M., *The Innovator's Dilemma: When New Technologies Cause Great Firms to Fail*, Boston: Harvard Business School Press, 1997.

创新主体特别是企业专用性投资不足、产业技术供给高度依赖行业科研院所的问题。随着企业创新投资激励增强，技术投资力度增大，中国高铁技术能力的主要载体由注重技术功能的科研院所逐步转向注重批量稳定生产的制造企业。在"两部联合行动计划"十大重点课题中，企业（主持单位）自筹经费往往是国家拨款的数倍。激励结构与创新投资结构的变化，使市场需求成为驱动创新分工网络的关键因素。各类创新主体的自主创新导向趋于一致，不再出现铁路局、制造企业和科研院所各自追求"技术示范""批量产品"和"技术前沿"的割裂与对立，而是"快速向兼具技术和经济合理性、满足规模化使用需求"[1]的工程化、商业化方向收敛。

应该看到，中国高铁的制度变革既有其特殊性，但同时也嵌入国家的宏观改革进程中。高铁技术引进前后，适逢中国深化产业管理制度和国有企业改革的关键时期，因而铁路行业的管理体制和国有企业改革是全国改革的延伸。在政企分离、主辅分离、促进竞争的改革目标之下，铁路部门"横向到边、纵向到底"的集中管理体制被打破，铁路勘察设计、工程建设、装备制造和通信信号等非运输主业相继与行业主管部门"脱钩"，与铁路运输部门之间的关系演变为市场经济条件下的产业链上下游关系。在此过程中，铁路行业的技术创新体系也相应重构。铁路运输部门作为高铁工程和高铁装备的需求方，按照高铁的技术经济特征，调整了铁路运输组织方式和交易方式，包括撤销了全部41个铁路分局，上收了曾下放至铁路局的铁路装备采购权，整合了分散至产业链各个环节的技术创新能力，有效将中国巨大的潜在市场优势转化为产业创新发展的激励。[2]

---

[1] 吕铁、江鸿：《从逆向工程到正向设计——中国高铁对装备制造业技术追赶与自主创新的启示》，《经济管理》2017年第10期。

[2] 黄阳华、吕铁：《产业分权与技术赶超：基于中国高铁的调查研究》，中国社会科学院工业经济研究所，2018年。

（二）技术学习与技术能力发展

当制度改革降低了高铁技术进步的体制障碍，新的激励结构将相关创新主体的微观行为导向自主创新，中国高铁部门创新体系在既有的技术能力基础上，表现出空前的技术学习强度和效率。有关东亚国家制造业技术赶超的研究[1]表明，后发国家产业技术赶超的成功在微观行为层面上取决于技术来源和学习强度。这也正是2004年后中国高铁技术学习效率提高、技术能力积累加速的关键微观因素。来自德、法、日三国的技术引进提供了多样化的技术来源，大规模新建并开通高铁线路提高了技术学习强度。中国高铁创新主体通过高强度的"干中学""用中学"和"试验中学"，消化、吸收引进知识，创造本地内生知识，不仅快速弥补了早期制造技术不成熟的短板，在设计、工程、制造、控制、组织、运营等领域发展出完备的能力体系，而且形成了自主的、领先国际同行的系统集成能力。

高铁是典型的、模块化的复杂产品系统，高铁技术天然具有跨学科和模块化的特点。按照学科领域，高铁技术广泛涉及信息科学、控制科学、材料科学等十余个一级学科。按照系统模块，高铁技术不仅包括基础工程（含勘测设计）、车辆装备、牵引供电、通信信号、运营管理五大类子系统技术和子系统内部更低层次的模块技术，而且包括将不同层次模块逐级集成为子系统以及将五个子系统最终集成为高铁大系统的系统集成技术。与所有复杂产品系统一样，构成高铁系统的各个子系统之间以及子系统内部的各个模块之间存在着繁复的接口与耦合关系。例如，车辆装备（高速动车组）必须与基础工程（高速铁路轨道）实现轮轨关系上的完美耦合，也必须与牵引供电系统实现弓网关系上的完美耦合。这意味着，高铁创新要求部门创新体系具备完

---

[1] Kim, L., *Imitation to Innovation: The Dynamics of Korea's Technological Learning*, Boston: Harvard Business School Press, 1997.

整的、不同层次的模块技术与系统集成技术。在高度专业化的产业分工体系下，这些技术能力分散在众多创新主体之中；只有不同创新主体的各类技术能力同步提升，整个部门创新体系才能具备全面的技术能力，从引进模仿转向自主创新。

中国铁路工业有着数十年的技术积累，这是20世纪90年代之后高铁技术得以发展的重要基础。然而，直到2004年前，高铁产业始终存在高层次系统集成能力发育不足的问题。这个问题首先表现为生产企业系统级制造能力的不足，进而影响了设计能力的进步以及设计、工程、制造之间的协同水平，造成全行业技术创新的系统性失灵。以高铁装备为例，行业科研院所能够进行零件级和部件级产品的开发和小试，集成技术的进步则有赖于企业技术投资。而由于当时企业技术投资激励不足、技术来源单一（高度依赖行业科研院所）以及学习强度不足（高铁装备订单过少），高速动车组整车企业的集成技术进步缓慢，造成最终产品可靠性不足。在这种情况下，当车辆装备出现故障时，难以识别故障原因究竟是整车企业集成技术不成熟，还是车辆零部件存在质量缺陷，抑或是其他子系统与车辆装备耦合不佳。因此，高铁装备集成技术的短板一方面通过供应链向下传递至车辆装备子系统的各级供应商，一方面抑制了与车辆装备存在技术耦合关系的其他子系统（如以高铁装备为载体的通信信号系统）的知识积累，造成整个大系统未能达到稳定运行的商业化要求。

2004年后，高铁产业的创新主体既继承了此前中国铁路工业既有的技术能力，又受益于大规模技术引进和高铁建设对技术来源和学习强度的改进作用，技术能力结构产生了迅速而积极的变化。一是解决了前期子系统级制造能力不足的问题，制造工艺不再是限制部门技术能力提升的短板。二是零部件生产企业和子系统集成企业的自主研发和设计能力极大增强，形成了子系统级别的自主化产品平台。三是在需求方推动下建设了完整的试验平台，以科研机构为支撑发展出总体设计、接口管理、联调联试等技术和高铁大系统集成的原创性基础理论,形成了大系统级的系统集成能力,可以根据需求和环境条件自行设计、施工、生产、运营全套高铁产品。对于高铁这种工程技术密集的复杂产品系统,无论是零件、部件抑或产品层次的技术进步还是顶层系统集成能力的形成,"干中学"[1]"用中学"[2]和"试验中学"[3]都是技术学习的核心机制。

以高速动车组及其核心零部件企业为代表,高铁装备生产企业通过"干中学",首先集中力量掌握国外转让的制造工艺,在此基础上对制造技术进行适应性改造,快速形成了高铁装备制造能力与质量控制能力,消除了制造技术能力的短板。作为技术引进承接方的高铁装备生产企业均表示,生产制造工艺是其在技术引进中获益最多的部分之一。在技术引进初期,由于不完全掌握工艺流程和关键质量控制点,为了确保制造工艺正确,防止工艺变更影响产品质量,中方企业都提出了"先僵化、后固化"的要求。外方为中方提供原型车的制造图纸,中方企业在外方指导下升级生产设备、优化工艺布局、提升自动化水平、开展工艺培训,其目的在于完全"复刻"外方工艺。当中方企业掌握基本工艺、能够稳定生产固定车型之后,企业开始对生产工艺进行适应性改造,工艺水平不断提高,部分环节的工艺稳定性甚至超过了国外技术转让方。例如,整车企业唐车的接线合格率已经超过西门子公司,创造了世界同业之最。这种进步是在不断重复的批量生产实践中逐渐实现的,其知识基础是反复试错后识别出的关键质量控制点及其控制方法。以高速动车组车体集成中最重要、最难操作的焊接技术为例,唐车曾直接派人员前往德

---

[1] Arrow, K.J., "The Economic Implications of Learning by Doing", *The Review of Economic Studies*, 29 (3), 1962.

[2] Mukoyama, T., "Rosenberg's 'Learning by Using' and Technology Diffusion", *Journal of Economic Behavior and Organization*, 61 (1), 2006.

[3] Thomke, S.H., *Experimentation Matters: Unlocking the Potential of New Technologies for Innovation*, Boston: Harvard Business School Press, 2003.

国接受西门子公司的焊接技术培训，受训人员回国后又培养了数百名具有国际认证资质的高级铝焊工，能够完成高速动车组的特种焊接工作。但为了持续提高产品质量，减少可能导致焊接处断裂的小焊缝未融合现象，唐车员工又进行了大量试验才掌握了焊枪的最佳角度和速度，达到了小焊缝焊接的零缺陷。[1]

更重要的是，高铁装备生产企业全面掌握了子系统和核心组件的设计原理，建立起具有鲜明中国特征的自主知识产权与自主化产品平台，实现了设计与制造的集成。2004年前的试验性探索阶段积累的技术能力为快速消化新技术奠定了基础，多源头的技术引进与大规模的高铁建设则大大加速了基于"实践—反思—内化—实践"的"干中学"进程。技术引进初期，中方企业缺少对成熟的高铁装备产品内外部关联关系的深入理解，技术学习在多数情况下表现为对设计思想与解决方案的校准。此前，中国高铁技术人员曾在独立研发中发现了大量高铁技术问题，也相应地提出过许多假说和解决方案，但或是由于不具备技术识别能力，或是因缺少持续的高铁建设和装备研发项目而没有检验机会，并没有选定最优解决方案。2004年后，中方企业在科研院所和高校的支持下，首先针对既有问题，对外方提供的成熟产品进行"解谜"，并利用大量新建高铁线路提供的批量生产与应用机会检验多种解决方案，在设计理念、设计工具等方面的能力积累明显加快。在解构多国差异化的产品设计的基础上，中方企业深刻理解了高铁装备产品子系统的内外部耦合关系，发展出高铁装备的正向设计能力。而当正向设计能力与制造能力结合起来，高铁装备生产企业就形成了设计制造一体化的产品开发平台。

从制造技术到设计制造一体化的产品开发平台，是由"知其然"到"知

---

[1] 高柏、李国武、甄志宏等：《中国高铁创新体系研究》，社会科学文献出版社，2016。

其所以然"的跨越,是通过工程实践与设计实践反复迭代的"干中学"以及运行、维护技术来源各异的多种动车组型号的"用中学"实现的。[1] 受到气候环境、工程环境、地质环境、操作习惯等因素的影响,引进的动车组原型产品在中国面临着大量适应性问题,需要中方企业对设计进行一定程度的修改。在"试错—改错"的过程中,高铁装备生产企业设计能力在三个方面取得了突破。一是识别核心问题。与所有复杂产品系统相同,影响高铁装备性能的因素极其庞杂,不可能也不必要全部纳入设计模型,而不同因素的相对重要性及其对高铁装备性能的具体影响往往在产品开发和工程实践中才能显现。得益于经验性的问题识别和定义,中国高铁装备产业才能在迫切的追赶要求下,最大限度地减少过冗余、过试验、过设计造成的浪费,将有限资源聚焦于"真正的问题"。二是构建工作逻辑。正向设计能否形成符合需求的产品系统,实现这一设计的生产成本是否合乎预期,取决于研发人员对整个系统工作逻辑的理解。通过反复调试不同应用条件下的故障逻辑,高铁装备研发人员最终掌握了部件级、产品级、系统级等各层次硬件和嵌入软件、应用软件的联通、控制、监测、诊断等关系,不仅能够根据实际运行条件改写原型产品的工作逻辑,而且能够自主开发全套系统的工作逻辑。三是发展设计工具。高铁装备生产企业在逆向解构进而还原引进产品设计的过程中,积累了有关建模方法、设计参数、程序结构、实现方法、设计软件的实践经验,构建起不同组件的分析计算模块和子系统级的设计平台。

在企业主体之外,作为需求方的铁道部(铁总)和作为科学技术供给方的科研机构也是高铁技术能力的重要载体。铁道部(铁总)本身是一个"知识全能型"的领先用户[2],不仅能够提供清晰的高铁产品需求和技术条件,

---

[1] 吕铁、江鸿:《从逆向工程到正向设计——中国高铁对装备制造业技术追赶与自主创新的启示》,《经济管理》2017年第10期。

[2] von Hippel, E., *Democratizing Innovation*, Cambridge: The MIT Press, 2005.

而且敢于对子系统供应商提出超越现有技术水平的全新要求，驱动高铁技术创新的全过程。但就技术能力而言，铁科院才是铁道部（铁总）技术能力、特别是高铁大系统集成能力的主要载体，在前期确定技术条件和后期试验验证与全系统技术协同中发挥着主导作用。以西南交大为代表的高校创立了高速列车耦合大系统动力学，将之前国际学术界作为独立问题研究的4种高速列车耦合关系置于统一的理论体系中进行分析，为系统集成与分析提供了重要的且具有创新性的科学理念和分析工具。[1] 相对于企业而言，高校和科研院所的技术能力积累与技术引进关联较小，更多的是中国高铁试验体系自20世纪80年代以来逐步完善的结果，是通过"试验中学"发现并解决新的技术问题、深化高铁理论认识的产物。

高铁试验体系是固定设备和移动设备相结合、试验基地和正线试验相结合、实车试验和试验仿真相结合的试验检验平台。一方面，根据本土需要陆续建设或升级的众多试验台与实验室意味着已经建立起了国际领先而又极具适用性的仿真测试环境与台架试验条件。1995年建成的西南交大牵引动力国家重点实验室因其"在运行时速才几十公里的时代"建设时速450公里的轮轨滚动振动整车试验台的超前意识，在几乎所有型号的高速动车组研制中发挥了不可替代的作用；另一方面，2004年后新建的众多高铁线路带来了全球唯一的超大体量、复杂条件现场试验窗口和数据获取机会。每条高铁新线都提供了在建期间的多段试验窗口期、全线铺通后的长距离全线试验窗口期，以及投入运营后的跟踪试验期。更重要的是，这些线路的建设时间相互衔接、建造标准逐步提升、运行环境差异较大，在整体上保证了近十年来兼具连续性和差异性的不间断线上试验。早在2008—2009年武广高铁线上试验期间，铁科院就将发展包括线路、车辆、牵引供电、通信信号等子系统的联调联试

---

[1] 沈志云：《我的高铁情缘——沈志云口述自传》，湖南教育出版社，2014。

技术与全套标准作为最重要的试验任务。这些技术与标准在后续的新建高铁线路试验中不断调整，成为中国高铁系统按设计速度实现安全、稳定、舒适运营的基本保障。同时，铁科院作为技术总体协调单位，与各个子系统的供应商进行互动和反馈，修正子系统之间的接口标准与子系统设计的技术条件，进一步提高子系统集成水平。也正是基于长期积累的台架试验数据和武广高铁、京沪高铁等线上试验数据，西南交大才得以发展出并不断完善高速列车耦合大系统动力学理论。

第四节 中国高铁技术赶超的启示与延伸讨论

中国高铁卓越的技术赶超绩效和政府行政力量在中国高铁发展过程中的深度参与这两个基本事实，很容易诱使研究者和政策制定者在二者之间建立简单的因果关系，进而泛化政府干预的有效性。然而，对中国高铁微观激励结构和能力发展路径的细致分析提醒我们，必须对"高铁模式"的一般性和政府干预的有效性保持足够的谨慎。

（一）构建多元化的技术赶超路径

中国高铁经验可以为中国其他产业的技术赶超提供难得的借鉴。然而，试图将中国高铁经验简单复制到其他产业却是不当，甚至是危险的。包括高铁在内的产业丛林的技术范式、竞争环境、制度结构、能力基础等经济、社会、文化条件的多样性决定了，每个产业在借鉴中国高铁的技术赶超经验时，都必须在对不同产业发展的具体条件的差异性保持足够谨慎的前提下再吸收其合理的成分。在这样的认识论指导下，我们将探索性地讨论中国高铁技术赶超经验对干线客机、芯片和轿车三个受到普遍关注的技术密集型产业的技术创新的启发。

无论是从零部件数量、控制系统的复杂性，还是从技术赶超阶段产品与既有供应体系的供需差距等各个评估产品复杂程度的维度看，高铁和干线客机都属于典型的复杂产品系统。也正因此，研究者常常将这两个领域的赶超战略进行对比。但仅从技术壁垒和市场结构看，干线客机的技术发展都面临比高铁更加严峻的赶超环境。首先，由于要追求在高速、高温、高压等最极端工况下的稳定性、可靠性和安全性，干线客机具有更复杂的设计结构和更庞大的非重复零部件数量，其研发设计制造涉及流体、结构、材料、燃烧、控制、电子、计算机、数据等各个领域的前沿科学和工程经验，研发周期之长、研发成本之高属民用工业产品之最。而被称为"工业之花"的航空发动机的设计难度和制造工艺复杂度更是居于各类工业品之首。因此，干线客机具有较高速动车组更高的技术复杂度。其次，由于干线客机的国际市场集中度更高，领先企业出于激烈的市场竞争压力而向中国企业转让技术的意愿更弱。事实上，2004年前后，部分高铁装备跨国公司面临激烈的市场竞争和严峻的财务压力，是当时中国在技术转让谈判中能够居于主动，从而实现以国内市场换技术和技术能力的重要条件。在2004年的时速200公里动车组招标过程中，在西门子公司退出竞标的情况下，作为日本六家企业联合体成员的川崎重工，不顾JR东日本公司、日立制作所、日车公司等成员的反对坚持向中国转让技术，一个重要的原因是当时川崎重工的高铁装备业务正面临严重的财务危机，这也促使日本企业联合体最终将时速250公里以下动车组技术转让给中国企业。当时的法国阿尔斯通公司亦经营状况不佳。2003年8月，阿尔斯通公司甚至向巴黎法院申请了破产保护。2004年，中国6.2亿欧元的订单避免了阿尔斯通公司的破产命运，而阿尔斯通公司也将其拥有的AGV列车的7项关键技术转让给了中方。相比之下，波音、空客、GE、罗罗等干线客机和航空发动机制造商的市场力量和财务状况都远远好于国际高铁装备制造商。因此，在干线客机领域，本土企业面临的技术壁垒更高，实施以市场换技术策略的难度更大。虽然高铁和干线客机在外生的技术范式和国际竞争环境方面存在差异，但在内生的制度结构方面，两者又有诸多相似之处，两个领域都采取了政府集中投入和集中分配资源的资源配置方式，两个领域主要的创新主体都是国有企业。这决定了，中国高铁自主创新的成功经验对于中国干线客机的技术赶超存在可资借鉴之处。一是干线客机研制作为一项复杂的系统工程，其技术攻关必须有明确的责任部门或个人，且责任部门或个人应当具备足够的技术知识和能力以为做出正确的战略决策提供支撑。中国高铁从技术引进到正向设计再到自主创新的过程中之所以政府没有犯系统性的错误，一个重要的原因是铁道部（铁总）本身是高铁技术的最终用户并且是系统集成技术的掌握者。决策者对技术和行业的深刻理解，是提高决策效率的重要条件。二是需要在主要的供应链环节保持国有企业之间的必要竞争。根据公开资料，C919 的雷达罩、机头、机身、机翼等机体部件主要由国内以国有企业为主体的供应商承制，而发动机及航电、飞控、电源、燃油和液压系统等主要机载系统则要求国外供应商与国内相关企业开展合资或合作，分别成立了 16 家合资企业。中国高铁经验表明，由高度专业化的企业而不是一体化的企业负责关键零部件的研制能够提高企业的创新积极性。[1] 中国高铁经验也显示，由三家左右的竞争性企业构成"有控制的竞争"的市场结构有利于企业既保持足够的竞争压力，又获得必要的创新报偿，进而形成良性的竞争机制。也就是说，为了获得竞争带来的动态效率，适度的重复建设是应当承担的成本。从这一点看，目前中国干线客机创新生态在整机集成和关键零部件领域的竞争是不够充分的。

"中兴事件"之后，国内加快芯片国产化的呼声越来越高。目前来看，不同于中国高铁政府集中控制的发展模式，中国通用芯片和具有大规模应用市

---

[1] 吕铁、贺俊：《如何理解中国高铁技术赶超与主流经济学基本命题的"反差"》，《学术月刊》2017 年第 11 期。

场的嵌入式芯片（如手机芯片）实际上采取了企业主导、政府扶持的发展模式。从技术范式看，不同于高铁和干线客机属于长周期的成熟技术，芯片属于相对短周期的、技术前沿持续推进的技术，需要创新主体能够对技术变化和市场环境变化做出快速反应。这决定了政府和具有内在制度缺陷的国有企业很难适应芯片竞争中快速变化的技术路线和市场环境。从产业组织结构看，中国的高铁市场和民用航空市场几乎都是国有企业垄断性经营，因此市场是相对封闭的，这就为利用国内市场拉动技术学习创造了较好的市场条件。但芯片的下游用户基本上都是竞争性的私人企业，因此，芯片市场是全球竞争的开放市场。这不仅使得中国芯片技术发展很难采用"市场换技术"的技术引进战略，更主要的，英特尔、高通、三星、AMD等基于客观的技术优势和主观策略性的专利、标准布局，在包括中国在内的市场形成了极强的用户粘性，使处于追赶阶段、技术成熟度不高的本土芯片企业很难获得早期用户和实验性用户，造成技术追赶的鸿沟。从供给方面看，领先的芯片设计企业与代工制造商和光刻机等关键设备制造商之间形成了复杂的合作关系，后发企业很难切入其生态体系。用户和供应链两方面的抑制效应，不仅对中国芯片企业进行持续的大规模研发投入和技术能力提升提出了很高的要求，同时也对企业的战略管理能力构成了严峻的挑战。面对芯片产业迥异的技术赶超障碍，中国高铁经验对其总体的适用性显然要大打折扣，但仅仅从政府更高效发挥催化剂和协调者作用的角度看，中国高铁经验仍然能够为中国芯片产业的发展提供重要的启示。一是从供给侧政策看，政府除了采取目前主要通过补贴等激励企业进行持续的大规模研发投入的结构性产业政策外，政府的资金投入应当更多地投向行业共性技术创新平台、试验体系和企业研发体系建设等方面。二是加强需求侧的政策扶持，针对早期用户和实验性用户提供补贴，为企业创造通过"用中学"不断提升技术能力的机会。从中国高铁经验看，铁道部（铁总）直接为高铁装备企业提供的研发补贴等降低研发成本的政策效应微乎其微,而研发体系建设和新产品采购订单等可以切实提升企业创新能力和形成初期市场稳定预期的政策却发挥了积极的促进作用。

再以轿车工业为例,讨论中国高铁经验对竞争性行业技术赶超的启示。由于轿车的技术范式和竞争范式与高铁存在更大的差异,因此,中国高铁经验对轿车工业的直接政策启发意义并不大。但由于中国高铁已经相对完整地走过了从模仿到正向设计再到自主创新的技术赶超过程,因此从中国高铁的发展历程可以管窥中国轿车工业未来的赶超路径,从而对中国轿车工业各个阶段发展状态的合意性做出更加科学的判断。从能力发展的角度看,中国高铁装备企业大致经历了从以 CRH2 型车为技术平台的技术引进和模仿学习,到以 CRH380 型车为技术平台的二次开发和正向设计能力提升,再到以 CR400 型车为技术平台的自主知识产权开发和自主创新能力形成三个阶段。与技术能力相匹配,每一个阶段企业的技术能力和关键战略活动都发生了转换和调整。在技术模仿阶段,整车企业形成了初步的技术集成能力,核心零部件企业的产品开发能力薄弱,只有外围的零部件和材料可以由本地企业配套;在正向设计阶段,整车企业的技术集成能力趋于成熟,其整合国外供应商的能力明显提升,同时开始培育本土的核心零部件供应商;在自主知识产权开发阶段,整车企业的技术集成能力达到甚至由于能够综合多技术路线而在部分领域超越国外企业,同时本土核心零部件企业的自主开发能力大幅提升。轿车和高速动车组同属于模块化程度相对较高的非连续流程工业产品,可以预期,中国轿车工业的技术进步大致也会遵循基本相同的能力提升和战略转换路径。总体上判断,目前中国以吉利、长城、奇瑞为代表的走自主开发路线的本土轿车企业开始进入正向设计能力提升阶段,表现为整车企业的技术集成能力显著提升,同时通过并购国外企业等逆向吸收方式快速提升在发动机、变速箱等核心零部件的二次开发能力。最重要的,本土企业的研发体系和产品开发平台进入快速建设和完善的阶段。这表明,虽然中国轿车工业由于历史的原因走了弯路，但目前总体上在正确的技术赶超路径上向前推进。其对于产业政策的重要意义在于，对处于正向设计能力提升阶段的本土整车企业和核心零部件企业，政府在判断企业技术创新绩效，进而明确政策资源分配标准的时候，除了要关注产品本身的创新程度以外，最重要的，应该关注企业的技术学习强度和研发体系、试验体系以及产品开发平台建设的强度和效果；如果产业政策资源分配过度与产品绩效而不是与企业能力挂钩，反而有可能抑制企业在正向设计阶段的技术学习，因为在这个阶段，企业的技术能力实际上已经出现了质的提升，但在产品层面仍然难以通过相关绩效指标表现出来。

（二）发现"集中力量办大事"的边界条件

经济学界的主流观点认为，市场化改革是过去40年中国经济快速发展的根本原因。然而，如果将分析视角聚焦到中观产业层面，这样的总体判断却并不能完全揭示改革开放以来中国不同产业多样化的发展路径和丰富的技术学习活动。按照标准的微观经济学理论，市场化的经济学内涵应当包含定价机制和市场结构两个层面的内容。不同行业依据其市场化特征可以定位于由这两个维度界定的一个二维坐标中。处于这个二维空间一端的是纺织、服装、家电等中低技术行业，这些行业在20世纪90年代基本实现了市场化的定价机制并形成了较为分散的竞争性市场结构；处于这个二维空间另一端的则是高铁、干线客机等复杂产品系统，这些行业直到现在仍然具有较强的行政定价和垄断性市场结构特征，其余的多数产业则分布于这两种极端模式的中间。前一种典型的市场化产业发展模式不仅受到主流经济学家的认可，也能够为政府部门接受；而后一种"国家发展主义"的产业发展模式在政策层面得到高度的推崇。特别在2018年中美贸易摩擦加剧、美国以禁售芯片制裁中国中兴公司的背景下，以政府集中力量办大事的方式加快核心技术突破、摆脱高端芯片和基础软件等受制于人的呼声更趋高涨。然而，在严肃的学术研究层面，研究者对于"国家发展主义"对产业发展绩效的影响却未形成一致的观点，且不同的学者其观点往往大相径庭。

政策制定者和主张"集中力量办大事"的学者常常将中国高铁的技术成功视为"集中力量办大事"模式有效的主要论据。由于高铁是政府集中控制市场和资源配置的典型产业，一些研究者和政策制定者很容易简单地在"集中资源"和"办大事（高铁取得的技术成功）"之间建立因果关系。然而，对于"什么条件下政府集中资源相对于市场机制更加有效？政府如何有效地进行集中控制？"这些重要的问题，既有的研究却并没有给予足够的关注。路风[1]是国内少数围绕这一问题进行论述的学者。他认为，由于铁路是大型复杂技术系统，必须保持国家的集中控制；而政府对铁路市场的集中控制，保证了铁路装备工业的引进技术成为自主开发的补充而不是替代。显然，路风将复杂产品系统这一产品技术特征作为政府集中控制的充分条件，然而，既有的有关复杂产品系统的研究并不支持这样的结论。由于干线客机、高铁等复杂产品系统依赖于高度分工的供应链，要求存在能够进行跨知识领域、跨组织、跨国界的技术集成者，但这样的技术集成者完全可以是一个市场化的私人企业[2]，而未必是一个高度干预的政府。因此，复杂产品系统并不是"集中力量"的充分条件。另外，政府集中控制虽然确实可以保证以我为主的自主创新战略导向，但诸如国家重大科技专项、863计划等政府集中控制的科技攻关项目中的不少项目并没有导致成功的自主创新绩效。可见，政府集中控制也不是自主创新成功的充分条件。

复杂产品系统、政府集中控制和成功的自主创新确实是刻画中国高铁技

---

[1] 路风：《政策"意料外"的高铁奇迹》，《瞭望》2013年第48期；路风：《中国高铁技术发展的源泉》，《瞭望》2014年第1期。

[2] Brusoni, S., "The limits to Specialization: Problem Solving and Coordination in 'Modular Networks'", *Organization Studies*, 26（12）, 2005.

术赶超的三个关键词。然而，中国高铁的经验细节却并不能支持"复杂产品系统是政府集中控制的充分条件""政府集中控制可以导致成功的自主创新"这样的一般性结论。有效的技术集成要求集成者具备特定的"能力"，而集中资源则仅仅要求存在特定的"权力"。复杂产品系统技术学习要求的是一种能力结构，而不是权力结构。无论是铁道部，还是虽然完成了企业化改制但仍然在很大程度上承担政府职能的铁总，都是具备跨知识集成能力和跨组织协调能力的主体：一方面，从技术能力看，铁道部（铁总）始终强调工程化和商业化应用过程中的技术能力提升，密集试验、批量应用中发现问题与解决问题的高强度学习机制建设，以及在技术赶超过程中持续的试验体系和研发体系发展[1]，从而形成了以铁科院为组织载体的跨知识领域集成能力；另一方面，从组织能力看，铁道部（铁总）具有对勘测设计、工程建设、装备制造、通信信号、运营管理等庞大的创新系统和生产供应体系进行组织和协调的能力。在这两种能力中，技术集成能力与政府集中控制并没有必然的因果关系，而组织能力虽然与铁道部与下属企业具有直接的行政隶属关系相关，但同时也受到铁路系统的合作传统、社会资本以及整个供应链体系的高度资产专用性从而对铁总订单的高度依赖的影响[2]，而这些因素和条件都不是政府集中控制这种权力结构可以内生创造的。因此，中国高铁经验并不支持复杂产品系统的技术范式必然要求采用政府集中控制的经济范式的理论命题。

有关"集中力量办大事"的另一个命题是，政府集中控制能够促成成功的自主创新。政府集中控制确实在高铁等少数领域实现了较好的技术赶超绩效，但同时也必须看到，中国在通信设备、工程机械等领域的技术赶

---

[1] 吕铁、江鸿：《从逆向工程到正向设计——中国高铁对装备制造业技术追赶与自主创新的启示》，《经济管理》2017年第10期。

[2] 吕铁、贺俊：《如何理解中国高铁技术赶超与主流经济学基本命题的"反差"》，《学术月刊》2017年第11期。

超是在更加市场化的制度范式下实现的。因此，政府集中控制并不是产业技术赶超的必要条件。与此同时，不少由科技部、国家发展改革委等部门主导的国家技术创新工程和产业化项目归于失败的事实表明，政府集中控制也不是成功自主创新的充分条件。因此，政府集中控制既不是成功自主创新的必要条件，也不是成功自主创新的充分条件，正确地提出问题的方式是：政府集中控制导致成功的自主创新的条件到底是什么？中国高铁技术赶超的经验显示，政府强力干预促成合意的技术创新绩效至少要满足以下三个条件。

一是复杂产品系统的技术赶超作为一项系统工程，需要在顶层具有明确的、既有能力又有动力组织项目集中攻关的最终责任人，且最终责任人的权力（控制权）和收益（收益权）要尽可能地匹配。无论是基于行政命令的铁道部还是基于采购订单的铁总，作为政府的代理机构，二者都具有组织项目集中攻关、协调各主体创新活动的能力；同时，铁道部（铁总）也能够获得足够的中国高铁快速发展所带来的政治和经济利益。因此，铁道部（铁总）都是经济学意义上恰当的最终责任人。反观国内其他的重大科技攻关和产业化项目，最终责任人缺失、权责错配等治理因素常常是其"雷声大、雨点小"的主因。以国家重大科技专项为例，科技部设立的重大专项办公室仅为重大专项的管理、评估机构，并不是项目的最终责任人，也不享有资金的分配权力。项目资金实际上由各个专项的承担单位在参与成员之间进行分配。各专项虽然设有具有相对独立身份的项目总师，但项目总师仅承担项目的咨询义务，并不承担项目失败的责任，也不享有项目成功的收益。这样的项目治理结构决定了，国家重大科技专项的实际最终责任人和协调人缺位，而资源分配权力和责任在各主体之间的错配，则进一步造成了资金使用效率的低下。

二是复杂产品系统技术攻关项目的最终责任人和主要的创新主体要具有

"可靠的"自主创新承诺。责任人和创新主体的自主创新承诺可能来自路风[1]强调的坚定的政治决心，但更需要在特定的制度基础上形成的激励结构，使得自主创新切实成为责任人和相关创新主体的激励相容的理性选择。铁道部（铁总）之所以持续地推进高铁全产业链的技术赶超和国产化，主要是出于安全可控和"组织合法性"的理性考虑，铁道部（铁总）的主要领导人的创新抱负和政治决心的形成受到复杂的制度基础、管理组织、文化传统等因素的综合影响。[2] 也正是在这个意义上，我们更愿意使用"可靠的创新承诺"而不是"坚定的政治决心"这样的理论表述。而中国高铁快速发展创造的巨大市场机会和经济利益，则形成了高铁装备、工程建设等创新主体开展高强度技术学习的主要激励。因此，复杂产品系统的技术攻关应与市场的培育发展进行协同部署，只有消除创新主体对制约市场发展的体制性障碍和经济性障碍的顾虑，才能形成责任人和创新主体协同创新的局面。

三是政府集中资源不能抑制创新主体之间的创新竞争。虽然高铁的运营环节是铁道部（铁总）垄断的，但高铁装备制造的各个供应链环节都是竞争性的。在 2004 年技术引进之前，由于机车车辆采购权向各铁路局下放以及前四次铁路大提速的拉动，通过引进或自主开发形成了四方厂、唐车厂、株机厂、长客厂、浦镇厂、戚机厂、大连厂、大同厂 8 家机车车辆工厂研制生产的"中华之星""蓝箭""神州""中原之星""先锋"等 20 多个高速或准高速机车车型。虽然 2015 年中国南车和中国北车合并为中国中车，但由于历史原因，中国中车对下属公司的管控主要限于战略管控，而非财务管控和运营管控，因此四方、长客和唐车三家高速动车组整车企业之间的竞争仍然是比较充分的。不仅在整车领域，在网络控制、制动系统等高铁的关键系统和零

---

[1] 路风：《走向自主创新：寻求中国力量的源泉》，广西师范大学出版社，2006。
[2] 吕铁、贺俊：《如何理解中国高铁技术赶超与主流经济学基本命题的"反差"》，《学术月刊》2017年第 11 期。

部件领域，铁道部（铁总）都尽可能地培育和促成三家左右的企业"有控制的竞争"格局的形成，这样的产业组织结构有利于创新主体既保持足够的竞争压力，又能够获得必要的利润回报以进行持续的研发投入。更重要的是，由于铁道部（铁总）不是通过研发补贴而是通过采购订单的分配来促进竞争，企业的技术创新从一开始就注重产品的工程化开发以及产品创新背后的研发组织体系建设，从而为企业技术能力提升提供了必要的产品载体和组织基础。

（三）对政府在产业赶超中作用的再认识

前面分别基于中国高铁技术赶超的经验，围绕高铁对于不同技术范式和竞争环境的代表性行业的启示意义，以及政府集中控制发展模式的有效条件等当前中国学术界关注的热点问题进行了探讨。下面将关注的重点聚焦到政府在产业发展过程中的作用这一永恒的经济学主题。高铁是政府集中投入、集中控制产业发展模式的典型，铁路行业是计划经济色彩最为浓厚的部门之一，但同时高铁又是近年来中国技术赶超最为成功的产业典范。然而，如果按照标准新古典经济学的观点以及当前中国经济学界的主流声音，建设服务型的政府、减少政府对产业的选择性干预、实施功能性的产业政策才是政府经济功能和产业政策调整的正确方向。面对高铁的技术成功与主流学术观点的冲突，不应简单地将高铁的技术成功归为中国经济发展过程中的异类，甚至无端质疑中国高铁的技术成就，也不应盲目否定经典理论本身的解释力，而应基于对事实的谨慎观察和归纳，从严谨的学术研究发现中寻找对"政府在中国高铁技术赶超过程中到底做对了什么？"这一问题的可能解释。

新古典经济学分析政府在产业发展中的功能的基本逻辑起点是市场失败，而市场失败的核心问题是外部性问题。因此，新古典经济学视野下政府功能的理论概括就是通过解决外部性来矫正市场失败，包括通过财政补贴、税收优惠、奖励等政策工具激励具有正外部性的技术创新等活动，或者通过以上政策工具的反向措施来抑制具有负外部性的环境污染等活动。新古典经济学有关政府和企业关系的理论从形式逻辑的严谨性上看臻于完美，一旦接受其基本的理论假设，则接受其政策主张就几乎是必然的。因此，新古典经济学有关政府在产业发展中的作用的理论主张在特定问题情境下的解释力下降，一定是其基本理论假设与特定情境下的基本事实发生了偏差。在后发赶超的情境下，往往与新古典假设不符的一个基本事实是，市场制度本身是不完善的，企业的创新能力是弱的。[1] 加之外部知识供给不足，缺少本地的领先用户，这时，如果政府功能仅局限于补充市场，而市场本身又不足以激发企业进行高强度的技术学习，则产业发展很难进入罗斯托意义上的"起飞"阶段。因此，在产业后发赶超的初期，政府的主要功能常常是克服或者消除制约产业"起飞"的那些根本性障碍，包括市场障碍和技术障碍。而对于高铁这种特殊领域的后发赶超，如果政府在产业发展初期的作用仅仅是矫正市场，企业的技术学习强度和技术创新能力如果无法突破某个"阈值"，则产业赶超的"起飞"可能非常缓慢，甚至无法发生。首先，高铁市场是需要大规模投资才能形成必要的运营网络经济和研制规模经济的公共物品市场，只有政府通过必要的政策"承诺"才能促使企业形成市场大规模扩张的预期，从而开始高强度的技术学习。其次，高铁是具有复杂产品架构和需要掌握大量工程诀窍才能完成产业化的复杂产品系统，只有政府帮助企业接入已经形成的主要由跨国领先企业掌握的高铁知识存量，企业才能获得技术赶超初期的知识来源并开启高效的技术吸收过程。因此，至少在产业赶超的初期，政府在高铁技术赶超过程中的核心作用不是矫正市场，而是帮助市场（企业）克服抑制赶超的市场障碍和技术学习障碍。

1　Cimoli, M., G. Dosi and J. E. Stiglitz, *Industrial Policy and Development: The Political Economy of Capabilities Accumulation*, Oxford: Oxford University Press, 2009.

从这个角度看，中国高铁经验对政府在产业赶超发展过程中的恰当作用的启发是：首先，应当批判性地看待新古典经济学主张的市场和政府二分法，而将政府和企业都视为部门创新体系的有机组成部分。[1] 新古典经济学的理论逻辑并没有错，但新古典经济学将政府在产业发展中的作用理解为矫正市场，因而其政策引申极易将政府作为市场的"补充"，甚至产业发展的"局外人"。而从创新系统的视角看，政府在产业赶超过程中的合理功能的问题，不是政府和市场孰重孰轻的问题，而是政府和市场应当分别在创新系统中承担什么职能的问题，政府和企业应当共同克服技术突破和产业发展面临的根本性障碍。而事实上，当前中国的产业政策研究和政策实践存在明显的将政府和市场二分甚至对立的倾向，过度强调"市场主导"或"政府主导"是这种二分法认识论的典型体现。[2] 加强知识产权保护、建立公平竞争秩序，从而提高市场本身的资源配置效率，当然是政府功能的重要内容。但是对于像高铁、干线客机和芯片等技术壁垒高、生态系统复杂的产业领域，政府的作用不应仅仅局限于激励企业的研发，而且应当帮助企业克服制约其开展高强度技术学习的市场障碍和技术障碍，包括通过系统的经济性和非经济性的政策组合加强"产业部署"，通过研发机构建设补充部门创新体系的结构性或功能性缺失，等等。显然，创新系统视域下的政府功能外延要比新古典经济学的政策工具箱更为开阔。

其次，由于政府是部门创新体系的一部分，政府自身的能力提升也是产业创新能力提升的重要内容。在新古典经济学的世界里，影响政府政策制定和实施效果的调节变量只有信息不对称问题，产业政策设计的基本逻辑就是或者内生地减少或消除信息不对称，或者外生给定信息不对称时通过政策设

---

[1] Nelson, N., "Building Effective Innovation System versus Dealing with Market Failure as Ways of Thinking about Technology Policy", in Foray, D. (eds.), *The New Economics of Technology Policy*, Edward Elgar, 2009.
[2] 贺俊：《产业政策批判之再批判与"设计得当"的产业政策》，《学习与探索》2017 年第 1 期。

计解决影响产业政策效果的逆向选择和道德风险问题。从中国高铁的技术赶超经验看，激励当然是影响高铁技术发展绩效的重要因素，但在特定制度结构下形成的政府能力，特别是政府作为运营商和技术集成者而形成的技术能力，是政府能够发挥积极的协调者和催化剂作用的重要条件。[1] 产业技术能力的赶超是一个系统的过程，这个过程包含了作为创新主体的企业的技术能力以及与这些技术能力相匹配的战略能力提升的过程，同时也包含了非企业的主体，包括高校、科研院所和政府自身的能力提升的过程。传统的计划经济体制虽然存在诸多效率损失，但必须注意到，由于计划经济体制实行"条条"管理，每个行业都形成了明确的责任部门，其时的政府管理部门对行业的理解相对也远远高于目前职能型组织结构下的政府经济管理部门，而这恰恰是被新古典经济学视为"异类"的中国高铁能够取得技术成功的一个重要原因。从这一点看，除了深化体制改革和产业治理体系外，政府经济管理部门及其官员自身的能力建设也至关重要。

虽然高铁被视为通过政府集中控制实现技术赶超的典型案例，但中国高铁成功实现技术赶超所揭示的最重要的普适性经验，并不是通过政府集中控制实现技术突破和产业赶超。针对当前中国产业发展和产业政策调整过程中面临的突出现实问题，中国高铁经验提供的可能答案是，应当打破政府和企业二分法，从政府和企业共同构成部门创新体系的视角，在优化创新主体的激励结构、加强政府能力建设的基础上，政府、企业和其他非企业主体通力合作，共同解决制约技术赶超的那些最为根本性的技术和非技术障碍。

---

[1] 吕铁、贺俊：《如何理解中国高铁技术赶超与主流经济学基本命题的"反差"》，《学术月刊》2017年第11期。

第三章
政府干预驱动中国高铁技术赶超的有效边界

第一节 研究问题提出

中国高铁技术赶超的经济学特征可以简单概括为"复杂产品领域的高效技术赶超"。高铁是一个包含了高速动车组、通信信号、线路设施等多个子系统在内的复杂巨系统,仅其中的高速动车组就是一个高技术复杂度的产品系统。工程学判断工业产品技术复杂度的三个维度:一是该产品所包含的零部件,特别是非重复零部件的数量多少;二是该产品控制系统中控制软件的逻辑计算的复杂性,以及控制系统解决声、光、电、磁等系统的兼容性问题的技术难度等;三是开发该产品所需要的材料、零部件和装备与既有工业体系供应能力的不匹配程度,针对该产品的性能和功能要求需要对材料、零部件和装备进行专用性开发的强度越大,则该产品的技术复杂度越高。我们从为中国高速动车组和轿车企业都提供三维仿真软件的某跨国公司高级工程师处了解到,高速动车组的零部件和非重复零部件数量分别高达4万个和1万个左右,几乎是轿车的两倍;控制系统的技术复杂度高于轿车;一列高速动车组对材料和核心零部件进行专用性开发的要求也至少不低于轿车。此外,由于高铁是涉及人身安全和国防安全的公共交通设施,其对系统和零部件的稳定性、可靠性和安全性都有极高的要求。因此,可以确定,高速动车组和高铁系统是比轿车技术复杂度更高的复杂产品。

然而,技术复杂性和面临的技术赶超壁垒更高的中国高铁,其技术发展绩效却远超轿车工业。高铁已经成为中国极少数能够比肩国际技术前沿,甚至在部分领域引领全球技术发展的高技术复杂度产业。速度是反映铁路综合技术水平最主要的指标。[1] 截至2019年,在衡量高铁速度水平的四个指标中,除了时速574.8公里的最高线路试验速度由法国阿尔斯通公司开发的V150试验列车保持外,其余三项纪录均由中国创造,分别为四方开发的CIT500创造的时速605公里的最高试验室试验速度,四方开发的CRH380AL运营列车创造的时速486.1公里的最高线路试验速度,以及中国京津城际等线路保持的时速350公里的最高实际运营速度。此外,在集成德国、日本、法国等高铁强国先进成熟技术的基础上,中国建立了更加完善的创新体系和最为完备的试验体系,因而新车型开发周期也处于全球领先水平。例如,时速350公里中国标准动车组仅用5年时间便完成了项目立项到实际上线运营,而德国西门子公司时速280公里高速动车组ICE 4从技术招标到批量采购耗时近10年。根据调研了解到的情况,目前中国主要高铁整车企业和核心零部件[2]企业都已经形成了"制造一代、研发一代、储备一代"的技术能力。进一步地,中国高铁不仅实现了技术赶超的结果,且其技术赶超进程之快、效率之高在中国乃至世界工业史上也属罕见。如果以1998年后"庐山号""春城号"等准高速动车组的早期探索为始点,粗略以2016年具有完全自主知识产权的中国标准动车组投入运营为终点,则中国仅用不到20年的时间就实现了德国、法国和日本等工业强国进行了60—70年持续技术积累这样一个高技术复杂度领域的高铁技术赶超。

有趣的是,直觉上判断,中国高铁技术赶超现象似乎很难用主流经济学

---

[1] 沈志云:《我的高铁情缘——沈志云口述自传》,湖南教育出版社,2014。
[2] 除特别说明外,本章所指的零部件还包括了高铁列控等软件系统。

的标准理论进行解释：中国高铁发展过程伴随着强力的政府干预和行政垄断，而主流经济学则认为市场和竞争是最有效的；中国高铁技术赶超的微观主体几乎都是国有企业或事业单位，主流经济学则笃信民营经济更具创新效率。基本事实与主流经济学的冲突，形成学术界对中国高铁技术赶超的两极化立场。从主流经济学视角看待中国高铁现象的分析认为，中国高铁创新不过是"政府强制+国企海量投资"所驱动的大跃进式的政绩工程的副产品，中国高铁的技术成功是政府不计经济成本的大规模铁路建设拉动的结果。[1] 而主要基于社会学或演化经济学等非主流经济学的研究则坚持，政府对铁路市场的集中控制保证了中国铁路装备工业的技术学习过程，中国高铁的技术成功是因为政府坚持自主创新的政策导向，[2] 以及在政府主导下形成了一个有效的部门创新体系。[3] 可见，研究者分别从市场需求、政策导向和创新体系三个维度来批判或支持政府在高铁技术发展中的作用。

Lee 和 Malerba[4] 认为，后发国家产业技术赶超是企业面对特定机会窗口，通过与部门创新体系的联系和互动做出有效战略反应的过程。以上三类研究恰好对应了 Lee 和 Malerba 提出的后发国家产业赶超的三个关键变量，也即机会、战略和创新体系。针对这三类不同视角的研究，我们进一步提出三个质疑：一是如果技术赶超是大规模市场需求的必然结果，那么为何中国几乎所有的产业都经历了高速增长，但仅有少数产业的技术水平能够达到比肩或引领国际前沿的水平？二是技术赶超要求后发国家坚持自主创新的政策导向，

---

[1] 吴敬琏：《高铁危言》，载王晓冰等《大道无行——铁道部：政企合一的失败样本》，南方日报出版社，2013。

[2] 路风：《中国高铁技术发展的源泉》，《瞭望》2014 年第 1 期；路风：《冲破迷雾——揭开中国高铁技术进步之源》，《管理世界》2019 年第 9 期。

[3] 高柏、李国武、甄志宏等：《中国高铁创新体系研究》，社会科学文献出版社，2016；吕铁、贺俊：《如何理解中国高铁技术赶超与主流经济学基本命题的"反差"》，《学术月刊》2017 年第 11 期；黄阳华、吕铁：《深化体制改革中的产业创新体系演进——以中国高铁技术赶超为例》，中国社会科学院工业经济研究所，2019 年。

[4] Lee, K. and F.Malerba, "Catch-up Cycles and Changes in Industrial Leadership: Windows of Opportunity and Responses of Firms and Countries in the Evolution of Sectoral Systems", *Research Policy*, 46（2），2017.

为何至少 2004 年以后中国的技术政策都具有鲜明的自主创新导向,但多数领域的战略前沿技术和"卡脖子"技术的突破仍然步履维艰?显然,大规模高铁建设和政府的自主创新政策导向都不是中国高铁技术成功的充分条件。三是中国多数产业都有形式上较为完整的高校、科研院所支撑体系和企业研发体系,但为何只有高铁等少数领域能够在创新主体之间形成紧密、有效的合作关系,从而形成从基础研究到应用技术和产品开发、从装备集成到核心零部件的全产业链技术能力提升?不同于通信设备、工程机械、家用电器等产业的技术能力主要体现为华为、三一重工、美的等少数技术领先的大企业,中国高铁不仅发育出四方、长客和唐车等技术先进的整车集成企业,而且在牵引电机、IGBT、列控、齿轮箱等核心零部件和子系统领域形成了一批具有创新能力的配套企业。可见,支撑中国高铁技术赶超的部门创新体系具有更为复杂的制度基础和市场结构条件。而对政府作用和高铁创新体系的解释必须能够包容这种特征事实。过去 40 多年中国工业发展进程绝对不乏政府的强力干预,但为什么多数领域的政府干预并未达成像高铁一样的技术赶超绩效?显然,对以上问题的回答,需要更加深入地挖掘和刻画政府在高铁技术赶超过程中有效发挥作用的边界条件和行为特征。

第二节　数据来源与调研方法

目前国内有关中国高铁技术赶超的调查研究,其调研对象选择都不同程度地存在缺乏全面性和代表性,甚至有偏的问题。例如,虽然高柏等[1]学者认为,中国高铁发展的一个基本事实是,迄今为止做出的所有成绩都是在铁道部体制下规划、实施或者实现的,但其调研却并未覆盖铁道部的主要官员,

---

1　高柏、李国武、甄志宏等:《中国高铁创新体系研究》,社会科学文献出版社,2016。

也未覆盖铁道部撤销后实际承担铁路系统主要行政管理职能的铁总（现中国国家铁路集团有限公司）的核心管理人员。[1] 同样，路风[2]虽然强调政府干预对高铁技术赶超的积极作用，但其对政府部门的调研也仅涉及2008年以后才通过《中国高速列车自主创新联合行动计划》[3]（以下简称"两部联合行动计划"）以科技支撑项目形式介入高铁发展的科技部。此外，在对企业和科研机构的数据采集和资料搜集方面，二者都仅选取了少数整车企业和高校，不仅未覆盖所有整车企业，而且没有针对核心零部件生产商以及作为中国高铁系统技术集成单位的铁科院的调研。

为了能够更加客观地揭示政府影响中国高铁技术赶超的边界条件和行为特征，本书作者团队从2015年7月开始到2016年7月，对铁总、铁科院、四方、长客、唐车、株洲所、株机、戚墅堰所、中车工业研究院有限公司、京福铁路客运专线安徽有限责任公司、铁建重工集团有限公司、中铁二局集团有限公司、中铁二院工程集团有限责任公司、成都铁路局、太原铁路局、西南交大、中南大学、大西高铁中国标准动车组试验指挥部18家机构的200余位主要受访者（访谈时间超过2小时的受访者）进行了大约300人次的实地调研和访谈。调研对象的选取力争做到全面、系统，既覆盖了铁路运营、高速动车组整车、核心零部件、列车试验、通信信号、工程设计和工程施工等高铁产业链各环节的企业，也包含了政府部门、高校和科研机构在内的非企业组织。受访机构和受访人的选择坚持"自然主义"方法论，即尽量穷尽

---

[1] 2013年3月，铁道部正式撤销，组建隶属交通运输部的国家铁路局承担铁道部拟定铁路发展规划和政策的行政职责，同时组建中国铁路总公司承担铁道部的企业职责。但实际上，中国铁路总公司仍然承担着铁路投资建设计划、铁路网建设和筹资方案制定，甚至铁路技术标准制定等行政管理职能。

[2] 路风：《"两部联合"激发大规模引进"正能量"》，《瞭望》2013年第48期；路风：《中国高铁技术发展的源泉》，《瞭望》2014年第1期。

[3] 由铁道部、科技部共同协商编制完成的《中国高速列车自主创新联合行动计划》将重点实现四个目标：一是突破关键技术，研制新一代时速350公里及以上高速列车，为京沪高速铁路提供强有力的装备保障；二是建立并完善具有自主知识产权、国际竞争力强的时速350公里及以上中国高速铁路技术体系，加快实现引领世界高速铁路技术发展的目标；三是发挥两部联合优势，构建中国特色的高速列车技术创新链和产学研联盟；四是打造中国高速列车产业链和产业群，带动并提升中国制造相关重大装备的能力。

不同的利益相关者,尤其是具有竞争性立场的机构和受访人,以尽可能消除访谈对象的选择偏误,提高调查研究的信度。同时,各受访机构的受访人确保包含实际参与了中国高铁技术赶超全过程的亲历者和掌握事实信息的内部人员,受访者或者是在企业任副总经理以上职位的高层管理者,或者是科研院所和高校的实验室负责人、院所负责人或核心科研人员。这些关键当事人不仅亲身参与了中国高铁技术创新发展的全过程,而且多年从事管理工作,能够准确地描述相关机构和个人的行为活动,并对相关行为活动的意义进行准确的表达和阐释。

中国高铁技术赶超是在特定的制度、经济情境下发生的多变量、多进程交互作用的复杂过程。计量分析虽然长于揭示统计意义上的变量间因果关系,但基于深度访谈的调查研究更适合描述经济过程,并用于分析事件如何变化和为什么发生变化,[1] 因而,采用调查研究和非结构化访谈方法来分析政府干预和高铁技术赶超问题是恰当的。考虑到问题的复杂性,为了提高调查研究的信度,减少先验理论判断和预设猜测对研究结论的影响,[2] 我们在调研中尽可能保证深度访谈过程既聚焦又保持足够的开放。"如果你要寻求的答案不能简单或者直接地回答,如果你需要人们解释他们的回答,或者举例或者描述他们的经验,那么你就得依赖深度访谈。"[3] 铁路行业是一个高度行政化的部门,受访者对于一些敏感问题常常采取隐晦或细腻的表述方式。事实上,我们在调研中发现,多数受访者对于高铁技术赶超的回答都不是"非黑即白"的判断,而是大量处于"多重灰色梯度"区域的、意义非常微妙的说法。因此,我们的访谈在不影响顺畅性的前提下尽可能使用探测性的问题,

---

[1] [美]赫伯特·J.鲁宾、艾琳·S.鲁宾:《质性访谈方法:聆听与提问的艺术》,卢晖临、连佳佳、李丁译,重庆大学出版社,2010。

[2] [美]托马斯·W.李:《组织与管理研究的定性方法》,吕力译,北京大学出版社,2014。

[3] [美]赫伯特·J.鲁宾、艾琳·S.鲁宾:《质性访谈方法:聆听与提问的艺术》,卢晖临、连佳佳、李丁译,重庆大学出版社,2010。

鼓励对方提供更加多元化的答案。此外，由于高铁技术赶超是一个涉及多主体和多重利益关系的系统变迁过程，各个当事人掌握的信息和知识都可能是碎片化并带有个人立场的，因而受访者对中国高铁技术创新历程和政府活动的描述会呈现更加显著的"多重现实"特征。[1] 例如，关于铁道部和科技部于2008年共同启动的"两部联合行动计划"对于中国高铁自主创新的作用，一些受访者认为该计划使得中国高铁技术创新的路线发生了由全盘引进向自主创新的根本性转变；而另一些受访者则提出，中国高铁的技术引进从一开始就是能力构建和自主创新导向的，"两部联合行动计划"充其量发挥了拓展中国高铁创新体系的作用。对此，我们不是主观过滤掉一些受访对象，而是尽可能倾听来自不同立场当事人的竞争性观点。这些持不同立场的观点相互冲突，提醒我们在调研过程中不断思考，甚至质疑受访者给出如此解释的真实意图和动机，从而尽可能解释访谈数据背后的真实意义，同时也启发我们挖掘新的访谈主题，不断深化调查研究。

第三节　政府干预驱动中国高铁技术赶超的关键因素

（一）市场需求、技术机会与高强度技术学习

由于2004年以后是中国高铁建设加快发展的时期，[2] 同时也是中国高铁技术能力快速提升的时期，两个事件在时间上的叠加很容易诱使观察者在二者之间简单地建立因果关系，也即高铁技术赶超是中国大规模高铁市场拉动的结果。但是，为什么中国绝大多数产业都不乏高速增长的市场需求拉动，却只有少数产业能够在模仿创新的基础上形成自主知识产权创新能力？西班

---

[1] Weick, K.E., *Sensemaking in Organizations*, Calif: Sage Publications, 1995.
[2] 自2008年8月1日京津城际开通，中国高铁从无到有，快速形成覆盖所有人口50万以上城市的"四纵四横"高铁网络。截至2020年底，中国高铁营业里程已达3.79万公里，占世界高铁总里程的比重约为2/3。

牙是欧洲高铁总里程最长、全球高铁运营里程位居第二的国家,也完全具备以市场换技术的条件,但为何西班牙的高铁技术始终依赖法国和德国,而未能形成自主开发能力?可见,市场需求拉动并不是技术能力提升的充分条件。大规模高铁建设为中国高铁技术创新提供了重要的市场激励,但市场机会本身并不必然导致更高的技术水平。在我们的调研中,受访者都认同大规模高铁建设是中国高铁技术发展的原动力,国家出台的《中长期铁路网规划》绘制的宏伟蓝图大大激发了有关企业和科研院所的发展信心和技术投入的热情。但受访者同时强调,中国高铁的创新能力是为了不断满足铁道部(铁总)作为行业管理机构和铁路运营单位提出的更高技术要求,而在不断解决现实的科学、技术和工程问题的过程中提升的,体现为对高铁装备功能和性能更高要求的技术机会才是技术能力提升的直接驱动因素。只有那些包含了更高技术性能和功能要求的高速动车组订单才能够实际引致企业高强度的技术学习。从时速200公里等级的主要基于引进技术的CRH2、CRH5等车型到时速350公里等级的基于正向设计的CRH380车型,再到拥有完全自主知识产权的中国标准动车组,每一次车型升级和产品开发平台换代,不仅是市场规模扩张和市场机会扩展的过程,更是政府综合运用行政命令和经济手段创造技术机会的过程。根据受访者对特定的技术问题和技术机会的描述,我们将技术机会分为外生的技术机会和构建的技术机会两种类型。外生的技术机会是铁道部(铁总)为了直接满足市场需求而向企业或科研机构提出的技术需求,构建的技术机会则是以提高技术能力本身为目标而向企业或科研机构提出的技术要求。

我们的调研发现,在技术引进消化吸收再创新阶段,外生技术机会的形成大致有两种情境:一是引进技术与国内市场需求不完全匹配,促使本土企业开展适应性改进而进行的技术学习;二是引进技术本身存在技术缺陷,迫使本土企业开展技术优化而进行的技术学习。与原型车的技术来源国相比,中国的地理气候条件更加复杂多样，在中国投入运营的高速动车组必须能够适应多样的极端自然条件。例如，兰新高铁穿越的新疆区段具有高温、高寒、风沙等条件恶劣的气候特征。为了达到这些技术条件，四方开发的CRH2G型动车组就必须在从日本引进的CRH2原型车的基础上，对大量模块和关键零部件重新进行设计和调整，包括为了解决极端寒冷天气下车体冷凝水回流问题，创新密封设计和导流设计；为了使转向架适应高寒工况，发明喷涂防冻和高压吹风除雪等技术；为了有效防沙，开发防止沙尘进入车厢的微正压技术。我们在调研中了解到，四方在第一阶段技术引进时对日本川崎的原型车共开展了101项类似的适应性改进，当然，这些改进基本都不涉及核心改动。第二类外生的技术机会如长客对在第一轮招标中受让的法国阿尔斯通公司的潘多利诺（Pendolino）摆式列车技术所做的优化调整。由于该原型车的设计不成熟，长客不得不在技术引进的过程中与阿尔斯通一同修改、调整、试制。因此，CRH5成为第一代引进车型中对原型车改动程度最大的车型。基于阿尔斯通技术的CRH5型车投入运营的初期故障率非常高，正如一位受访专家所言，"5型车故障很多，阿尔斯通也解决不了，只能和长客分享控制程序，但这些程序本身就有缺陷"。长客全面参与了该车型的设计开发改进，更重要的是，在解决该车型一系列故障的过程中，长客深度掌握了外方的技术，因此，识别问题、排除问题、诊断问题、提出解决方案、试验验证，进而解决问题的能力得以显著提升。

有别于外生的技术机会，中国高铁发展过程中出现的另外一些技术机会是铁道部（铁总）出于国产化和技术储备等战略性考虑而主动创造的技术要求，即构建的技术机会。由于这些技术要求往往以提升技术能力本身为目标，因而需要企业开展更高强度的技术学习。例如，在2005年6月的第二轮动车组招标中，由于日本企业联合体在此前的第一轮招标中已经明确表示不向中方转让时速300公里等级的技术，四方只能独立开发。为了研制时速300公里等级动车组，四方及其零部件合作企业需要对此前从日本引进的时速 200 公里等级原型车的架构和动力系统进行深度开发。基于作为国产首列时速 300 公里等级动车组 CRH2C 车型的开发，四方在技术引进消化吸收基础上的再创新能力得到显著提升：一是针对 CRH2A 的共振和气动变形问题，重新设计了铝合金车体，将列车的气密强度由 ±4000 帕斯卡提升到 ±6000 帕斯卡。铁科院一位资深技术专家受访时讲道："当时我在四方的车上，过隧道时能感觉到晃动很大。后来用传感器测，侧墙板最大内移达到 12 毫米，疲劳问题严重。"针对这一问题，四方技术中心的一位负责人表示："从日本引进的 CRH2A 时速只有 250 公里，根本没发现气密强度的问题，日本人当然也不会主动提醒。所以在研发 CRH380A 的前身 CRH2C 时，车体气密强度的要求就沿用了之前的 4000 帕斯卡。结果，CRH2C 在武广线上过隧道后，车体和门窗全都变形。我们在排查后发现，气密强度是造成此情况的主要指标。"认识到这一问题后，四方投入大量研究资源，将 CRH380A 的气密强度从 4000 帕斯卡提高到 6000 帕斯卡。二是对转向架和牵引电机等核心零部件进行了改进，如通过加装抗蛇形减震器，解决之前转向架存在的垂直和横向震动问题，"2008 年 CRH2C 二阶段在武广线试验时，转向架（SWMB-350/SWTB-350）技术的改进还需要川崎的支持，我们提出问题和改进方法，还需要得到川崎的确认。但在二阶段之后，转向架的设计就不再和川崎有任何关系了"。采用新的加大功率交流牵引电机，使列车持续运营速度提升到时速 350 公里。

在某些特定的情境下，构建的技术机会甚至可以独立于市场机会而存在。这方面的典型案例如 CIT500 的开发。2010 年，为打破法国 TGV 时速 574.8 公里的试验速度纪录，同时也为了打造技术突破的试验载体，依托国家 973 计划项目"时速 500 公里条件下的高速列车基础力学问题研究"，南车集团在铁道部的支持下立项研制时速 500 公里等级试验列车 CIT500。该项目的目标不仅是冲击时速 600 公里试验速度，更重要的是，以试验列车开发为平台，探索极端工况条件下的科学规律和技术特征。一是深化理论研究。进行时速500公里及以上轮轨关系、流固关系、弓网关系三大关系的研究，获取气动、结构、轮轨、弓网等关键力学参数随速度的变化规律，通过探索更高速度条件下高速列车的运行稳定性、结构强度、车—线—网匹配关系等安全保障系统，揭示高速列车的动力学行为、特征和规律。二是开展关键系统的可靠性研究。在时速500公里等级条件下，为转向架、车体、车下设备和设备舱等关键结构的安全可靠性提供数据支持。三是带动新材料的技术突破和产品研发。通过时速500公里条件下的验证来跟踪碳纤维、镁铝合金、新型纳米隔音材料等新材料的应用前景，通过气动阻力、气动噪声、气动升力、交会压力波等各项气动性能研究，全面验证试验列车头尾不同头型方案。在滚动试验台上，该车以时速605公里进行试验，没有任何失稳迹象，运行状态良好。虽然后续由于非技术性原因，CIT500并没有冲击最高试验速度，并于2014年被铁科院购买后，改装作为综合检测车（即CRH380AM）。但由于CIT500按照较高的技术条件研制，对于拉动集成能力和关键零部件的技术进步都起到了重要作用。以牵引供电系统为例，为了冲击更高速度，6节编组的CIT500的牵引功率达到了22800千瓦，而其原型车CRH380A的牵引功率只有9600千瓦。CIT500的关键电气系统采用了南车时代电气具有完全自主知识产权的牵引变流器、网络控制系统、DC110V电源装置等核心部件。在CIT500研发过程中，南车时代电气以该项目为平台，成功完成了6500V大功率IGBT应用、高速列车牵引传动控制技术、主辅一体化、辅助并联供电和环形以太网等核心高新技术的研究和应用。

在更多情况下，拉动中国高铁技术水平提升的技术机会，是构建的技术机会与外生的技术机会的融合，即这些技术要求的提出既反映了外在的客观需要，也反映了政府的技术远见和抱负。第三代车型中国标准动车组的研制是这方面的典型案例。一方面，中国标准动车组项目的发起和设立，是铁总为了解决之前多技术路线、多车型导致的运营维护成本居高难降的问题。自2004年起，中国从不同国家引进了4种高速动车组，在此基础上，经过再创新和自主开发先后形成了20余种动车组型号。由于编组形式、车体尺寸、司机室布局等的差异，这些不同的车型无法互联互通运营，且不同车型要求不同的维护设备和备品备件，既降低了运营效率，又增加了运营成本。鉴于此，中国标准动车组开发的一个重要目标就是统型，即实现不同厂家相同速度等级动车组的重联运营和互操作，以及动车车轮、拖车轮对、制动盘、闸片等零部件的互换。为此，铁总组织供应商对11大系统96项零部件开展统型研究，以降低装备运营和维护成本。另一方面，铁总推动中国标准动车组的开发也不完全出于经济性考虑，同时体现了铁总进一步提升中国高铁技术能力和自主化水平的战略诉求。到2012年，中国还没有完全掌握部分高速动车组关键技术和系统，牵引、列控、制动等核心技术仍由外方控制，高铁技术"自主可控"尚未完全实现。西门子公司在其中国网站上甚至将CRH3和CRH380B作为其Velaro车型的中国版本（Velaro CN）予以展示。虽然这并不表明法律上和技术上中国没有掌握CRH3和CRH380B车型的自主知识产权，但至少表明当时西门子等公司对中国相关车型是否具有自主知识产权仍存在质疑。针对这些问题，中国标准动车组采用正向设计，按照"软件全面自主、硬件原则自主、具有自主知识产权"的原则，引导国内相关企业针对高速动车组9大关键技术和10项配套技术进行独立设计和制造。为此，铁总科技管理部和铁科院组织企业、高校和科研院所通过核心技术分解，明确形成中国专利的技术点，同时结合中国铁路运用环境和运用需求促进形成中国自己的技术标准（在260项重要标准中，中国标准约占83%）。2016年7月15日，两列中国标准动车组在郑徐高铁进行了相对时速超过840公里的交会压力波试验。据受访的技术专家介绍，由于高速交会条件下的接触网波动、设备振动等会显著改变弓网关系、牵引供电设备可靠性等性能指标，这种极限条件试验不仅获得了动车组运行能耗数据、震动噪声特性，而且探索了时速420公里高速铁路系统关键技术参数变化规律，为进一步探索高铁轮轨关系、弓网关系、流固关系的理论研究和高铁核心技术攻关提供了科学依据。中国标准动车组项目所体现的更高的技术条件和技术指标要求，拉动了中国高铁技术能力的再次跃升。

2004年1月国务院审议通过的《中长期铁路网规划》确定的中国铁路跨越发展的目标以及后续轰轰烈烈的高铁建设，对提振中国铁路企业和科研机构创新发展的信心和决心至关重要。然而，快速发展的高铁市场并不是中国高铁实现技术赶超的充分条件。如果不是铁道部（铁总）通过行政手段和经济激励引导企业和科研院所不断解决外生的技术问题、冲击主动构建的技术目标，则今天的中国高铁完全有可能像轿车工业一样，止步于通过不断引进技术而扩大规模、赚取利润。中国高铁经验从另一个角度印证了创新理论的如下命题，绝大多数完全由市场需求驱动的创新仅是边际创新，而不能诱致企业技术能力实现根本性提升。[1] 在驱动中国高铁技术赶超的两类技术机会中，铁道部（铁总）构建的技术机会更多是基于技术抱负或未来市场，而非当期市场需求，因而能够引导企业和科研机构开展更高强度的技术学习。因此，技术机会，特别是构建的技术机会是构成后发国家技术赶超机会条件的核心要素。

（二）自主创新、商业化应用导向与高效技术赶超

从技术引进和第一代车型研制开始，铁道部就强调本土企业的技术能力构建和研发组织建设，体现了鲜明的自主创新政策导向。然而，中国不乏自主创新导向的产业政策，为何只有高铁等少数领域的自主创新和技术赶超能

1　Freeman, C., "The Economics of Technical Change", *Cambridge Journal of Economics*, 18 (5), 1994.

够取得成功？原因是，不同于中国绝大多数的产业政策和科技项目，铁道部（铁总）制定的技术战略以及相关的科技项目都具有非常明确的商业化应用导向，并为企业和科研机构提供强有力的商业化应用支持。商业化应用要求高铁技术在产品设计、验证、工程化的各个阶段都必须满足可靠性、稳定性和安全性要求，并在经济上能够满足商业化运营的成本要求，这是保证中国高铁实现高效率技术赶超的重要条件。我们访谈的多名核心科研人员都强调了中国高铁技术开发以实际应用为导向的特征。例如，一位受访研究机构的首席研究员讲道："铁道部的所有项目，除了分给高校的理论研究项目外，给工厂做的项目最后都要落地。特别是涉及型号的项目，压力更大。"我们在调研某整车企业时，一位资深的技术部门负责人也表达了这样的观点："缺乏明确的商业应用目标是20世纪90年代后期几个高速动车组车型最终失败的重要原因，'和谐号'之前中国独立开发的车型基本上都带有科研试验的性质，而2004年以后的技术引进和自主开发的车型都具有确定的商业运营要求。"当时，铁道部对中方企业的要求不只是消化掌握引进技术，而且要能够独立开发和生产可商业化运营的高速动车组。正如一位核心研发人员所述，"以前做'中华之星'这些车和后来大批量运营的高速动车组，（研制难度）不在一个层级。以前的车只是实验车，没有批量运营，可能会预见一些技术问题，但是认识程度和后来批量生产的车完全不一样"。也正因此，在技术引进过程中，中方企业必须不断加强自身的产品设计开发体系（仿真体系）、生产制造体系和试验体系建设，以达到商业应用的要求。按照某整车企业负责人的说法，"在技术引进过程中，企业技术能力提升最重要的环节就是为了更好地吸收技术，企业不得不按照外方企业的研发组织体系调整和建设自身的研发组织体系"。在"和谐号"之前，中国独立开发的车型在实际运营中都存在比较严重的稳定性问题。以"先锋号"和"中华之星"之前代表中国高速列车最高水平的"蓝箭号"为例，在投入运营的前两年里该车的机械故障频发,10万公里故障率达到7.33件,即使后续进行了改进优化,其故障率也达到10万公里0.15件,而CRH380A的10万公里故障率仅为0.03件。2004年8月,铁道部制定了《铁路局主要领导、部机关有关部门负责人定期添乘提速列车机车检查制度》,要求铁道部和铁路局领导亲自添乘提速列车,这实际上是倒逼装备企业的新车型开发必须达到商业化应用的性能要求。

中国高铁技术开发之所以能够坚持应用导向,首要的原因是铁道部(铁总)不仅是行业管理部门,同时也是铁路运营单位以及高铁装备的最终用户。在中国高铁技术赶超的过程中,铁道部(铁总)体现出鲜明的实验性用户[1]和领先用户[2]的特征,从而为高速动车组这一工程技术密集型的复杂装备产品在实际应用过程中不断改进和完善提供了机会和技术支持,而这也正是中国高铁自主创新战略呈现鲜明商业化应用导向的重要组织基础。

首先,铁道部(铁总)对企业创新表现出很强的容错和纠错能力,在中国高铁技术体系中发挥了实验性用户的功能。一方面,允许装备厂家在合理范围内出现故障,是复杂装备在反复试验和迭代过程中不断改进,进而达到商业化应用要求的重要条件。虽然在每一代新车型开发的初期,国内企业开发的动车组在试验阶段甚至初期运营阶段存在不少问题,但铁道部(铁总)能够给予装备企业技术改进调整的机会和时间。铁科院一位资深机车车辆专家指出:"车辆设计知识是高度依赖经验积累的。为什么这么设计,为什么这样编程,输入是什么,输出是什么,全是经验知识,很难从书上或者国外学到,只能依靠反复的应用与改进。"相比之下,国内一些复杂的高端装备和工程技术密集的核心零部件之所以迟迟不能实现进口替代,一个重要的原因是

---

1 Malerba, F., R. Nelson, L. Orsenigo and S. Winter, "Demand, Innovation and the Dynamics of Market Structure: The Role of Experimental Users and Diverse Preferences", *Journal of Evolutionary Economics*, 17 (4), 2007.

2 von Hippel, E., "Lead Users: A Source of Novel Product Concepts", *Management Science*, 32 (7), 1986; von Hippel, E., *Democratizing Innovation*, Cambridge: The MIT Press, 2005.

其试制的产品找不到实验性用户和初期市场，无法在实际应用中逐步完善技术；另一方面，安全是高铁运营的生命。高铁是技术复杂度极高的系统，系统、子系统、模块和零部件任何一个层面的微小技术缺陷都可能导致严重的安全事故。[1] 因此，铁道部（铁总）对新技术、新车型的容错不是盲目的，而是基于容错，甚至纠错的组织能力。可以认为，主要由铁道部（铁总）逐步推动建立起来的高铁试验体系和工作流程，是保证高铁装备通过科学试验和反复迭代，从而最终达到商业应用要求的重要能力保障。据参与了技术转让的中方核心技术人员介绍，在第一代时速 200 公里等级动车组技术引进过程中，外方转让给中方技术图纸，但并不转让设计原理和方法，而中方消化吸收引进技术的重要手段就是通过海量的线路试验来反推设计原理。在第二代时速 300 公里等级动车组开发时，"试验被放到了最重要的地位。CRH380 在工程设计阶段，进行了 260 余项试验研究，在零部件研究开发中，进行了 650 项试验研究。中国在试验研究中的突破性创新在于建立了完整的高速列车试验体系，在试验技术上达到世界领先水平"[2]。再以中国标准动车组开发过程为例，2015 年 6 月，在长客和四方完成内部的结构设计实验后，两家整车企业分别研制的中国标准动车组进入铁科院国家铁路试验中心进行时速 160 公里及以下的型式试验，考核静态或低速状态下的装备性能；之后转移到大西高铁试验线开展由国家发展改革委出资 8 亿元资助的、为期 4 个月的 10 万公里的线路试验和运营考核，试验内容涵盖高压试验、网络试验、限界试验、称重试验、电气保护试验、安全措施和设备检查试验、弓网试验和动力学试验等多项任务。2016 年 5 月，中国标准动车组赴全长 360 公里的郑徐高铁进行每天往返 6 次的综合试验。2016 年 8 月，两列中国标准动车组赴世

---

[1] 1998 年，德国 ICE 发生了造成 101 人死亡的高铁历史上迄今为止最为严重的事故，导致事故的原因仅仅是因为最新应用在双壳式车轮上的一个钢圈因磨损收缩而脱落，最终导致高速列车脱轨。
[2] 沈志云：《我的高铁情缘——沈志云口述自传》，湖南教育出版社，2014。

界首条高寒高铁——哈大高铁进行载客运营考核。至 2016 年 10 月，中国标准动车组最终完成了出厂下线以后 60 万公里的试验考核。之后，两列标准动车组分别返回长客和四方，由技术人员对其进行拆解，对各个零部件进行技术分析，确保各项技术指标达到设计要求。透过中国标准动车组复杂严密的试验流程可以看出，完备的试验体系和强大的试验能力，是中国高铁技术发展能够贯彻商业化应用导向自主创新战略的重要能力基础。

其次，中国高铁自主创新活动能够坚持商业化应用导向的另一个组织条件，是铁道部（铁总）是具有系统集成能力并能够为装备供应商提供技术支持的领先用户。[1] 铁道部（铁总）不仅协调和组织各类创新主体，而且直接参与高铁技术创新。不同于中国其他的产业管理部门，不管是铁道部还是铁总，都是负责铁路运营的主体，而铁路运营本身就是一项复杂的技术和管理活动。在垂直管理体制下，铁路技术专家和一线管理骨干常常能够升迁至铁道部（铁总）的重要管理岗位，进一步强化了其技术创新的应用导向和执行能力。某整车企业一位高层管理者的谈话很好地支持这样的判断，"（在时速 200 公里向时速 300 公里提速时）铁道部的官员到企业检查评估新车型开发工作，在对企业进行激烈批评的同时，也给企业指路，提出很多建设性的方案，（明确）哪个地方应该往哪个方向上改，不只是提要求，而且提出解决思路"。铁道部的技术创新能力和铁路运营管理能力，决定了铁路管理部门与国家发展改革委、工信部、科技部等其他经济管理部门在能力结构方面存在显著的差异，而这种差异直接影响了政府干预方式的有效性。铁道部（铁总）的技术能力始终有其正式的能力载体。铁道部成立的动车组项目联合办公室和铁总科技管理部先后承担了铁道部（铁总）的科技资源调动和科技项目管理功能。而铁科院一直是铁道部（铁总）技术能力，特别是系统集成能

---

[1] 江鸿、吕铁：《政企能力共演化与复杂产品系统集成能力提升——中国高速列车产业技术追赶的纵向案例研究》，《管理世界》2019 年第 5 期。

力的主要载体。铁道部（铁总）的总工程师直接负责系统集成的技术工作，副总工程师依据分工和职责负责技术系统集成相应的技术工作。在每个新车型开发过程中，铁道部（铁总）首先依托铁科院根据市场运营需求对高速动车组提出运用、总体要求、基本性能、主要特征参数等方面的技术条件，然后由整车企业和零部件企业依据这些技术条件进行动车组开发。因此，铁道部（铁总）自身的技术能力是商业化应用要求与装备企业技术能力有效对接的重要基础。

中国高铁自主创新呈现鲜明的商业化应用导向，保证了科学资源、技术资源和市场资源的有效对接，形成了需求拉动技术、技术驱动需求的良性反馈机制，从而大大提高了技术赶超的效率。铁道部（铁总）既是行业管理部门，也是高铁装备的最终用户和创新主体，从根本上促成了中国高铁自主创新的商业化应用导向。

（三）创新抱负、经济理性与全产业链技术能力提升

技术的先进性并不能完全揭示中国高铁相对于中国其他产业在技术创新绩效方面的独特性。在通信设备、工程机械、家用电器等领域，中国同样涌现出了诸如华为、三一重工、美的等一批技术先进的大企业。但与通信设备、工程机械、家用电器等产业不同的是，中国高铁不仅在整车领域孕育了四方、长客、唐车等优秀的企业，而且在牵引电机、IGBT、制动系统、齿轮箱等核心零部件领域也形成了株洲所、北京纵横机电、戚墅堰所等一批优秀的企业。经过引进消化吸收再创新、正向设计和自主知识产权创新三个阶段，中国几乎在交流传动技术、高性能转向架技术、复合制动技术、头型流线化技术、车体结构轻量化技术、列车制动控制及故障诊断技术、车厢密封技术、密接式车钩缓冲器技术、高性能受电弓技术、倾摆式车体技术等高铁关键技术的每一个领域都培育形成了掌握先进技术的本土创新主体。也就是说，中国多

数产业的能力位置体现为少数大企业（主要是集成企业），而中国高铁的能力位置则在于全产业链。[1] 从用户到供给方、从集成企业到核心零部件供应商、从硬件制造商到软件开发企业、从应用开发主体到前沿技术研发和基础研究机构，中国高铁在"部门"或"系统"层面形成的技术能力和竞争优势，是其区别于中国其他产业的独特性所在。

然而，既有的理论研究似乎很难解释为什么中国能够在高铁这种需要解决巨量零部件、模块和系统之间耦合关系的产业部门发展起全产业链的竞争能力？例如，根据 Fujimoto[2] 的研究，中国的制度和文化环境很难支持企业在轿车、高铁这样的一体化架构产品领域形成竞争优势；中国企业具有技术优势的产品领域具有开放型模块化的架构特征，在这些领域，中国的集成企业普遍采用竞争性而不是合作型的供应链管理模式，集成企业与零部件供应商之间缺乏长期信任关系，集成企业的采购决策主要基于供应商的短期成本和性能，而这样的供应链关系会扼杀零部件厂商的技术开发能力。多年来我们对中国工业的观察和调研似乎也支持这样的结论，即中国的核心零部件技术突破陷入了一个无解的"合作悖论"：一方面，作为下游用户的集成企业坚持认为，本土企业开发的核心零部件的精度、稳定性、可靠性差，无法满足其性能要求；另一方面，核心零部件企业又常常抱怨，核心零部件属于工程技术密集型的产品，如果集成企业不使用其开发生产的零部件，其产品和技术就无法在实际应用和试错迭代的过程中持续改进。正如中芯国际创始人张汝京在谈到集成企业带动核心零部件企业国产化问题时所言："有的时候不一

---

[1] Mowery 等人（1999）提出了技术能力的位置问题。他们认为，一国特定产业的技术能力有可能体现在产业中的个别领先企业，也可能体现在作为一个系统或整体的产业。例如，同样是汽车产业，日本的技术能力来源既包括整车企业，也包括大量掌握技术诀窍的中小零部件企业，而美国的竞争力则主要依托整车企业。Mowery, D.C. and R. R. Nelson, *Sources of Industrial Leadership*, Cambridge: Cambridge University Press, 1999.

[2] Fujimoto, T., "Architecture-Based Comparative Advantage: A Design Information View of Manufacturing", *Evolutionary and Institutional Economic Review*, 4 (1), 2007.

定是国产不行，而是采购商愿不愿意花时间跟国内的企业一同成长。"[1] 在这样的两难困境下，"关键零部件受制于人"几乎成为中国工业的通病。然而，在中国高铁领域却形成了一大批具备正向设计能力、掌握自主知识产权的核心零部件企业。根据我们对整车企业和核心零部件企业研发人员的访谈，中国高铁核心零部件和软件系统实现国产化的基本模式是，首先由铁道部（铁总）提出产品国产化的要求，并与集成企业一起为零部件企业提供技术支持和试验条件，零部件企业开展自主研发，并在反复的试验、用户反馈和运营过程中逐步完善技术，最终达到商业化应用和进口替代。在这个过程中，铁道部（铁总）通过综合运用行政指令和订单激励促进集成企业和核心零部件供应企业之间的互动合作。

为什么中国高铁领域形成了一大批能够实现进口替代、具有较强产品开发能力的核心零部件企业？为什么铁道部（铁总）有动力促进整车企业与核心零部件供应商之间的技术合作？国家发展改革委、工信部、科技部等经济管理部门从来不乏产业政策，其中一些产业政策对于促进进口替代确实也发挥了一定的激励作用，但还没有哪项政策能够促成一个产业的系统性高强度学习。路风[2]认为，政府意志是推动中国高铁在总成和关键零部件各个环节不断实现国产化的主要原因。这样的分析忽视了政府决策主体经济理性对推动核心零部件国产化的决定性作用。铁道部（铁总）作为铁路运营单位推动核心零部件国产化背后的理性考虑才是理解中国高铁系统技术能力形成的关键。这个过程的背后是中国铁路复杂的制度结构和特殊的产业组织基础，必须通过深入的调查研究以更加理性和系统的视角加以理解。

首先，铁道部（铁总）积极支持高铁装备国产化的首要目标是实现"自

---

[1] 柴宗盛：《张汝京：韩国人可以做到，我们为什么不能？》，《澎湃新闻》2016年8月30日。
[2] 路风：《政策"意料外"的高铁奇迹》，《瞭望》2013年第48期；路风：《中国高铁技术发展的源泉》，《瞭望》2014年第1期。

主可控"，而自主可控是一种既反映战略抱负也体现经济理性的诉求。由于铁路是涉及国家安全的命脉部门，装备的自主可控是实现铁路安全的根本保障。在我们的调研中，多数受访者都强调"只有自主，才能实现可控"的观点。在和平时期，自主可控首先表现为本土企业能够对铁路运营需求做出及时的服务响应。京沪高铁通车时，CRH380A 和 CRH380BL 两个车型都投入运营，其中 CRH380A 由四方独立研制，CRH380BL 由长客主要基于西门子公司的 Velaro 原型车开发。Velaro 车型是当时全世界最为成熟的高速动车组平台之一，因此，理论上讲 CRH380BL 的稳定性、可靠性应当远远高于 CRH380A。然而，事实是，CRH380BL 投入运营后连续发生热轴报警误报、自动降弓、牵引丢失等严重故障，铁道部不得不在暂停 CRH380BL 出厂的同时，召回已投入运营的 CRH380BL 动车组 54 大列。CRH380A 的故障率却非常低，且没有一项安全故障。对此，刘友梅院士的解释是："从可靠性来说两车不相上下，但是从中国人掌握它的程度来说有根本区别。任何一个工业产品故障率等于零是不可能的，在大家都有故障的时候，由于 CRH380A 是我们自己的科研技术人员跟着，一直陪在车上做服务、监管，一出问题我们自己马上能解决，而且能够很快地做出数据分析，排除故障。而 CRH380BL 的技术是西门子的，西门子是不会随便派人来的。机车出了问题，只能先给德国总部发电邮，西门子看到故障报告还怀疑，说你们中国人是胡说，不可能有这个问题，结果又发生第二次故障，不得不又再去一个报告，专家才会过来看一看，跟着看完还要分析、整改才能解决，而我们自己掌握核心技术的机车出故障的话早就解决了。比如说你发生 5 次以后才能解决问题，我发生 1 次就解决了，就不会出现第二次，因此我们自己的机车在统计报表上就不会出现高故障率，不会引起大家所担心的安全问题。"[1] 自主开发和国产化不仅可以提高装备的

---

[1] 胡亚平:《总理泰国"卖"高铁引发高铁出口新契机——本报记者专访工程院院士、"中国电力机车之父"刘友梅》，《广州日报》2013 年 10 月 25 日。

运营服务响应速度，而且可以大大提高服务响应质量。2014年，长客历经十年自主开发成功的国产列控系统，相对于此前应用于中国高铁的西门子系统具有控制逻辑合理、诊断功能完善、自检功能多等优点，更重要的是，"实现列车网络控制系统国产化、掌握软件的底层代码和运算逻辑后，更便于对动车组进行使用和维护，国内企业可以根据自己和铁总的运营需求自主调整优化软件"[1]。这两个案例很好地说明了本土企业和国外公司在及时服务响应、保障运营方面的积极性和能力的差异，这也是铁道部（铁总）积极培育本土供应商的主要原因。

其次，铁道部（铁总）积极培育本土零部件供应商的经济理性考虑，是通过国产化和促进供应商之间的竞争降低采购成本，培育有利于自身谈判地位的竞争性市场结构。根据我们的调研，核心零部件和系统在完成国产化后，采购价格基本上都会出现30%—50%的下降。例如，在西南交大和中铁三局等6家企业联合开发高速道岔成功后，高速道岔价格快速从每组570多万元大幅下降到每组300万元；长客自主开发出列控系统后，列控系统价格从每套340万元快速下降到每套240万元左右。为了形成有利于自身的谈判地位，铁道部（铁总）在推进核心零部件国产化时有意识地同时培育几家竞争性的本土企业，并尽可能促进企业间技术实力的均衡。以中国标准动车组列控系统开发为例，中国标准动车组以前的列控系统关键设备（如车载和无线闭塞中心设备）长期从国外引进，设备及软件修改和安全认证由外方实施，周期较长，服务响应慢。在这样的背景下，铁总在中国标准动车组的开发过程中力推列控系统国产化，同时委托通号公司、铁科院、和利时公司3家企业开展列控设备的自主研制。我们在调研中了解到，为了避免技术和产品垄断，铁道部（铁总）甚至常常采用供应商共享知识产权，甚至强制技术转让的方式来促进

---

[1] 孙寰宇：《"中国脑"诞生记——长客股份公司"列车网络控制系统"研发团队记事》，《吉林日报》2015年10月30日。

技术在国内企业之间扩散，从而确保存在3家左右的零部件供应商开展技术和成本竞争。铁道部（铁总）的这种策略性安排，看似有悖主流经济学基于明晰的产权激励创新的理论，但这种政府引致的"有控制的竞争"的市场结构，加之铁道部（铁总）以性能的优越性而不是低价为主要采购标准，且能够为供应商提供合理的利润空间，[1] 既有利于激励装备企业创新，又能够有效降低自己的采购成本。

最后，在讨论中国高铁的国产化问题时，必须注意到中国铁路行业一个特殊的产业组织特征，即在相当长时期内，中国铁路整车企业和关键零部件生产企业是高度专业化的。在计划经济时代，铁道部就已经形成了由30多家机车车辆、机械、电机和4个专业化的机车车辆研究所构成的工业体系，铁路装备涉及的几乎所有的产业链环节都布局了一个或几个工厂。虽然后来经历了1986年成立铁道部机车车辆工业总公司、1989年实行经营承包责任制、1996年改组为控股公司、2000年脱离铁道部成立南车集团和北车集团、2014年成立中国中车等变革，但这些重组和调整更多发生在总公司和集团层面，专业化生产的产业组织结构并未发生根本变化。"铁路是一个非常完善的系统，产业链的每个环节都是完善的，这是中国高铁成功最主要的原因"，某整车企业总工程师在访谈时如是说。合作是分工的结果。正因为中国高铁产业链是相对专业化的，产业链上下游的合作较中国绝大多数产业才更为活跃。最重要的，由于企业是高度专业化的，产业链的每个环节都是某个企业的主业，每个企业都有积极性把自己的主营产品做大做强。正如某整车企业总工程师所言："整车厂约束零部件供应商的方式是对其提出技术条件，而不是直接进入零部件生产制造领域。"零部件的市场规模小，但技术发展具有周期长、投入大的特点。因此，可以设想，如果高铁装备产业像中国其他多数装

---

[1] 根据我们的调研，高铁装备供应商的利润率通常在15%左右。

备产业一样是高度一体化的产业组织结构,则企业就仅有积极性发展对其收入和利润贡献更高的业务(通常是集成业务,而不是零部件业务),而缺乏对市场规模和盈利贡献较小的专精特新产品进行投资和开发的动力。高度专业化的产业组织结构是导致中国高铁相对于中国其他装备产业在核心零部件领域创新绩效差异的重要因素。

尽管企业家抱负和政治决心发挥了重要作用,但铁道部(铁总)在战略和运营层面的经济理性,才是其持续推进核心零部件国产化的主要动力。也正因此,只有那些符合经济理性的自主化和国产化,铁道部(铁总)才有更大的积极性给予支持和推动。例如,我们的调研发现,无论是整车企业还是核心零部件企业,其生产车间的高端生产制造装备仍然主要依靠国外厂商供应。一个可能的解释是,生产装备的国产化缺乏规模经济,因而并不是影响高铁装备企业和高铁运营成本的主要因素,且生产装备进口并不会直接影响高铁运营的自主可控,因而铁道部(铁总)缺乏足够的推动生产装备进口替代的积极性。

第四节　研究发现与"高铁模式"的有效边界

由于中国高铁令人瞩目的技术成就,促使中国高铁取得成功的条件和因素很容易被泛化为其他产业都应当遵循的一般经验和规律。我们调研的几乎所有受访者都认为,中国高铁至少达到了比肩国外先进高铁技术的水平,即中国高铁已经成功实现了技术赶超。同时,大多数受访者也都认为,铁路行业的集中管理是中国实现高铁技术赶超的主要原因。然而,对中国高铁技术赶超重要当事人的深入调查和访谈也发现,政府干预和高铁技术赶超是在非常特定的制度、经济、社会和文化背景下发生的复杂过程。特定的国际竞争环境[1]、中国在技术引进时全球已经形成稳定的技术路线和成

1　例如,在技术引进时期,日本川崎重工和法国阿尔斯通公司都正面临严重的财务困难。

熟的技术体系、计划经济时代形成的专业化的产业组织结构、半军事化管理传统形成的部门执行能力、政府管理部门同时也是用户和技术集成者，以及相对封闭的社会网络形成的社会资本等因素，都是政府有效干预的重要条件。政府干预和中国高铁技术成功的条件具有很强的特定性和本地性。事实上，随着对中国高铁调研的逐步深入，我们越来越感觉到中国高铁技术赶超过程和政府干预作用机制的复杂性。因此，中国高铁技术赶超作为一个多因素交互作用的系统过程，不具有可复制性。但与此同时，政府总体协调技术引进并引导中国高铁全产业链技术能力提升的战略导向和特定手段，对中国其他产业的技术发展又具有明确的政策含义。因此，我们既不认同将中国高铁技术赶超视为一种具有普遍意义模式的观点，也不同意简单否定中国高铁技术赶超具有可复制性的观点。如果把中国高铁的技术赶超理解为在特定制度和竞争环境下政府和微观主体互动、创新的结果，则总体上看，影响中国高铁技术赶超的制度性因素，如铁路行业的垂直管理体制等对其他产业的启发意义较弱；而相关主体行为层面的因素，如铁道部（铁总）主动引导有控制的竞争市场结构则对其他产业具有直接而重要的借鉴价值。有关政府干预有效性和"高铁模式"意义的学术讨论，应当在尊重事实的基础上，更充分地挖掘政府干预和高铁技术赶超的边界条件和行为特征。

首先，大规模高铁建设为创新投入和技术发展提供了重要的激励，但市场机会本身并不必然导致更高的技术能力，那些或嵌入在市场机会或独立于市场机会的技术机会，特别是政府主动构建的技术机会，才是驱动中国高铁高强度技术学习的直接动力。铁道部（铁总）出于理性考虑和创新抱负，不断主动构建技术机会引导企业的产品国产化和技术自主化，是政府干预有效的重要原因。中国几乎所有的产业都经历了高速增长，但只有少数高技术产业的技术水平能够达到比肩或引领国际技术前沿。没有技术机会的市场机会只能引致技术模仿和生产性投资。中国的大规模市场需求可以为技术进步提供必要的市场条件，消费升级和比较优势转换也能够诱致企业开展渐进的技术创新，但如果政府基于形成竞争优势、因势利导地构建战略性的技术机会，则能够引致企业更高强度的技术学习。

其次，中国高铁能够在较短的时间里快速实现技术赶超，是因为其自主产品开发和自主产品平台建设具有鲜明的商业化应用导向。商业化应用要求高铁创新在产品设计、试验验证、工程化的各个阶段都必须满足技术上的可靠性、稳定性、安全性的要求，并在经济上能够满足商业化运营的成本要求，从而形成了产品开发、应用和商业回报的良性反馈和循环。铁道部（铁总）作为行政资源配置主体的同时也是最终用户和技术集成者，这是中国高铁自主创新坚持商业化应用导向最重要的组织基础。目前，中国的基础研究、技术研发、工程化和产业化由科技部、国家发展改革委和工信部等分头管理，创新链的割裂使得大量的科技项目最终停留于科学研究和实验室阶段。中国高铁经验显示，为了更好地发挥产业政策对突破性创新的催化剂作用，就必须打通资源配置和行业管理的边界，通过探索新的体制和管理模式，形成对从基础研究到商业化应用的全链条激励和支持。

再次，中国高铁卓越的技术创新绩效不仅表现在技术对前沿水平的快速追赶，更重要的是，实现了从整车集成到核心零部件、控制软件和基础材料的全面替代和技术自主，从而形成了不同于中国其他行业的技术能力位置。长期制约中国多数制造业行业竞争力提升的"核心零部件受制于人"问题在高铁领域得到了解决。中国高铁打破用户和零部件供应商之间"合作悖论"的机制，是在铁路具有自主可控要求、铁道部（铁总）可以通过行政命令或订单促进形成合作，以及专业化的产业组织结构等特定的制度和经济条件下形成的。虽然"高铁模式"并没有为中国其他产业由竞争性供应链向合作型供应链转变提供普适的经验和模式，但其产业组织条件却具有非常明确的政策含义，即为了培育具有大量专有知识的核心零部件企业，就应该尽可能促成专业化的市场结构。例如，对集成企业的垂直一体化进行必要的限制，鼓励其更多通过水平多元化做大规模等。

最后，中国高铁经验显示，政府干预和产业政策的有效性不仅取决于政府是否具有引导产业技术赶超的恰当激励，而且取决于政府是否具备制定有效的战略和政策并高效付诸实施的能力。铁道部（铁总）既承担了政府职能，又是铁路运营商（装备用户）和系统集成者（创新主体），决定了其相对于中国绝大多数经济管理部门具有更高的产业政策制定能力和执行能力，而这也正是中国高铁成功实现技术赶超的主要原因。对政府功能和产业政策有效性的完整理解，应当同时容纳激励和能力两个维度。提高政府的政策制定能力，应当成为未来提高中国产业政策有效性的重要内容。当然，在肯定政府在高铁技术赶超中积极作用的同时，也应当保持足够的谨慎，以避免中国高铁技术赶超可能对研究者和政策制定者形成的"光环效应"[1] 陷阱。[2] 随着政府企业间关系、产业技术能力、市场竞争结构、微观主体治理机制的深刻变化，那些曾经促成中国高铁自主创新成功的条件和活动，其积极效应可能弱化，甚至成为负面制约。例如，在调研中不少技术专家反映，在高铁技术赶超的初期，高校开展应用研究，甚至直接进行产品开发可以提升技术赶超的效率，但随着企业研发试验体系的完善和中国高铁整体技术水平的提升，高校应当更多向基础研究归位；又如，在成熟技术引进过程中，知识产权共享有利于技术的快速扩散和"有控制的竞争"市场结构的形成，但面对未来下一代轨道交通技术的突破问题，知识产权的清晰界定和保护变得更加重要。因此，我们认为，始终以批判性的眼光思考中国高铁发展过程中面临的现实或潜在问题，随着激励结构和竞争环境的变化，不断深化铁路体制改革，推动创新体系完善，应该成为中国高铁创新发展永恒的主题。

1　Rosenzweig（2009）提出的"光环效应"指的是，当人们观察到一个企业的销售收入、利润、股价等绩效指标向好的时候，就倾向于推断其采取的所有管理活动都是正确的、出色的。

2　Rosenzweig, P., *The Halo Effect*, Cambridge: Free Press, 2009；吕铁、贺俊：《从中国高铁经验看产业政策和部门创新体系的动态有效性》，《学习与探索》2018 年第 1 期。

第四章
产业创新体系演进与中国高铁技术赶超

第一节 引言

经过改革开放 40 多年的持续高速增长,中国经济规模得以不断扩张,自 2010 年以来已连续 12 年稳居世界第一制造业大国地位,进入了工业化后期阶段。但从结构上看,中国成为"世界工厂"主要得益于中低技术劳动密集型产业史无前例的增长,而技术密集型产业和资本密集型产业的发展则不尽如人意,从工业大国向工业强国迈进依然任重道远。进一步看,作为技术密集和资本密集的高端装备制造业发展相对滞后,又反过来影响到中国工业"四基"[1] 能力的成长,进而对提升中国产业供给质量和国际竞争力形成严重制约。党的十八大以来,习近平总书记把科技创新摆在国家发展全局的核心位置,指出"核心技术是我们最大的命门,核心技术受制于人是我们最大的隐患"[2],强调要完善国家创新体系,提高产业创新能力,坚持走中国特色自主创新道路。加快高端装备制造业自主创新,全面提升工业基础能力,是中国加快建设制造强国、科技强国的必经之路,是提高产业国际竞争力、保障国家安全的战略支撑。

---

1 工业"四基"即核心基础零部件(元器件)、关键基础材料、先进基础工艺和产业技术基础。
2 《习近平关于网络强国论述摘编》,中央文献出版社,2021。

长期以来，国内学术界的主流观点一直认为，依据要素禀赋、比较优势、全球价值链和国际产业分工等新古典经济理论，在相当长的时间内，中国尚不具备发展技术密集型产业和资本密集型产业的条件。然而，近年来中国高铁不仅成功实现了技术赶超，让全国人民能够超越发展阶段享用快捷、安全、绿色的高速客运服务，而且对"老牌"高铁强国形成了技术和市场竞争。我们不禁要问：作为不具备比较优势的技术密集和资本密集型产业，中国高铁的技术赶超为什么一枝独秀？由此引申出的政策问题是：中国高铁技术赶超的经验，对其他产业是否具有普适性？迄今为止，针对这些问题，学术界仍然缺乏深入、扎实的研究。究其原因，主要困难有二：一是铁路行业和高铁技术极为复杂，研究者必须进行扎实的调查研究，才能掌握研究所需的基本事实；二是后发国家的技术赶超仍是一个重大的理论难题，研究者必须立足中国产业创新实践做必要的理论创新，才能从鲜活的实践和繁杂的资料中构建起自洽的分析框架。

针对第一个困难，我们对铁路行业进行了全景式调研，遍及铁路产业链各环节的核心机构，深度访谈了一大批长期工作在一线的高级技术专家和管理人员，以充分获取一手资料，尽最大可能"还原"中国高铁技术赶超事实。针对第二个困难，本章将上述现实和政策问题精练为如下研究命题：面对技术如此复杂、涉及知识领域如此广泛的高铁技术赶超任务，为什么创新行为人愿意持续进行高强度的专用性技术投资？换言之，是什么样的激励结构决定了中国高铁的技术赶超绩效？在理论方面，激励结构是由特定的制度或一系列制度组成的体制所决定的。在实践方面，中国高铁的技术赶超历程完全嵌入在建立中国特色社会主义市场经济体制的进程当中，政府、市场和企业关系的调整贯穿于中国高铁产业的创新发展中。因此，本章从体制、行为人和技术三者之间关系的演进，分阶段地实证研究中国产业体制改革如何塑造了行为人技术创新的激励结构，以期对中国高铁技术赶超给出历史与逻辑相统一的解释。

本章的边际贡献体现在三个方面。一是利用一手调查资料，用经济学的理论和方法讲好中国高铁技术赶超的故事，澄清关于中国高铁技术赶超基本事实的诸多争议。二是根据中国产业体制改革的实践和逻辑，尝试性提出"产业分权"概念，以便从微观层面细致地研究中国产业体制改革对高铁技术赶超的作用机制。三是基于调查研究和理论分析，辨析中国高铁技术赶超经验的一般性和特殊性，探讨中国特色社会主义市场经济条件下建立"新型举国体制"的有关问题，为科学制定工业强国战略和科技强国战略提供经验支撑。

第二节　文献综述与分析框架

（一）关于中国高铁创新的文献综述

虽然近年来研究中国高铁技术创新的文献数量不断增加，但总体上看，利用局部或二手资料作为讨论基础的现象较为普遍，规范的学术研究尚处于起步阶段。现有文献因循两个主要问题渐次展开。一是早期关于中国高铁技术是否是自主创新的讨论。2011年京沪高铁开通运营之初，官方宣称"具有完全自主知识产权"的国产高速动车组出现一系列故障，酿成了严重的社会信任危机。鉴于中国诸多行业有"市场换技术"并不成功的前车之鉴，这场社会信任危机迅速升级为对中国高铁发展模式乃至经济体制的质疑。[1] 对此，路风率先做出了严肃的学术回应，其理论基础在于区分生产能力和技术能力的差异：只有既定技术下的生产能力是可交易的，而适应技术动态变化的技术能力是不可交易的，中国引进国外高速列车技术，只是获得了生产能力，而不可能获得技术能力，中国高铁的技术进步是自主创新的成就和举国体制的典范。[2] 路

---

[1] 其中最尖锐的批评，可参见王晓冰等《大道无行——铁道部：政企合一的失败样本》，南方日报出版社，2013；而专业、理性的批评可参见高柏、李国武、甄志宏等《中国高铁创新体系研究》，社会科学文献出版社，2016。

[2] 参见路风发表在《瞭望》2013年第48期以"冲破高铁迷雾"为题的系列文章，包括《追踪中国高铁技术核心来源》《高铁从未"以市场换技术"》《政策"意料外"的高铁奇迹》《"两部联合"激发大规模引进"正能量"》。

风还深入总结了中国高铁技术进步的五个促进因素。[1] 二是随着中国高铁的技术创新成效和国际竞争力提升逐渐成为社会共识，研究重点转向解释中国高铁创新是如何取得成功的。面对复杂的高铁行业，代表性研究通常采用创新体系的视角，并可被细分为创新主体叙事和创新方式叙事。[2] 前者侧重于研究政府和企业在高铁装备技术创新中的分工与协作，后者重点提炼技术创新的不同形式。高柏等[3]采两种方式之长，认为中国高铁之所以成为少数成功实现"市场换技术"的产业，根本原因是中国有一个强大的高铁创新体系。他们以"三大行为主体"（政府、企业和高校）和"三大要素投入"（技术、资本和人力资本）为基本架构，凭借丰富的资料及对行业的深度理解，较为完整地建立了中国高铁创新体系和创新绩效之间的联系。

归纳起来，现有研究大体按照技术、技术能力、创新体系的脉络渐次深入。但是，代表性研究普遍忽视了制度的作用，或者对制度的定义不够明确而存在一定的局限。第一，由于缺乏经济体制改革的维度，路风的研究聚焦高铁发展的特定阶段，割裂了高铁内生技术能力的累积性，从而将中国高铁的创新方式简化为自主创新和引进创新非此即彼的关系，难以对高铁创新的全过程作出完整且逻辑一致的解释。此外，路风虽强调了国家创新体系和企业技术学习的重要性，但是没有深入分析二者之间的互动机制，难以解释为什么同在国家创新体系之下，不同行业的技术进步存在显著差距。[4] 第二，高柏等人过于宽泛地定义制度，导致制度被外生化和"黑箱化"，尽管给出了各变量之间的相关关系，但非因果机制解释，也就难以对中国高铁创新体系的演进做逻辑一致的经

---

[1] 路风：《中国高铁技术发展的源泉》，《瞭望》2014年第1期。
[2] 两种创新叙事方式分别参见李政、任妍《中国高铁产业赶超型自主创新模式与成功因素》，《社会科学辑刊》2015年第2期；胡海晨、林汉川、方巍：《中国高铁发展：一种创新发展模式的典型案例及启示》，《管理现代化》2016年第2期；吕铁、贺俊：《从中国高铁经验看产业政策和部门创新体系的动态有效性》，《学习与探索》2018年第1期；贺俊、吕铁、黄阳华、江鸿：《技术赶超的激励结构和能力积累——中国高铁经验及其政策启示》，《管理世界》2018年第10期。
[3] 参见高柏、李国武、甄志宏等《中国高铁创新体系研究》，社会科学文献出版社，2016。
[4] 对此，新近文献从政府和企业能力"共演化"的视角加以完善。参见江鸿、吕铁《政企能力共演化与复杂产品系统集成能力提升——中国高速列车产业技术追赶的纵向案例研究》，《管理世界》2019年第5期。

济学分析。正如后文所言，中国产业体制的演进受到自上而下强制性国家经济体制改革的驱动，同时又与各行业自下而上的诱致性制度变迁交织成各具特色的产业体制，[1] 若将制度当作外生因素，不太可能从高铁创新中准确提炼出"具有普遍性的中国特色创新模式"。因此，要充分解释中国高铁技术赶超及其经验的界限，必须坚持中国特色社会主义市场经济制度的主体地位。

（二）技术创新文献评述与分析框架

20 世纪 70 年代后，主要资本主义国家经济出现了严重"滞胀"，同时以信息通信技术（ICT）为代表的颠覆性技术加速向经济领域渗透，对以短期总需求管理为核心的凯恩斯主义经济学提出了严峻挑战。这一时期，一批侧重于研究供给侧技术变迁的经济学说得到了长足发展，不仅在宏观领域形成了新增长模型、内生增长模型和真实周期模型等，[2] 而且在中观和微观领域也取得了引人瞩目的成就。

在微观领域，早期的技术创新研究可归纳为"熊彼特创新框架"，着眼于实证检验熊彼特关于市场集中度、企业规模等变量与创新的关系。[3] 20 世纪

---

[1] 关于制度变迁的方式，参见 North, D.C., *Institutions, Institutional Change and Economic Performance*, Cambridge: Cambridge University Press, 1990；杨瑞龙：《论制度供给》，《经济研究》1993 年第 8 期；杨瑞龙：《论我国制度变迁方式与制度选择目标的冲突及其协调》，《经济研究》1994 年第 5 期。

[2] 代表性研究参见 Romer, P.M., "Increasing Returns and Long-Run Growth", *Journal of Political Economy*, 94（5），1986；Romer, P.M., "Endogenous Technological Change", *Journal of Political Economy*, 98（5），1990；Aghion, P. and P.Hewitt, "A Model of Growth through Creative Destruction", *Econometrica*, 60（2），1992；Grossman, G.M. and E.Helpman, "Endogenous Innovation in the Theory of Growth", *Journal of Economic Perspective*, 8（1），1994；Kydland, F.E. and E.C.Prescott, "Time to Build and Aggregate Fluctuations", *Econometrica*, 50（6），1982.

[3] ［美］约瑟夫·熊彼特：《资本主义、社会主义与民主》，吴良健译，商务印书馆，1999；Kamien, M.I. and N.L.Schwartz, *Market Structure and Innovation*, Cambridge: Cambridge University Press, 1982；Mann, H. and F.Scherer, *Industrial Market Structure and Economic Performance*, Chicago: Rand McNally, 1980；Cohen, W.M, "Fifty Years of Empirical Studies of Innovative Activity and Performance", in Hall, B. and N.Rosenberg（eds.），*Handbook of the Economics of Innovation*, Oxford: Elsevier, 2010；Cohen, W.M.and R.C.Levin, "Empirical Studies of Innovation and Market Structure", in Schmalensee, R.and R.Willig（eds.），*Handbook of Industrial Organization*, New York: North-Holland, 1989；Cohen, W.M.and S.Klepper, "Firm Size and the Nature of Innovation Within Industries: the Case of Process and Product R&D", *Review of Economics and Statistics*, 78（2），1996.

80 年代后的文献则致力于对企业技术创新行为本身的理论解释。新古典经济学研究的是给定技术，或者假设技术免费可得的情况下，企业按照要素相对价格作出生产和定价均衡决策对市场结构的影响。演化经济学家在产业和市场的动态分析中引入了企业家精神，[1] 认为知识积累是技术变迁的源泉；技术知识在企业之间是不均匀分布的，且有默会性而难以轻易地在企业之间自由流动，必须通过有组织的技术学习活动才能获取。所谓技术能力，是指企业选择、获取、生产和应用技术知识的能力，是企业创新的根本之计。[2] 技术能力理论后被运用至研究国家长期发展问题，与日韩等国经济腾飞的经验研究相结合形成了技术赶超理论，主张国家之间的发展差距根源在于国家技术能力差距，后发国家的经济赶超本质上是不断积累技术能力以缩小与全球技术前沿的技术差距，通常要经历从引进、模仿、吸收到自主创新等若干个阶段，这在更一般的层面上受国家创新体系的影响。[3]

中国的长期经济增长伴随着持续的产业和技术升级，作为一个不断扩大开放的发展中大国，如何处理引进创新和自主创新的关系引发了旷日持久的讨论。[4] 上述新古典经济学和演化经济学的代表性观点，在中国均有所体现。

---

[1] 狭义的演化经济学，常被称为"新熊彼特经济学"，参见 Nelson, R. R. and S. G. Winter, *An Evolutionary Theory of Economic Change*, Cambridge: Harvard University Press, 1982.

[2] Kim, L., "Stages of Development of Industrial Technology in a Developing Country: A Model", *Research Policy*, 9 (3), 1980; Dosi, G., "Sources, Procedures and Microeconomic Effects of Innovation", *Journal of Economic Literature*, 26 (3), 1988; Lall, S., "Technological Capabilities and Industrialization", *World Development*, 20 (2), 1992.

[3] Soete, L., "International Diffusion of Technology, Industrial Development and Technological Leapfrogging", *World Development*, 13 (3), 1985; Kim, L. and J. Lee, "Korea Entry into the Computer Industry and Its Acquisition of Technological Capability", *Technovation*, 6 (3), 1987; Dosi, G., C. Freeman and S. Fabiani, "The Process of Economic Development: Introducing Some Stylized Facts and Theories on Technologies, Firms and Institutions", *Industrial and Corporate Change*, 3 (1), 1994; Fagerberg, J., "Technology and International Differences in Growth Rates", *Journal of Economic Literature*, 32 (3), 1994; Lee, K. and C. Lim, "Technological Regimes, Catching-Up and Leapfrogging: Findings from the Korean Industries", *Research Policy*, 30 (3), 2001; Kim, L., *Imitation to Innovation: The Dynamics of Korea's Technological Learning*, Boston: Harvard Business School Press, 1997.

[4] 早在 20 世纪 90 年代中期，中国学者就开始讨论工业技术创新过程中学习模式的管理问题。陈劲：《从技术引进到自主创新的学习模式》，《科研管理》1994 年第 2 期。

一些文献认为,引进创新和自主创新的选择取决于二者的相对成本收益:技术创新成本高、风险高,中国应该利用发展中国家的"后发优势",通过技术模仿和技术引进低成本、低风险地加速技术变迁,谋求比发达国家更快的经济增长并最终收敛到发达经济。[1] 更多的文献认为,后发国家引进创新和自主创新的选择不在于简单的或静态的经济计算,而在于如何应对技术变迁的复杂性和动态性,在技术能力上缩小与发达国家之间的差距。有些文献认为利用全球科技资源是为了更有效地提升中国产业自主创新能力。[2] 有些文献基于产业层面细致的经验研究,强调相比于引进创新,自主创新是促进本土创新和提高技术能力的"最佳途径",[3] 对中国进入全球价值链高端环节和摆脱对发达国家的技术依赖至关重要。[4] 中国学者在原创理论构建方面也做了积极贡献。路风在国际主流创新理论的基础上,提出了一个"产品开发平台"的概念模型,[5] 认为一个工业组织只有进行产品开发并因此建立自主的产品开发平台,"才可能生成把握技术变化的能力,也才可能走上自主创新的道路",夯实了"自主创新"的理论基础,回应了工业技术进步研究和政策的主要问题。随着中国发展阶段转变,新近文献还讨论了中国国家创新体系与跨越中等收入陷阱的理论与政策问题。[6]

---

[1] 参见林毅夫《后发优势与后发劣势——与杨小凯教授商榷》,《经济学》(季刊)2003年第4期;林毅夫、张鹏飞:《后发优势、技术引进和落后国家的经济增长》,《经济学》(季刊)2005年第1期。

[2] 参见江小涓《理解科技全球化——资源重组、优势集成和自主创新能力的提升》,《管理世界》2004年第6期。

[3] 对中国DVD行业的研究可参见路风、慕玲《本土创新、能力发展和竞争优势——中国激光视盘播放机工业的发展及其对政府作用的政策含义》,《管理世界》2004年第1期。对汽车产业的研究可参见路风、封凯栋《发展我国自主知识产权汽车工业的政策选择》,北京大学出版社,2005。对显示屏行业的研究可参见路风、蔡莹莹《中国经济转型和产业升级挑战政府能力——从产业政策的角度看中国TFT-LCD工业的发展》,《国际经济评论》2010年第5期;路风:《光变:一个企业及其工业史》,当代中国出版社,2016。对光伏产业和机器人产业的研究可参见贾根良《迎接第三次工业革命的关键在于发展模式的革命——我国光伏产业和机器人产业的案例研究与反思》,《经济理论与经济管理》2013年第5期。

[4] 参见贾根良《第三次工业革命与新型工业化道路的新思维——来自演化经济学和经济史的视角》,《中国人民大学学报》2013年第2期。

[5] 路风:《论产品开发平台》,《管理世界》2018年第8期。

[6] 参见龚刚等《建设中国特色国家创新体系跨越中等收入陷阱》,《中国社会科学》2017年第8期;黄群慧等:《面向中上等收入阶段的工业化战略研究》,《中国社会科学》2017年第12期。

在中观领域，为了更好地理解技术创新本身的特点，探索不同产业技术创新的规律，研究国家之间产业创新的差异，Malerba等提出了"技术体制"（technological regime）的研究框架，提议从四个基本维度对产业创新加以分类[1]：（1）技术机会，用给定研发投入时技术创新的成功率衡量；（2）创新的可收益率，用创新免于被模仿的概率衡量；（3）技术进步的累积性，表示下一阶段的技术进步对当期技术的依赖程度；（4）创新的知识基础，是行业特定的还是多个行业通用的。"技术体制"为产业技术创新经验研究提供了一个可操作的分析工具，但侧重于技术创新的特征刻画，在分析现实技术创新时缺乏对微观技术创新主体的决策分析。其后，Malerba等在"技术体制"中引入了制度和行为人变量，为研究技术创新加入了更多的解释变量，也为重视制度分析的"创新体系"范式的回归，[2] 进一步发展出了"产业创新体系"这一分析框架。[3] "标准的"产业创新体系由三要素构成：技术和知识、

---

[1] 参见Malerba, F. and L. Orsenigo, "Schumpeterian Patterns of Innovation are Technology-Specific", *Research Policy*, 25（3），1996；Malerba, F. and L. Orsenigo, "Technological Regimes and Sectoral Patterns of Innovative Activities", *Industrial and Corporate Change*, 6（1），1997；Breschi, S., F. Malerba and L. Orsenigo, "Sectoral Systems of Innovation：Technological Regimes, Schumpeterian Dynamics and Spatial Boundaries", in Edquist, C.（eds.），*Systems of Innovation*, London：Frances Pinter, 1997. "技术体制"的提出者还利用四个维度，重新阐释了熊彼特在《经济发展理论》和《资本主义、社会主义与民主》中提出的两种创新模式，即外延式创新（熊彼特Ⅰ型）和深化式创新（熊彼特Ⅱ型）。中国学者利用"技术体制"概念，研究了战略性新兴产业的技术创新特征与产业政策调整。参见吕铁、贺俊《战略性新兴产业的技术经济特征与产业政策重构》，《学术月刊》2013年第7期。

[2] 在"产业创新体系"提出之前，已经形成了更为成熟的"国家创新体系"，强调制度关系在协调各类主体中的核心作用。参见Freeman, C., "The 'National System of Innovation' in Historical Perspective", *Cambridge Journal of Economics*, 19（1），1995；Freeman, C., "Continental, National and Sub-National Innovation System：Complementarity and Economic Growth", *Research Policy*, 31（2），2002. "产业创新体系"有时也被视为"国家创新体系"在产业层面的形式，属于"创新体系"的范式。

[3] 参见Malerba, F. and L. Orsenigo, "Schumpeterian Patterns of Innovation are Technology-Specific", *Research Policy*, 25（3），1996；Malerba, F. and L. Orsenigo, "Technological Regimes and Sectoral Patterns of Innovative Activities", *Industrial and Corporate Change*, 6（1），1997；Breschi, S., F. Malerba and L. Orsenigo, "Technological Regimes and Schumpeterian Patterns of Innovation", *Economic Journal*, 110（463），2000；Malerba, F., "Sectoral Systems of Innovation：Basic Concepts", in Malerba, F.（eds.），*Sectoral Systems of Innovation：Concepts, Issues and Analyses of Six Major Sectors in Europe*, Cambridge：Cambridge University Press, 2004；贾根良、张文杰：《部门创新体系：理论、经验及对自主创新的意义》，中国工业经济学会年会暨"自主创新与创新政策"研讨会，2006年。Sectoral Systems of Innovation常见的翻译有"部门创新体系"和"产业创新体系"。为行文便利，本章主要采用"产业创新体系"的译法。

行为人网络和制度。首先，知识具有默会性和累积性，必须通过持续的技术学习才能获得。不同产业或同一产业处于不同发展阶段时，产业知识是有差异的，技术学习效率决定了产业创新的绩效。其次，行为人包括企业和非企业组织（如大学、研究机构、用户、政府等），通过交易、合作、竞争或指令等方式参与技术创新，构成了特定的行为人网络。如将技术创新视为行为人之间的知识交易过程，那么交易效率决定了技术学习和技术创新效率。最后，在一般理论层面，行为人的认知、决策和交易均由特定的制度决定，制度可分为协调多个产业行为人的国家体制和协调特定产业内行为人的产业体制。简而言之，产业创新体系研究的是不同制度下行为人关于知识的交易行为对技术创新的影响，从而将制度纳入企业和产业创新研究中，为研究产业之间的创新差异提供了一个可行的分析框架，因而被广泛运用至跨产业、跨区域的比较创新研究。[1]

产业创新体系强调真实世界中国家制度和产业制度的多样性，更适用于研究中国产业体制改革进程中的高铁技术赶超问题。第一，中国高铁产业创新体系深深地嵌入国家产业体制中，但在不同发展阶段的特定产业体制下高铁技术创新存在显著差异，有必要揭示体制改革与技术进步之间的因果关系。第二，中国的产业体制改革服从国家建立社会主义市场经济体制的总体布局，对各产业而言具有统一性和强制性。这种具有中国特色的产业体制改革方式，也要求研究者将产业创新体系应用于中国情景时，必须从中国产业体制变革切入。第三，产业体制改革会改变行为人的预期和激励结构，从体制改革入手可对各行为人的技术投资决策做严谨的理论分析与实证检验，尽可能控制不可观测因素的干扰。

---

[1] 利用产业创新体系分析制造强国在特定产业具有竞争优势的研究，参见 Mowery, D.C. and R.R. Nelson, *Sources of Industrial Leadership*, Cambridge: Cambridge University Press, 1999; Malerba, F., *Sectoral Systems of Innovation: Concepts, Issues and Analyses of Six Major Sectors in Europe*, Cambridge: Cambridge University Press, 2004。

立足于中国高铁创新实践和中国特色社会主义市场经济体制的演进历程，将产业创新体系应用于中国高铁创新研究时应考虑如下因素。第一，突出在建立中国特色社会主义市场经济体制的进程中，强制性产业体制改革不仅是研究不可回避的宏观背景，更是产业创新体系演化的内生驱动力，并以此为研究的起点。第二，在中国渐进式的产业体制改革中，产业行为人网络是从计划指令型转向市场交易型，应重点研究特定行业内政府和国有企业、国有科研机构之间关系的动态调整。第三，作为一个长期处于社会主义初级阶段的发展中国家，中国体制改革的目的在于解放和发展生产力，在产业领域表现为不断提升产业技术能力和创新能力，应将技术赶超作为产业创新体系的主要目标。可见，在中国的现实情境下，"标准的"产业创新体系三要素的理论内涵和现实作用机制，既不同于发达资本主义市场经济国家，也不同于采用激进式"休克疗法"的前计划经济转型国家。本章将这种承袭"标准的"产业创新体系，同时体现了中国特色社会主义市场经济体制基本特征的产业创新体系，称为中国特色产业创新体系，相应地将"技术—行为人网络—制度"调整为"体制改革—行为人网络—技术赶超"（见图4-1）。

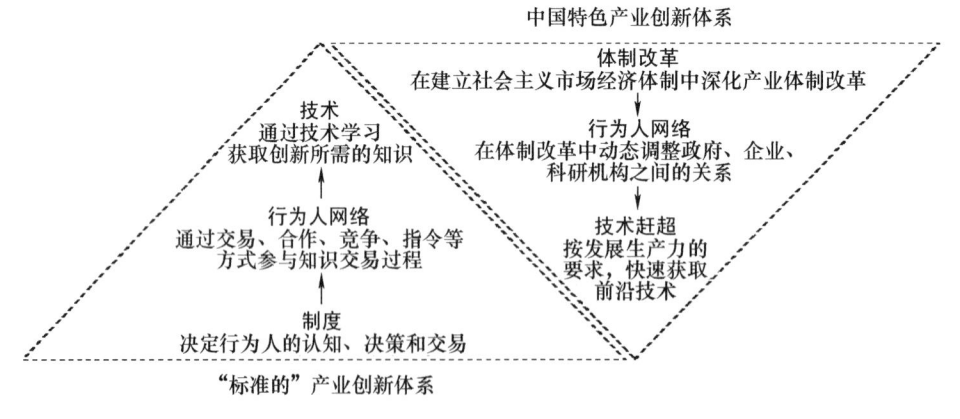

图4-1 "标准的"产业创新体系与中国特色产业创新体系的比较

资料来源：作者整理。

（三）相关概念的界定

一个完整的高铁系统由技术和资本互补的移动设备（如高速动车组、车载设备等）和固定设备（如高铁线路、供电网、地面通信设备等）组成。完整的高铁市场由移动设备市场和固定设备市场两个细分市场构成，必须将二者放在统一的框架内加以分析，才能对高铁产业作出充分的解释。市场供给侧的行为人包括高铁移动设备和固定设备的生产者（供应商），需求侧的行为人特指高铁移动设备和固定设备的需求方（用户），也即铁路运输部门。

本章分别将协调和治理供给侧和需求侧行为人的体制，定义为高铁（铁路）市场的供给体制和需求体制，并将二者统称为铁路体制。所谓供给分权体制是指产业的供给侧行为人，从高度集中的体制向分散的体制转型，分权程度取决于计划指令与市场机制在协调生产者关系、配置资源中的相对重要程度；需求分权体制是指一个产业的需求方从高度集中的体制向分散的体制转型，分权程度取决于市场中需求者数量、平均需求量、产品的可替代性、技术标准的统一性，等等。与供给分权体制和需求分权体制对耦的，是供给集权体制和需求集权体制。根据两类体制的两个变迁方向，一个产业的体制集合包含四元素 ｛（供给集权体制，需求集权体制），（供给集权体制，需求分权体制），（供给分权体制，需求集权体制），（供给分权体制，需求分权体制）｝，分别对应着四种博弈规则和激励结构。本章提出的产业"分权体制""集权体制"概念不同于统计意义上的"集中度"，表达的是能够引发供求结构变化的体制演进方向。给定中国在计划经济时期形成了高度集中的产业供给体制和需求体制，细分产业体制的类型可以更准确地刻画中国产业体制改革的特点，解决现有文献将制度"黑箱化"的问题。针对产业创新体系在分析微观经济行为方面的弱点，本章还将利用契约和博弈论等分析工具加以弥补。

第三节　数据收集方法

本章所用资料主要来自作者团队对铁路行业的全景式调研。[1] 调研主要分为两个阶段。第一阶段调研的持续时间为 2015 年 7—12 月，调研的重点是高铁装备制造业的技术创新，包括高速动车组核心系统提供商株洲所和铁科院及其所属机车车辆研究所（北京纵横机电技术开发公司），以及四方和长客两家高速动车组整车企业。通过本阶段的调研，本书作者团队对国产高速动车组的研制情况有了较为全面的了解，同时也认识到，要完整解释中国高铁技术赶超，还必须进一步掌握装备制造商与市场需求方和其他技术创新主体互动的相关信息。因此，作者团队于 2016 年 3—7 月开展了第二阶段的调研。调研对象可分为四个类别：（1）铁路运输服务提供商，包括铁总、太原铁路局、成都铁路局、京福客运专线安徽有限责任公司；（2）装备制造企业，包括株洲所（二次调研）、四方（二次调研）、唐车、株机、戚墅堰所、四川西南交通大学铁路发展股份有限公司（铁发公司）、成都运达科技股份有限公司（运达科技）和铁建重工集团股份有限公司（铁建重工）；（3）科研、试验机构，包括铁科院（二次调研）、西南交大、中南大学、大西高铁中国标准动车组试验指挥部；（4）铁路工程建设、勘察设计企业，包括中铁二局集团有限公司和中铁二院工程集团有限责任公司。

惯常的调研过程如下：（1）实地调研前留意收集被调研对象的信息，拟定访谈提纲并发给调研对象，请求预先准备文字材料（如企业年鉴、厂志、会议纪要、公告和年报、内部刊物、技术文件、宣传材料等）；（2）实地走访、体

---

[1] 此外，作者团队还通过聘请北京交通大学等机构的专家进行辅导，参加铁路行业博览会，研读铁路专业书籍、各国高铁发展史和技术专家回忆录等方式了解必要的高铁相关知识，与调研资料形成相互补充、印证。

验研发实验室、设计工作室、试验平台、仿真系统、制造车间、培训平台、维修和调度中心等现场，与一线工作人员交流，加深对现实情况的了解；（3）与高级技术人员和管理人员进行半结构式小组访谈，先请受访对象根据粗线条的访谈提纲介绍相关情况，尽可能还原决策情景和决策依据，逐步聚焦高铁创新的关键问题，再通过问答式互动证实或证伪理论假说；（4）调研后针对不甚清晰之处，还通过多种方式回访、补充资料，力求相关信息资料全面、准确。

总体而言，在为期一年多的时间内，本书作者团队滚雪球式地调研了中国高铁产业链各环节，共计调研了18家业内各类机构，累计完成了37次小组访谈，受访对象超过200人、300人次。直到调研所获得的边际信息资料锐减，且不同的独立主体所提供的信息足以交叉验证形成完整的证据链，作者团队认为已经较为充分地掌握了研究所需的基本事实。在调研期间，资料整理、数据分析和学术提炼工作同步进行，与调研数据收集形成迭代。

第四节　中国高铁产业创新体系的基本特征分析

本节回答的问题包括：铁路体制变迁的基本事实是什么？哪些关键行为人的决策受到铁路体制变革的影响？铁路技术的基本特征是什么？

（一）铁路产业基本制度：特殊性与一般性

铁路体制是中国产业体制变革的缩影。新中国成立之初，为快速发展社会生产力和应对外部风险，确立了在一个落后的农业国建立独立工业体系和国民经济体系的战略。从"一五"计划开始，国家逐步建立由一个专业中央部委（局）对一个行业内的企业、基本建设项目、物资、计划、财务、劳动工资和技术改造等进行"条条管理"的计划体制。在高峰时期，中国一度设有20余个行业性中央工业管理部委，对全国绝大部分的工业行业实行计划管理。[1] 这种经济集权体制取代了市场机制，提高了对稀缺资源的动员能力，与快速建立工业体系的目标相适应，但过于集中造成组织成本过高而缺乏微观效率。[2] 改革开放后，中国产业体制改革的主线是从产业集权体制向产业分权体制转轨，主要方式如下：撤并、转制、降格行业性工业管理部门，组建综合性工业管理部门，拆除了产业集权体制的组织基础；分步将行业性工业管理部门或其所辖的经营部门改制为实体企业，再推动政企分离，将政府直接经营的企业推向市场而成为市场主体；取消物资计划，下放投资项目审批权，培育起反映市场供求关系的价格信号。这一中国式产业分权改革是将企业、资源、产品的配置权及技术路线的选择权，从政府部门逐步让渡至市场经济机制，不断提升市场在资源配置中的作用，[3] 同时在关键领域保留政府发挥积极作用的余地。铁路行业是中国最早建立的计划部门，遍历了上述体制演进的全过程。[4] 后文将详述中国产业体制改革对铁路体制的影响。

铁路体制还具有鲜明的行业特色。第一，铁路建设需要巨大的固定资本投入，且通常在生命周期内无法全部回收而变为沉没成本，极高的进入壁垒

---

[1] 参见汪海波《新中国工业经济史》，经济管理出版社，1994；马泉山：《新中国工业经济史（1966—1978）》，经济管理出版社，1998。虽然计划经济时期在中央和地方之间做过若干次工业管理权限的调整，但都没有改变工业的计划体制。

[2] 对此，党的文献中的表述是"现在我国经济管理体制的一个严重缺点是权力过于集中，应该有领导地大胆下放，让地方和工农业企业在国家统一计划的指导下有更多的经营管理自主权"。参见1978年12月12日通过的《中国共产党第十一届中央委员会第三次全体会议公报》。关于指令和市场关系的经济解释，参见 Coase, R.H., "The Nature of the Firm", *Economica*, 4（16），1937；Williamson, O.E., "The Economics of Organization: The Transaction Cost Approach", *American Journal of Sociology*, 87（3），1981。

[3] 改革开放后，官方文件对市场在资源配置中的作用先后经历了如下几个阶段的不同表述："计划经济为主，市场调节为辅"（1982年党的十二大），"有计划的商品经济"（1985年党的十二届三中全会），"计划经济与市场调节相结合"（1989年党的十三大），"在社会主义国家宏观调控下对资源配置起基础性作用"（1992年党的十四大），以及"在资源配置中起决定性作用"（2013年党的十八届三中全会）。

[4] 1949年1月，中国人民革命军事委员会铁道部（军委铁道部）成立。1949年10月1日中央人民政府成立后，军委铁道部改组为中央人民政府铁道部，作为国家机构对全国铁路事业实行归口管理。

使得铁路行业具有自然垄断性。[1] 第二，铁路建成后，边际运输成本较低，且随着铁路网络规模（里程、站点、线路）或运输量（人次、吨公里）的增加而加速下降。[2] 在高固定投入、低边际成本的产业，当需求量突破"最小有效规模"后将出现需求侧的规模报酬递增性，因而存在网络经济。[3] 第三，复杂的铁路行业由多个技术和资产互补的子系统构成，各子系统的投资价值不仅取决于其自身，还取决于互补系统的匹配度。[4] 这些特点决定了在特定的发展阶段，资源的集中动员和协调能力至关重要，高强度的投资和集中运营有利于发挥铁路的技术经济潜力。但铁路建设的巨大沉没成本，导致社会成本与私人成本不一致而出现集体行动悖论。[5] 在金融体系远不发达的发展中国家，大规模的铁路投资常依赖于公共部门与公共政策。[6] 因此，当中国铁路行业贯彻落实全国统一的产业分权改革时，铁路的自然垄断性、规模报酬递增性和技术互补性使铁路体制存在路径依赖，[7] 在不同发展阶段形成了国家体制和铁路体制交织的体制组合。识别这些体制组合是高铁产业创新体系研究的逻辑起点，也是后文辨析中国高铁创新经验一般性和特殊性的关键。

1　参见 Baumol, W.J. and R.D.Willig, "Fixed Costs, Sunk Costs, Entry Barriers and Sustainability of Monopoly", *The Quarterly Journal of Economics*, 96（3），1981.

2　以京沪高铁为例，平均建设成本约为 1.67 亿元/公里，而二等座的基准价格仅为 0.42 元/公里。

3　参见 Tirole, J., *The Theory of Industrial Organization*, Cambridge：The MIT Press, 1988; Shapiro, C. and H.R.Varian, *Information Rules: A Strategic Guide to the Network Economy*, Boston：Harvard Business School Press, 1999.

4　参见 Arthur, W.B., "Complexity and the Economy", *Science*, 284（5411），1999; Shapiro, C.and H.R.Varian, *Information Rules: A Strategic Guide to the Network Economy*, Boston：Harvard Business School Press, 1999.

5　参见 Olson, M., *The Logic of Collective Action: Public Goods and the Theory of Groups*, Cambridge：Harvard University Press, 1956.

6　政府大规模投资铁路建设，是 19 世纪美国、英国和法国等工业化国家产业政策和发展战略的重要实践经验，也是后发优势理论的主要来源。参见 Gerschenkron, A., *Economic Backwardness in Historical Perspective: A Book of Essays*, Cambridge：Belknap Press of Harvard University Press, 1962; Dobbin, F., *Forging Industrial Policy: The United States, Britain and France in the Railway Age*, Cambridge：Cambridge University Press, 1994.

7　参见 David, P.A., "Clio and the Economics of QWERTY", *The American Economic Review*, 75（2），1985; North, D.C., *Institutions, Institutional Change and Economic Performance*, Cambridge：Cambridge University Press, 1990; Arthur, W.B., "Complexity and the Economy", *Science*, 284（5411）.

（二）高铁产业的行为人：低进入退出与高动态均衡

中国拥有百余年的铁路发展史，特别是新中国成立后，全国铁路行业实现了"一盘棋"，形成了完整的行为人网络。图4-2的横轴是铁路产业链的不同环节。从横截面看，各环节的主要行为人如下。第一，以中国中铁和中国铁建为代表的铁路工程建设者，继承了全国铁路工程建设的绝大部分勘察设计与工程建设资产和团队，也承担了绝大部分铁路（含高铁）工程建设项目。第二，以中国中车为代表的装备制造企业。铁路装备是一条以整车厂为龙头、以系统供应商为骨干、以大量零部件供应商为配套的多级供应链体系。第三，以中国通号为主导的通信信号系统供应商。铁道通信信号系统与铁路网络类似，也具有自然垄断性和网络经济特征。第四，以铁路局为主的铁路客货运服务商。作为铁路工程和装备的需求者，铁路运输组织方式是市场需求结构的决定性因素。第五，铁路系统的科研机构。它们所积累的知识、人才、试验验证平台，是中国高铁产业创新体系的重要组成部分。

图4-2的纵轴清晰地反映了新中国产业体制演进的主要阶段，其在铁路行业的表现如下。组建之初的铁道部[1]内设有设计总局、工程总局、厂务局、运输局、科技司等职能司局，对专业领域实行垂直计划管理，司局之间横向行政性协调全国铁路行业，形成了"横向到边、纵向到底"的计划体制。20世纪80年代后，在国家"搞活微观"的改革目标下，一批承担经营职能的司局先后改制为实体企业，形成了中国中铁、中国铁建、中车公司、中国通号、中土公司等部属国有企业；在20世纪90年代后期的政企分开、主辅分离和建立现代企业制度的改革目标下，特别是在2000年后建立统一国资监管体制阶段，铁道部

---

[1] 2013年3月，按照政企分开的原则，铁道部改组为中国铁路总公司（铁总）和国家铁路局。前者承担铁道部的企业职能，后者承担铁道部拟定铁路发展规划和政策的行政职责并接受交通部管理。2017年11月，铁总所辖18个铁路局全部完成公司制改革，2018年12月中国国家铁路集团有限公司获工商核准，标志着铁总向公司制改革获得实质性突破。

非运输主业的部属国有企业先后脱钩，[1] 被整体划至国务院国资监管部门管理，切断了与铁道部的行政隶属关系。[2] 同期，部属高校也与铁道部脱钩。

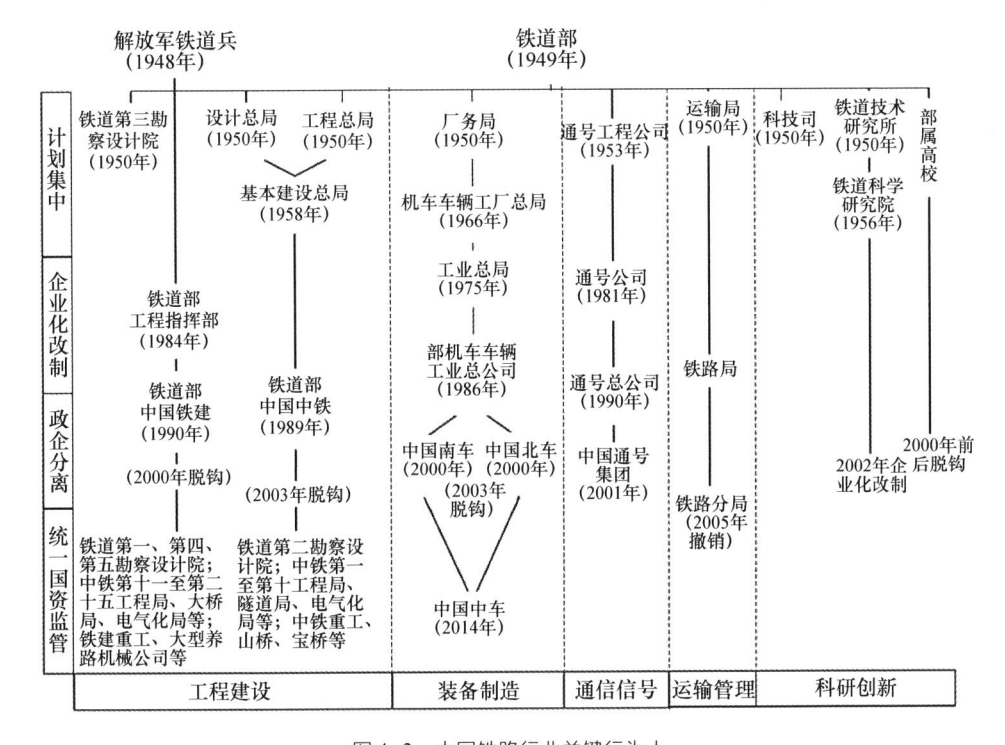

	解放军铁道兵 (1948年)			铁道部 (1949年)					
计划集中	铁道第三勘察设计院 (1950年)	设计总局 (1950年)	工程总局 (1950年) ↓ 基本建设总局 (1958年)	厂务局 (1950年) ↓ 机车车辆工厂总局 (1966年) ↓ 工业总局 (1975年)	通号工程公司 (1953年)	运输局 (1950年)	科技司 (1950年)	铁道技术研究所 (1950年) ↓ 铁道科学研究院 (1956年)	部属高校
企业化改制		铁道部工程指挥部 (1984年)		部机车车辆工业总公司 (1986年)	通号公司 (1981年) ↓ 通号总公司 (1990年)	铁路局			
政企分离		铁道部中国铁建 (1990年) (2000年脱钩)	铁道部中国中铁 (1989年) (2003年脱钩)	中国南车 中国北车 (2000年) (2000年) (2003年脱钩)	中国通号集团 (2001年)	铁路分局 (2005年撤销)		2002年企业化改制	2000年前后脱钩
统一国资监管		铁道第一、第四、第五勘察设计院；中铁第十一至第二十五工程局、大桥局、电气化局等；铁建重工、大型养路机械公司等	铁道第二勘察设计院；中铁第一至第十工程局、隧道局、电气化局等；中铁重工、山桥、宝桥等	中国中车 (2014年)					
	工程建设			装备制造	通信信号	运输管理	科研创新		

图 4-2 中国铁路行业关键行为人

资料来源：作者绘制。

居于上述行为人网络核心的是铁道部。在 2013 年 3 月被分拆改革前，铁道部身兼全国铁路事业的主管机构（"官"）和全国铁路运输服务商（"商"）的双重身份。作为"官"，铁道部的行政管理职能在产业分权改革中不断收缩；作为"商"，铁路运输一直被界定为铁道部的主业，在历次改革中都没

1　1998 年国务院办公厅印发《铁道部职能配置、内设机构和人员编制规定》，确定了铁道部"实行政企分开"，下放生产经营权责；减少和弱化计划、项目的直接管理；铁路局、工程局、工厂作为企业法人实体和市场竞争主体，自主经营、独立核算、自负盈亏；企业生产管理职能，从铁道部机关划出，等等。

2　2003 年国务院国资委成立后，最初由其履行出资人职责的近 200 家中央企业中，有相当数量是由国家工业部委（局）企业化改革改制而来。

有改变其垂直管理的架构。在"商"的层面，铁道部与其所辖铁路局是母公司与全资子公司之间的管控模式，使得铁道部对铁路运输组织方式的调整具有较大的自主权。铁道部的"官""商"双重身份引发了一个具有争议的问题：在高铁技术创新中，铁道部"官"的行政职能体现在哪些方面，"商"的作用又如何体现？这一问题不仅关系到研究的重点，而且关系到如何评价政策的作用。后文尝试加以区分。[1]

上述铁路体制的特色决定了铁路产业具有低进入退出和高动态均衡的特点。一方面，各细分领域的行为人长期进行资产、团队、市场和技术投资，构筑了极高的进入壁垒，避免了无序竞争；另一方面，中国铁路行业长期实行垂直分工，即使受到国家强制性体制改革的冲击，极强的资产和技术互补性使得行为人网络能够快速形成新的协调机制，表现出较高的动态均衡性。

（三）高铁技术的两个经济学属性

按照行业惯例，高铁技术分为勘察设计技术、工程建造技术、装备制造技术和信号控制技术四类。从契约理论看，高铁技术具有两个突出特征。[2] 首先，技术能力具有积累性和专用性，需要行为人进行长期的技术投资，并且这些投资容易被锁定于特定的交易而具有专用性。技术进步还具有不确定性，造成行为人的有限理性，再加上约定和证实技术能力变化存在成本和困难，导致行为人之间的技术创新契约具有不完全性，在事后重新谈判时面临被交易对手"敲竹杠"的风险，造成事前技术投资激励不足。其次，四类技

---

[1] 需要说明的是，即使铁道部作为"商"，也是公共服务提供商，所提供的铁路运输服务具有很强的公益性，与一般的私人企业有本质区别。

[2] 参见 Holmstrom, B., "Moral Hazard in Teams", *Bell Journal of Economics*, 13 (2), 1982; Fama, E. F., "Agency Problems and the Theory of the Firm", *Journal of Political Economy*, 88 (2), 1980; Grossman, S.J. and O.D.Hart, "The Costs and Benefits of Ownership: A Theory of Vertical and Lateral Integration", *Journal of Political Economy*, 94 (4), 1986; Tirole, J., *The Theory of Industrial Organization*, Cambridge: The MIT Press, 1988; Hart, O.D. and J.Moore, "Property Rights and Nature of the Firm", *Journal of Political Economy*, 98 (6), 1990.

术之间具有强互补性，彼此之间通过终端用户需求、界面接口、行业标准和技术规范等加以集成，使得各行为人在事后再谈判时，面临被多个交易对手"敲竹杠"的风险而造成系统性投资激励不足。

理论上可通过企业纵向一体化等解决"敲竹杠"问题，[1] 然而在国家强制性产业分权改革的背景下，纵向一体化显然有悖于国家产业分权改革的大趋势而不具备可行性。如何解决行为人专用性技术投资激励不足的问题，无疑是高铁技术赶超研究的重点所在。

第五节 中国高铁产业创新体系的动态演进

中国高铁技术赶超历程可以分为三个阶段：2004 年之前为高铁技术独立研发阶段，2004—2008 年是引进消化吸收阶段，2008 年之后是自主再创新阶段。[2] 下文将严格按照产业创新体系的框架结构，分析三个阶段高铁产业创新体系的演进。[3]

（一）独立研发阶段（2004 年之前）："双分权"体制下的专用性技术投资激励不足

中国产业体制改革发轫于 20 世纪 80 年代，突破口是推广农村家庭联产承包责任制改革的经验，通过"放权让利"提高微观企业的经营活力。在需求体制分权改革方面，1986 年铁路行业推行"双重包干制"后，高度集权的

1　参见 Klein, B., R.G.Crawford and A.A.Alchian, "Vertical Integration, Appropriable Rents and the Competitive Contracting Process", *Journal of Law and Economics*, 21（1），1978；Williamson, O., *The Economic Institutions of Capitalism: Firms, Markets, Relational Contracting*, New York: Free Press, 1985.
2　根据研究问题的需要，这里将第二章第二节对中国高铁技术赶超历程的四个阶段划分中的后两个阶段，也即 2008—2012 年的正向设计能力形成阶段和 2012 年之后的自主知识产权和中国高铁标准建设阶段合并为 2008 年后的自主再创新阶段。
3　技术进步具有累积性，此处分阶段研究中国高铁的技术进步只是分析所需，并不表示高铁技术能力是割裂的。

计划体制开始"破冰":该年年初国务院批准了铁道部实行"投入产出、以路建路"的"大包干"方案,[1] 改变了铁路建设投资完全依靠财政投入、运营收入全部上缴中央财政的模式;年底铁道部向各铁路局推行"小包干"方案,执行"清算单价、收入分成、多超多得、调节平衡"的内部双挂钩清算法,[2] 中国铁路运输价格机制开始发育。"大包干"方案重新界定了国家与铁路主管部门之间的经济关系,铁路行业初获剩余索取权;以"大包干"为基础,"小包干"强化了铁路局追求经济效益的激励,追求所辖区域内运输市场、线路、资产经营收益和政策资源的最大化,成为谋求行业发展的"第一行动集团"。[3] 在供给体制分权改革方面,20世纪80年代后铁道部内设的部分经营性业务司局改制为部属国有企业,党的十五大后全国掀起了产业主辅分离的改革大潮,铁路产业链上下游企业逐步从计划协作关系变成市场交易关系,产业链同一环节的同业企业由"兄弟"企业变成了相互竞争的"友商"。因此,可将这一阶段铁路体制改革概括为需求体制分权和供给体制分权("双分权")。

再看行为人的激励结构变化。除试验性质的秦沈客运专线外,这一阶段中国没有大规模修建和运营高铁,"双分权"改革的影响集中体现在铁路装备制造领域。具体而言,作为"双分权"改革的延续和深化,1996—1997年的两项分权改革举措对装备制造市场结构和企业的激励结构产生了明显影响。在需求体制方面,铁道部将铁路机车装备采购权下放至铁路局,导致市场需求集中度急剧下降。在供给体制方面,铁路装备工业打破了计划体制,开始

---

[1] "投入产出"是指国家与铁路行业之间进行财权再调整,即铁路行业将年营业收入的5%上缴中央财政后,其余收入由铁路部门保留。"以路建路"是指国家与铁道部之间(部分)事权的再调整,即明确了铁路部门经营铁路、建设铁路的主体地位。

[2] 铁道部制定了《铁路局经济承包责任制实施方案》,与铁路局实行"六包",即包运输任务,包营业铁路改造的基建项目和新增运输能力,包运进款收入,包上缴税金和铁路建设资金,包安全,包质量。

[3] 虽然铁路部门后续制度有所调整,但是由"双重承包制"所开启的分权路径一直延续了下来。参见彭开宙《铁路局实行资产经营责任制后经营管理模式的探讨》,《铁道经济研究》1999年第2期。

实行招投标制度。[1] 在原来高度集中的计划体制下，整个铁路装备工业类似于一个超大型企业，制造企业的功能可化约为"按部就班安排生产"的车间，技术来源于上游专业研究设计机构或者"兄弟企业"之间近似无偿的技术平移，企业内部研发十分薄弱。实施招投标制度后，装备制造企业之间形成市场竞争关系，企业内部开始建立起"一切围绕市场"的新型管理制度，加强技术研发的激励明显强化。市场需求的特征成为决定企业技术投资决策的关键。通过整理当时国产（准）高速列车研制资料（见表4-1），可发现这一时期在铁路局的主导推动下，铁路装备市场需求呈现"用户散、厂商多、批量小、技术杂"的碎片化特点：全国约十个铁路局或（中央部委）委托了高速动车组的研制，[2] 大量工业企业、科研院所参与其中，产业集中度十分低下；单个需求方的需求量小，众数为1列，最大值为8列，即使按照同型号加总的最大需求量也仅为10列；没有形成主导技术路线，比如动力集中与动力分散比例为2∶1，电力动车组和内燃动车组占比"六四开"，列车之间的弱替代性进一步压低了市场集中度。

表4-1　　　　　　　独立研发阶段中国高铁技术与行为人

	动力方式	数量（列）	需求方	研制方
集中	DDJ1型高速电力动车组（"大白鲨"）	1	国家科技攻关项目	株机厂、株洲所联合研制
	DJJ1型高速电力动车组（"蓝箭号"）	8	广铁集团	株机厂和长客厂
	DJJ2型高速电力动车组（"中华之星"）	1	国家科技攻关项目	南车、北车联合攻关

1　招投标制度对铁路工业企业带来的深刻影响，可以参见时任株机厂厂长赵小刚的回忆录。赵小刚：《与速度同行——亲历中国铁路工业40年》，中信出版社，2014。

2　三类铁路局对铁路提速的需求较强烈：面临替代性客运方式快速发展竞争压力的地区（如珠三角地区），经济快速发展后铁路客运供不应求的地区（如长三角地区），以及消费升级（如观光旅行）对铁路客运服务提出更高要求的地区。当然，铁道部对全行业提高客运质量的需求也做出了积极响应，先后进行了数次铁路大提速。第四次大提速后，个别铁路局（公司）的个别线路（如广深线）才首次达到了准高铁客运的标准。

续表

动力方式		数量（列）	需求方	研制方
分散	KDZ1A 型准高速电力动车组（"春城号"）	1	昆明局	长客厂、株洲所
	DJF1 型准高速电力动车组（"中原之星"）	1	郑州局	株机厂、四方厂、株洲所
	DJF2 型高速电力动车组（"先锋号"）	1	成都局	浦镇厂
	DJF3 型高速电力动车组（"长白山号"）	2	沈阳局	浦镇厂、上海铁道大学、铁科院、株洲所
NZJ 型双层电传动内燃动车组（"庐山号"）		2	南昌局	唐车厂
NYJ1 型内燃动车组（"九江号""罕露号""晋龙号""北海号""神华号"）		5	南昌局、呼和浩特局、太原局、柳州局、神华集团	四方厂
NZJ1 型准高速内燃动车组（"新曙光号"）		1	上海局	浦镇厂、戚墅堰厂
NZJ2 型内燃动车组（"神州号"）		1	北京局	大连厂、长客厂、四方厂
25DT 型内燃动车组（"金轮号"）		1	兰州局	大连厂
高速摆式柴油动车组（"普天号"）		1	国家科技攻关项目	唐车厂、大连厂、浦镇厂、铁科院、西南交大

注：DJJ 意为"电力动车组、交流传动、动力集中"，DJF 意为"电力动车组、交流传动、动力分散"。

资料来源：作者整理。

在技术层面，需求碎片化加剧了技术创新契约的不完全性，严重抑制了企业进行专用性技术投资的激励。首先，市场需求不确定和技术路线不明晰，加大了单个企业的高铁专用性技术投资沦为沉没成本的风险，造成企业事前激励不足。更为严重的是，对于高铁这一典型长产业链的复杂装备制造业，技术集成越重要的行为人（如整车企业和关键系统供应商）所进行的专用性技术投资越大，其投资激励越不足，导致高铁行为人网络的关键协调者缺位。

这又进一步将技术创新的投资风险层层传递至各级供应商。其次，市场需求碎片化导致交易频率低，装备制造企业与铁路局的每次交易都要重新谈判，难以形成有效的交易治理结构，交易成本居高不下。这种短期化的交易接近古典契约，自我实施能力不强。再次，在装备制造企业内部，因高铁订单批次少、批量小而难以形成规模经济，企业将要素从传统铁路（普通铁路、地铁）业务转向研制高铁的激励不足。最后，行为人为分散高铁专用性技术投资的风险，通常采用技术联盟方式，那么在整车企业投资集成技术激励不足的情况下，技术联盟反而造成了全系统科技资源的分散。概言之，市场需求碎片化是造成企业专用性技术投资不足的直接原因，但根本原因可归结为"双分权"体制。

同时，铁路行业高校、科研院所科研人员的激励结构与科研项目直接挂钩，成为这一时期高铁技术知识生产的主要场所。以西南交大为例，其牵引动力国家重点实验室建有国内最重要的台架试验平台，承担了国内几乎所有重要的高铁新装备的研发试验任务。该实验室为满足中国高铁技术发展的需要，多次追加试验平台投资，在中国高铁技术能力距离全球前沿技术尚有较大差距的情况下，率先形成了世界领先的台架试验能力。[1] 然而，高校和科研院所只能进行零件级和部件级产品的开发和小试，系统级和总装级技术则依赖于装备制造企业。在高铁技术进步的重心在高校和科研院所而非企业的情况下，中国高铁装备系统级和总装级制造技术发育不足而出现或然情况（contingencies）：当高铁装备出现故障时，即便专业技术人员或第三方机构也难以快速、准确甄别故障的原因是整车企业的集成工艺技术不过关，还是各

---

[1] 该实验室从最早的单轴试验台，逐渐扩建为两轴、三轴、四轴整车试验台和六轴整车参数试验台，以及完成中国高速列车主要大型试验的情况，可参见沈志云《我的高铁情缘——沈志云口述自传》，湖南教育出版社，2014。

级供应商提供的零部件存在质量缺陷。[1] 这加剧了供应链上下游企业之间契约的不完全性，降低了企业进行专用性技术投资的激励，造成了高铁装备质量控制难的恶性循环。譬如，汇集了国内铁路行业"官产学研用"核心力量研制的"中华之星"，代表这一阶段国产高速动车组的最高技术水平，于2002年11月27日的冲刺试验中创造了时速321.5公里的纪录，但在2002年和2003年的一系列试验中，该动车组出现过数十起严重威胁运营安全的A级故障，充分暴露了制造技术短板所造成的质量控制重大缺陷，难以满足铁路运输部门大规模安全运用的需求。

归纳起来，在"双分权"体制之下，高铁装备市场需求碎片化导致企业专用性技术投资激励不足，导致了高铁技术"双向失联"：纵向上集成企业与各级供应商联合技术攻关失联，国产高铁装备因质量缺陷尚不具备产业化和商业化运用的能力；横向上由于中游高铁装备制造技术不成熟，导致上游勘察设计技术、工程建造技术以及下游信号控制技术都缺乏技术接口，四大技术失联因而难以形成高效能的技术体系。

不难发现，上述高铁产业创新体系失灵的问题具有典型性，为我们从体制层面深刻认识中国产业的创新发展提供了绝佳样本。在计划体制下，技改是计划管理的内容之一。改革开放后，各行业在"搞活微观"的目标之下进行分权改革，甚至大量承担行业共性技术研发的科研机构转制为独立核算的企业，原本由计划协作的行为人变成了分散的技术"孤岛"。从此意义上讲，体制改革面临着强化短期经济激励与推进长期技术进步的"两难"。我们不妨将其称为产业技术创新的"体制悖论"。一般而言，消费品工业的技术复杂度低，取消计划管理更早，并且全球市场一体化程度更高，因而较为容易打破"体制悖论"，装备制造业则相反。这可能是中国消费品工业技术进步

---

[1] 2015年8月作者团队在四方调研时，该公司一位高级技术专家提到，高速动车组80%的质量问题与零部件相关。因此，解决零部件的质量问题对动车组的质量控制至关重要。

总体上快于高端装备制造业的体制性原因。如何在不断深化的体制改革中重构产业创新体系，成为决定高端装备制造业技术创新的关键。这也引导我们继续从体制改革入手，探寻中国高铁打破"体制悖论"的经验及其理论含义。

（二）引进消化吸收阶段（2004—2008年）：供给分权、需求集权与强化激励

进入21世纪后，中国铁路运输依然难以满足经济社会发展和人们出行需求快速增长的需要，成为制约经济社会发展的瓶颈。[1] 同时，铁路运输面临替代性运输方式（高速公路、民航）快速发展的激烈竞争，铁路客运高速化和货运重载化上升为国家发展战略。铁道部作为全国铁路事业主管部门（"官"），上报的《中长期铁路网规划》于2004年经国务院常务会议讨论通过，中国确立了建设客运专线里程1.2万公里以上的规划目标。从纵向比较看，该里程目标相当于上一阶段具有标志性意义的秦沈客运专线里程的30倍，数以千计的高速动车组需求比之前全国总计仅20余列的市场规模增长了数十倍。从横向比较看，该里程目标是已有40年高铁运营历史的日本的4.28倍，是法国的5.71倍，是德国的6.67倍，使得中国将成为全球最大的高铁市场。这一规划还具有超前性，即在物质文明尚不丰裕的情况下，便谋划为全国人民提供大范围具有公益性质的高速客运服务，充分体现了社会主义制度具有"集中力量办大事"的政治优势和制度优势。

如果说上述高铁发展规划主要是铁道部发挥"官"的职能，那么基于如下两点理由，我们认为，在高铁技术赶超实践当中，铁道部主要是以"商"的身份发挥作用。第一，随着产业分权改革不断深入，中国先后实施推进了

---

[1] 在铁路货运方面，2002年中国铁路里程约占世界铁路总里程的6%，完成的运输量（以吨公里计算）占世界的比重高达24%。在铁路客运方面，即便经过了三次大提速，2000年全国铁路客运平均速度仅为60.3公里；中国人均铁路乘车率仅为0.8次，不仅远低于日本（43次）、德国（19次）等发达国家，甚至低于印度（5次）和俄罗斯（3.8次）等发展中国家。

"国有经济战略性调整""抓大放小"和"建立针对大型国有企业的监管体制"。2003年国务院国资委成立后，铁道部部属的工程建设、装备制造、通信信号领域的龙头企业随即被划归至国务院国资委管理，标志着铁路行业"大一统"管理体制正式终结。此后，铁道部不再具备使用行政指令（"官"）干预脱钩企业的权限。如果铁道部在随后的中国高铁技术创新中发挥作用，也只能是发挥其"商"的主导作用。第二，从经济学意义上讲，中国确立高铁里程大规模发展目标后，标志着高铁技术发展不再停留在创新链前端的技术探索，而是要向后延伸至商业化环节，[1] 作为"商"的铁道部在后续中国高铁技术创新中可以发挥持久的作用。

回到当时的情境，作为"商"的铁道部所面临的决策问题可表述如下：在目标方面，铁道部实现高铁大规模运营需要大批量质量稳定、经济可行的高铁装备；在约束条件方面，受前述高铁装备技术"双向失联"的制约，国产高铁装备难以满足大规模高铁运营所需。由此，铁道部的理性决策，就是以最低的时间和经济成本实现中国高铁装备制造的技术赶超。铁道部有三种可选策略：（1）沿用独立研发模式，逐步解决本土技术缺陷，但时间成本高，难以及时满足大规模高铁运营所需；（2）借鉴中国诸多行业采用的"市场换技术"的做法，直接进口国外成熟高铁装备，时间成本低，但本土高铁技术和高铁产业链难以发展起来，不掌握核心技术和关键零部件，不仅初始成本和运维成本高，而且维修服务响应慢，高铁运营安全与效率缺乏自主性；[2]（3）采取介于两种策略之间的自主创新导向的引进消化吸收策略，即

---

[1] 至少从熊彼特开始，经济学家就区分了创新与发明之间的差别，参见 Fagerberg, J., "Schumpeter and the Revival of Evolutionary Economics: An Appraisal of the Literature", *Journal of Evolutionary Economics*, 13 (2), 2003.

[2] 一些国家和地区发展高铁就采用进口装备，如俄罗斯、土耳其和中国台湾地区。但中国台湾地区的高铁产业发展教训表明，在依赖于进口设备的情况下，即便是小规模的高铁运营，运维成本也将成为运营当局重负。更为重要的是，高铁运营对安全性和准点率要求极高，维修服务的及时响应至关重要。在此方面，外国企业的服务响应效率明显落后于本土企业。综合成本、安全和效率的考虑，铁道部选择发展本土高铁供应链。

利用引进技术发展本土高铁技术和供应链,同时达到快速提高供给质量和长期控制成本的双重目标,但面临着如何在当时的铁路体制下重构产业创新体系的挑战。铁道部选择了最后一种方式,在其能力范围内进行了体制调整,重塑创新行为人的激励结构。

针对前一阶段高铁市场需求碎片化造成企业技术投资激励不足的问题,铁道部以高铁装备需求方("商")的身份,对铁路需求体制进行了深度调整:将传统的"铁道部—铁路局—铁路分局—站段"四级管理模式缩减为"铁道部—铁路局—站段"三级管理模式,一次性取消了全部41个铁路分局的法人资格,大幅减少了市场需求主体的数量;上收了前一阶段下放至铁路局的铁路物资采购权,改为实行全路"集中规划、集中采购",再按照全路运力资源配置的需要分配至铁路局。据此,铁道部成为高铁装备市场的唯一需求方,从而将前一阶段需求分权体制转变为需求集权体制。鉴于这些举措是高度一体化的铁路运输服务系统内部类似于母公司与子公司关系的调整,不妨将其称为"软集权"。从技术上讲,裁撤铁路分局增加了站段的平均跨度,有利于发挥高速动车组的技术潜力。但从组织上讲,铁路运输组织是一个高度一体化的组织,根据创新型企业理论,[1] 铁道部的上述举措与提升组织能力、战略控制力和融资承诺高度一致,从而有助于推动长期的创新。归纳起来,本阶段铁路体制是由国家强制性供给体制分权和行业诱致性需求体制"软集权"所形成的体制组合(供给分权体制,需求集权体制)。

接下来的问题是:这些体制调整对高铁产业组织方式和技术创新的激励结构产生了什么影响呢?需求集权体制的建立为高铁装备供给体制的调整提供了条件。铁道部利用需求集权后强大的谈判能力,促成了三大国有整车企

---

1 Lazonick 系统研究了工业革命以来不同产业和制度情境下创新型企业的三方面行为共性。参见 Lazonick, W., "The Innovative Firm", in Fagerberg, J., D.Mowery and R.Nelson (eds.), *The Oxford Handbook of Innovation*, Oxford: Oxford University Press, 2006.

业（南车集团所属企业四方、北车集团所属企业长客和唐车）分别与三家国外高铁厂商（日本川崎联合体、法国阿尔斯通公司和德国西门子公司）开展高铁技术引进合作，共同构成这一阶段国内高铁装备制造技术进步的关键行为人。[1] 其他国内厂商则或为三大整车企业配套，或退出国内高铁市场。此后，在中国高铁装备制造业关键行为人之间形成了双重契约。针对不同契约特定信息与激励的机制设计，是这一阶段高铁技术进步绩效的决定性机制。

第一重契约是铁道部与三大国有整车企业之间"一对多"的高速动车组供货契约，核心问题是如何解决前一阶段整车企业专用性技术投资激励不足导致的装备质量控制难题。归纳调研获得的信息资料，如下机制发挥了关键作用。（1）铁道部进行了投资规模远高于装备制造企业的巨额高铁工程建设专用性投资。[2] 当交易各方都进行专用性投资时，交易契约便是关系型契约，[3] 比前一阶段的古典契约具有更强的自我履约能力。（2）在更多高铁线路陆续开工建设的情况下，铁道部向装备制造企业释放出未来订单的可置信信号，使得交易变成了动态博弈，引导企业追求专用性技术投资的长期收益。（3）国内装备制造企业能否在新兴的高铁市场形成技术优势，决定了企业的中长期绩效和员工福利。[4]（4）相互竞争的国外企业向中方企业转让技术，[5] 降低中方企业进行技术投资的风险，相应提高了技术投资的期望收益。但三

---

[1] 2004年6月17日，为快速突破中国高铁装备技术短板，铁道部开展了时速200公里级别的动车组技术引进招标。除三大整车企业外，青岛四方庞巴迪铁路运输设备有限公司也参与了技术引进，但该公司是中外合资企业，治理结构与三大国有整车企业明显不同，且车型和市场份额在后来的国内高铁市场中均难以与三大整车企业相提并论，因此，本章研究仅以三大整车企业为分析对象。

[2] 中国高铁工程建设投资约占全部高铁投资的80%，参见傅志寰《关于我国高铁引进与创新的思考》，《中国铁路》2016年第10期。

[3] 参见 Baker, G., R. Gibbons and K. J. Murphy, "Relational Contracts and the Theory of the Firm", *The Quarterly Journal of Economics*, 117 (1), 2002; Levin, J., "Relational Incentive Contracts", *The American Economic Review*, 93 (3), 2003; Halac, M., "Rational Contracts and the Value of Relationships", *The American Economic Review*, 102 (2), 2012.

[4] 据某整车企业一位受访对象回忆，企业在引进国外高铁技术之前职工每月只能领取数百元的基本工资，技术人才严重流失，进入高铁市场是"背水一战"。

[5] 包括外国零部件供应商向中方合作企业转让零部件技术。

大国有整车企业拥有各自的技术和动车组质量的私人信息而存在道德风险。对此，铁道部建立了相应的防范机制："择优而买"，引导三大国有整车企业开展技术赶超"锦标赛"，降低信息验证成本；主导建立起甄别高铁装备质量和性能的试验体系和评审机制，用科学客观的证据降低交易双方信息的不对称和或然情况发生的概率；通过高铁装备多轮采购，在动态博弈中引导企业建立起声誉机制，减少企业的机会主义行为。[1]

第二重契约是国内装备企业与国外企业之间"一对一"的技术转让契约，核心问题是如何防范国外企业利用其技术私人信息的道德风险，确保真正用市场换到技术。调研发现，如下机制发挥了关键作用。（1）"前期是厚积，引进是薄发。"受访技术人员普遍强调，独立研发阶段所积累的人才和本土技术能力是中方企业能够快速消化吸收外方技术的基础。中方企业针对前一阶段遗留的技术问题，向外国技术转让方提出技术需求，经技术转让谈判后固化在技术转让合同中，有效地在事前降低了双方信息的不对称性。[2] 中方企业根据外方转让的技术文件，通过和外方技术人员交流、联合国内科研院所有组织地对转让技术"解谜"，快速积累了高速动车组的设计理念、制造工艺、零部件选用的技术能力。（2）"先固化、后优化。"铁道部为确保高铁运营的安全和稳定，作为招标方要求中方企业必须严格按照技术转让合同学习外国高铁制造工艺，[3] 并由外方进行产品质量验收，确保中方企业的技术、

---

[1] 相似的，声誉在解决不完全契约造成专用性人力资本投资不足中的作用，可参见聂辉华《声誉、契约与组织》，中国人民大学出版社，2009年。

[2] 在技术转让谈判中，了解国外高铁技术情况的技术专家为国内企业提供了支持，保证了技术引进的效率和质量。

[3] 按照2004年铁道部的技术招标合同，这次技术引进招标共分为7个包，每包20列动车组，包括1列原装进口的原型车，2列进口散件在国内组装，其余17列要不断提升国产化比率，到最后1列国产化率要达到70%。招标合同各包的第1列车在国外原装，中方企业派员在现场学习，第2—3列车采用散件进口在国内组装。此后，外国技术转让方加速退出。在制造环节，早期大量甚至完全采用进口零部件，排除了零部件对产品质量的干扰，使国内企业能够集中精力学习国外转让的制造工艺，从而快速形成质量控制能力。根据技术引进合同，技术转让包括技术文件（含设计、制造和质量管理等）、人员培训、外方专家来厂指导等内容。

工艺和产品质量"与外国产品同一档次、同一水平",在此基础上再做必要的优化。(3)"技术转让实施评估。"铁道部作为招标方,对外方企业的技术转让、中方企业的技术学习、国产化替代的进度进行动态评估,以此作为中方向外方支付技术转让费的条件,促使中外企业激励相容,从而提高中外技术合作的意愿。无论是外方企业,还是中方企业的供应商,关系型契约的声誉机制再次促进双方履约。(4)"竞争仍然是重要的。"在供给分权和需求集权体制下,中国高铁市场是典型的买方市场,三大整车企业的占优策略是联合供应商开展合作创新,竞相提高动车组的供给质量。三大整车企业分属于南车集团和北车集团两大寡头集团,企业的技术竞争还传递至集团层面,加速了集团内部企业间的技术合作与知识扩散。[1]

上述"双重契约"促使中国高铁技术投资的重心从科研院所转向了装备制造企业,引导企业"改路线""补短板"和"建平台",从而以较低的时间和经济成本弥补了制造技术短板:(1)放弃了之前占主流地位的动力集中技术路线,转而采用国际上成熟的动力分散技术路线,显著降低了技术路线的风险;[2](2)弥补了中国高铁装备制造工艺和产品质量控制水平的短板,实现了一批质量稳定的高速动车组("和谐号"CRH1、CRH2、CRH3和CRH5)的批量供应,满足近期高铁运营所需;(3)本土装备制造企业并没有止步于掌握引进技术,而是以原型车为基础,着手建立起支撑自主技术创新的产品开发平台。[3] 该平台以成熟产品为原型,可通过参数调整设计出满足用户需求变化的新产品,而无须每次都重新设计和验证,显著提高了研发

---

[1] 例如,面对南车集团旗下四方的 CRH2 型动车组在技术和市场上竞争优势,北车集团旗下长客和唐车开展了 CRH3 型和 CRH5 型动车组的技术交流与合作。另外,2000 年中国铁路机车车辆工业总公司分拆为南车集团和北车集团时,为了形成有效竞争,在两个集团内部都保留了较为完整的产业链。因此,两个集团都采取了一些举措,促进集团内部产业链上下游企业的技术合作。

[2] 对动力集中技术和动力分散技术的优劣势仍有争议,国内少数企业坚持发展动力集中技术。此处仅限于说明在当时的技术经济条件下,动力分散技术相对成熟。

[3] 参见路风《论产品开发平台》,《管理世界》2018 年第 8 期。

效率。从此意义上讲，中国高铁的技术引进既是以弥补国内制造技术短板为目的，同时又是完善本土产业创新体系的手段。这种自主创新为导向的技术引进，是中国高铁跳出"引进—落后—再引进"追随者陷阱的关键。

那么，企业为什么要投资产品开发平台？调研发现，用户需求的持续升级发挥了至关重要的拉动作用。[1]（1）中国高铁运营的自然环境、工况标准、隧道限界、信号控制和标准等都具有地域特性，导致国外原型车在中国环境下运营存在大量适用性问题，必须加以优化才能与工程技术、控制技术兼容。（2）用户需求不断升级驱使企业加强新技术储备。引进技术后仅两年，2006年京沪高速铁路项目上马，确定了按照最高时速350公里、运行时速300公里的设计，明确发出对更高速度等级动车组的市场需求信号。国内整车企业必须尽快掌握更高时速的动车组制造技术，才能在未来的市场竞争中保持先发优势。而高速动车组大幅提速已远超外方转让技术的边界，且外方并不会转让其核心技术，中方企业必须自建产品开发平台。（3）为了培育本土技术和产业链，铁道部将国产化率作为评估本土企业技术能力的指标之一。中方企业为达到国产化率目标，必须确保国产零部件能够在技术上和经济上有效替代进口零部件，因而需要建立起验证零部件质量的技术体系。总之，企业为满足用户的运营需求、提速需求和本土化需求，逐步建立部件级（子系统）仿真验证平台和整车级设计平台。

产品开发平台的建立过程，可比喻成"看图纸—改图纸—画图纸"三个递进的阶段（见表4-2）。企业实践层面三个阶段的变化，可以与文献中关于本土技术能力的理论讨论建立起联系。在"看图纸"阶段，本土企业是在给定引进产品设计的前提下获取生产能力，或者是路风所指的亚成品层次的技

---

[1] 关于用户在产业创新中的作用，参见 von Hippel, E., "Lead Users: A Source of Novel Product Concepts", *Management Science*, 32 (7), 1986; von Hippel, E., "The Dominant Role of Users in the Scientific Instrument Innovation Process", *Research Policy*, 5 (3), 1976; 黄阳华、吕铁:《市场需求与新兴产业演进——用户创新的微观经济分析与展望》，《中国人民大学学报》2013年第3期。

表4-2　　　　　　　　产品开发平台建立的三个阶段：以四方为例

阶段	技术活动 外方	技术活动 中方	技术成就	机制设计	技术能力
"看图纸"	转让原型车图纸，技术培训	学习技术原理和设计体系，根据图纸对生产的指导，优化企业组织结构、生产设备、工艺布局、提升自动化水平	制造能力与产品质量提升	由铁道部和国外技术转让方双重评估	生产能力
"改图纸"	少参与	针对原型车在中国运行遇到的环境、人员、习惯等方面的不适应问题进行修改，先后进行101项适用性改造	建立部件级、子系统的仿真验证，可对修改的配件进行试验验证，积累数据，通过后正式修改原始设计，更新技术文档和制造工艺流程		初级技术能力：逆向工程能力
		为提高动力，短编组（8辆）改成了长编组（16辆），对网络进行改造			
		长编组改成卧铺，修改牵引动力设计；隔音降噪材料分析、验证、测试			
"画图纸"	未参与	从200公里级提速至300公里级，牵引、网络、车体系统提升，系统之间的协调导致结构性调整	建立系统级、整车级设计平台，对超出技术转让合同的技术改进加以仿真试验，积累数据，验证新的设计方案的技术经济可行性	铁道部和第三方机构评估	高级技术能力：正向设计能力

资料来源：作者整理。

术活动。[1] 这一阶段虽然看似简单，但是却是最为基础的，为后续将引进技术融入本土自主创新过程搭建了一个可供改进和迭代的产品原型。从"改图纸"阶段开始，本土企业开始对产品设计原理开展局部"解谜"活动，在解

---

[1] 按照路风关于产品开发平台的分类方法，这一阶段的技术活动也被称为亚成品层次的技术活动。

决产品的适用性问题过程中开始了产品层次的自主技术学习活动，获得了一种超出生产能力的技术能力，与后发国家技术赶超中常见的逆向工程能力类似，推动了产品向产品开发平台升级。在"画图纸"阶段，本土企业能够根据需求的重大变化，提出一个与最初方案显著不同的设计方案，并有能力（手段）对自主设计方案加以验证和优选。这种技术能力已经超越了初级的逆向工程能力，进入了高级正向设计能力阶段，[1] 标志着本土制造技术从"知其然"向"知其所以然"跃升。为适应产品研发平台建设的需要，企业对其内部研发组织进行了大刀阔斧的改造，促进了企业内部研发设计部门和制造部门的交流与合作，实现了从生产制造型企业向研发创新型企业的转型。上述三个阶段的变化表明：本土创新不仅需要创意，还需要以物理产品为创新载体；[2] 装备制造业本土技术能力建设是一个持续的、累积的过程；技术能力的升级要同步升级产品开发平台给予支撑。[3]

在商业化运营目标下，中国高铁工程建设、通信信号和运营组织等领域的关键行为人均实质性参与高铁产业创新体系中，促进了各类技术的协同进步。中国高铁装备制造企业利用在建的京津城际、武广高铁联调联试的机会，进行了多种运营条件下的现场试验，积累了大量珍贵的一手试验数据。这种利用新建高铁线路进行正线试验的条件在全世界范围内都是极为稀缺的，对促进高铁四大技术融合发挥了重要作用。得益于企业产品开发平台建设和现场试验的协同推进，中国高铁产业表现出惊人的技术学习效率，完成消化吸

---

[1] 参见吕铁、江鸿《从逆向工程到正向设计——中国高铁对装备制造业技术赶超与自主创新的启示》，《经济管理》2017年第10期。

[2] 相比于商业模式创新，装备制造业的技术创新具有重资产投资的特点。在流行"创意+风投"的社会环境下，同样需要营造鼓励实业企业坚守技术创新投资的信念。

[3] 此处对高铁装备制造企业的案例研究，为路风提出的"产品开发平台"概念模型提供了经验验证。参见路风《论产品开发平台》，《管理世界》2018年第8期。

收引进技术所用的时间仅为外方预估的一半。[1]

（三）自主再创新阶段（2008年之后）：产业创新体系的扩展与创新的惯例化

2008年后，随着中国产业体制基本成型，铁路体制也相对稳定下来。有所变化的是，更多路外行为人参与中国高铁创新体系中。追溯这一变化的体制起源，不可避免地要对以科技部和铁道部于2008年制定的"两部联合行动计划"[2]为代表的产业政策加以评估。虽然既有研究对此已有所涉及，但要得出准确的结论，仍须采用产业创新体系演进的视角。具体而言，政策评估内容包括体制、行为人和技术三个紧密关联的问题。

第一，政策的介入给铁路体制带来了什么影响？科技部门从项目支撑、理论支持、成果认定等诸多方面参与高铁技术赶超，改变了长期由铁路系统主导高铁技术赶超的情况。中国高铁创新体系由长期保持的行业内"市场—产业"二元制，拓展为开放的"市场—产业—科技"，有效解决了中国相当一部分行业存在的产业与市场脱节、科技与产业"两张皮"的问题。这种跨部门的政策协同，是这一阶段高铁技术创新体系的突出体制特征，意味着中国高铁创新超出了部门之阀而上升为国家战略，此后的高铁创新体制常被称作"举国体制"。

第二，三元制（或"举国体制"）给铁路行为人带来哪些变化？在政策和科研项目的激励下，路外科研机构成体系地参与高铁创新体系，从而形成了覆盖面更广的行为人网络。例如，在新一代高速列车（即"和谐号"

---

[1] 除了技术创新外，中国高铁运营管理部门对"怎么用好线路和车"进行了大量的组织创新和管理创新，包括调整资源布局、完善规章体系、优化运行计划安排，以及强化人员培训、日常组织和应急设备维修，等等。

[2] 2008年2月26日，科技部与铁道部共同签署"两部联合行动计划"，设立了加大自主创新力度、完善技术体系、增强自主创新能力、打造本土产业链和产业群四个方面创新目标。

CRH380 系列高速动车组）的设计、制造、试验过程中，包括中科院、清华大学、北京大学在内的国内 50 余家一流科研院所与高等院校，以及 50 余家国家级重点实验室和工程技术研究中心开展了广泛的技术合作。广泛的产学研协同创新保证了中国高铁产业得以便捷、有组织地配置全国的科技资源，形成了高铁基础研究、应用基础研究、应用研究相互促进的体系。此处需要强调的是，随着高铁技术创新对基础研究的需求不断增强，即使没有政策支持，用户需求的持续升级也会引导企业深入开展基础研究领域的产学研合作。[1]

第三，行为人网络的扩张对中国高铁技术赶超带来了什么影响？调研发现，这一阶段中国高铁技术的变化主要有两个方面。一是随着高铁网络在全国范围内延伸，高铁运用环境更加多样化，用户对谱系化高铁装备产品的需求不断增长，要求全产业围绕整车企业建立起紧密的产学研合作，促进了产品开发平台走向完善，并进一步带动本土产业链的升级。中国高铁装备制造企业以京沪高铁对时速 350 公里高速动车组的需求为导向，正向设计了 CRH380 系列动车组，标志着中国全面掌握了高速列车的九大关键技术和十大主要配套技术，形成了具有国际先进水平的关键部件、系统及整车试验能力。[2] 二是随着全国科技资源加速向高铁产业汇聚，一批国家级科技创新平台被建成，[3] 形成了固定设备和移动设备相结合、试验基地和正线试验相结合、实车试验和试验仿真相结合的试验检验平台，能够对高铁技术持续创新提供全生命周期的科研支持。相比于中国高铁技术创新的"举国体制"，"老牌"高铁强国（如德国和日本）主要依托装备制造企业自建试验检验平台，

---

[1] 在"两部联合行动计划"设立的十大重点课题中，企业投入是国家拨款的两倍。从中可以看出，企业已经成为产业创新体系的关键行为人。

[2] 以四方为例，该企业在研制 CRH380A 车型的过程中，先后建成了涵盖系统集成、结构强度、可靠性、电磁兼容、人机工程等领域的 17 个试验台。

[3] 中国铁路行业 19 个国家级科技创新平台中，有 12 个是这一阶段批准建设的，其中 7 个依托企业建立。

试验能力的发展面临较大约束。

企业产品开发平台和行业科研试验体系的建立，不仅将中国高铁装备技术进步带入了"快车道"，而且将高铁四大技术集成于统一的科研试验体系中，有效提升了各类技术的协同创新效率，缩短了新产品的研发周期，标志着中国高铁技术真正实现了技术赶超，开始在某些领域引领全球技术进步，为中国高铁技术自主知识产权和标准体系建设奠定了坚实的基础。这一时期的典型案例，便是时速350公里中国标准动车组（上线运营后定名为"复兴号"，以区别于之前的"和谐号"）的研制。在铁总自主化和统型等需求的主导下，中国标准动车组仅用4年便完成了立项、样车生产、运营考核试验和上线运行的全部研制流程。与之相比，德国最新的高速动车组（ICE 4）速度等级更低，立项更早，但研制周期超过中国两倍，商业运营晚于"复兴号"。两种车型研制效率之差，反映的正是两国高铁产业创新体系的效率差异。[1]

全面总结中国高铁产业创新体系演进的三个阶段（见表4-3），可以发现中国高铁成功实现技术赶超离不开三方面的因素：在中国强制性产业供给体制分权改革中，铁路需求体制的调整重塑了有利于技术创新的微观激励结构，对在市场经济条件下重构高铁创新体系至关重要；在全国统一的产业分权改革中，铁路产业的自然垄断性、报酬递增性及技术互补性，是铁路行业能够调整需求体制以促进创新的技术经济基础；中国政府顺应经济社会发展和人民群众便捷出行不断增长的需要，及时甚至超前地制定铁路发展规划，为发

---

[1] 按照相关技术规范，中国标准动车组作为新车型，在正式上线运营前需要完成60万公里的线路运用考核。铁总与国家发展改革委（主管全国基础设施规划和投资审批）等部门紧密合作，先后安排大西高铁、郑徐高铁、哈大高铁为中国标准动车组的运用考核提供试验线路，是中国标准动车组能够在短时间内实现商业化运营的基础条件。其中，仅大西高铁综合试验就长达80余公里。相比而言，"老牌"高铁强国以企业自建试验平台为主，几乎不可能大规模投资正线试验线路。即便这些国家对新车型的线路运用考核标准低于中国（如欧洲标准一般只需要40万公里），但企业缺乏试验线路的支撑，仍需要相当长时间才能完成。此外，2013年铁道部按照政企分开的原则被分拆后，承担企业职能的铁总牵头成功完成了中国标准动车组的研制与运营，这从另一方面证明了铁道部主要是以"商"的身份推动中国高铁的技术赶超。

挥市场需求的积极作用创造了必要的外部环境。这三方面的因素相辅相成，缺一不可。因此，虽然代表性研究倾向于将中国高铁技术赶超经验上升为一种"具有普遍性的中国特色创新模式"，但我们认为更需要重视其特殊性。

表 4-3　　　　　　　中国高铁产业创新体系分阶段演进的基本特征

	独立研发阶段 （2004 年之前）	引进消化吸收阶段 （2004—2008 年）	自主再创新阶段 （2008 年之后）
体制 改革 ↓	微观放活改革推动供给体制与需求体制"双分权"	国家强制性供给体制分权；行业诱致性需求体制"软集权"	科技部门介入，从"产业—市场"二元制发展至"产业—市场—科技"三元制（"举国体制"）
行为人网络 ↓	需求"碎片化"导致企业创新激励不足，技术进步依赖科研院所	铁道部确立大规模高铁建设目标，引导技术创新从科研院所向企业转移；引入国外企业	路外科研机构成体系地参与高铁产业创新体系，在全国范围内配置科技资源
技术 赶超	集成技术能力不足，高铁装备质量控制存在缺陷	利用引进成熟制造技术快速提高本土高铁装备制造能力，解决质量控制问题；投资产品开发平台	产品开发平台和试验体系走向成熟，形成正向设计能力和自主标准体系

资料来源：作者整理。

第六节　结论与讨论

本章立足于中国经济体制改革和产业创新发展的实践，基于高铁产业创新体系演进的全景式研究，对中国高铁技术赶超进行了历史与逻辑相统一的解释。中国高铁技术赶超是发挥中国特色社会主义市场经济条件下制度优势的典型案例，对中国探索建立新型举国体制具有重要的政策启示。

首先，应充分发挥市场需求在产业创新中的拉动作用。正如本章研究表明，市场需求在中国高铁技术赶超实践中发挥了基础性乃至决定性作用，政府政策在高铁发展的前期规划和后期产业化阶段发挥了积极作用，二者是相互补充、相互促进的关系，如果忽视市场需求的作用，则容易片面夸大政策在中国高铁技术赶超中的效果。中国作为世界上最大的发展中国家，如何通过改革持续释放内需潜力和利用消费升级整合科技创新资源，是构建中国特色产业创新体系的重要路径。因此，中国产业政策不仅要深化供给侧结构性改革，同时要善于利用需求升级对产业创新的拉动作用，特别是市场需求侧具有规模报酬递增性和网络经济效应的产业，如电网、通信网络、油气管网、新能源汽车充电桩网络、通用性基础软件，等等。[1] 如不具备这一必要条件，即便是同属于复杂产品系统的大飞机和汽车产业等，中国高铁技术赶超的经验也是有局限性的。与此相关，近年有研究认为，供给侧的产业和资本集中是"全球趋势"，而中国产业集中度过低不利于创新，主张提高产业集中度。[2] 但本章研究表明，在中国高铁技术赶超中发挥主导作用的是市场需求方因素，且中国铁路供给体制分权改革是推动企业开展技术创新"锦标赛"的必要条件，机械对标他国的产业集中度或所谓的"全球趋势"，至少不符合中国高铁技术创新的成功经验。

其次，应根据产业发展不同阶段的技术风险特征，处理好政府与市场的关系。2008年"两部联合行动计划"实施之际，中国已经基本掌握了高铁装备制造技术，且本土供应链初步形成，进入了投资风险相对较低的产业化阶段。这是产业政策取得成效的必要前提。相反，在中国高铁的独立研发阶段，中国也曾尝试通过科技攻关项目推动高铁技术研发，[3] 但在当时企业技术能力和本土供应链均不成熟的条件下，实际的政策效果是有限的，说明产业政策对技术赶超的效果与产业发展阶段密切相关。其他行业在借鉴中国高铁产

---

[1] 事实上，这些行业也是中国产业技术升级的重要领域，如特高压输电，4G/5G通信设备与标准，大容量储能，中文办公软件，等等。

[2] 参见周建军《全球产业集中和资本垄断大势》，《财经》2016年11月7日。

[3] 例如，"中华之星"的研制就列入"九五"国家科技攻关计划项目。

业发展经验前，应先评估其技术和产业发展阶段的风险特征，依据具体情况，立足发挥政策和市场在处理不同风险中的优势。误用产业政策不仅难以达到政策目标，还会带来严重的公共资源浪费，甚至可能扭曲市场的资源配置功能。

再次，应正确看待开放条件下引进创新与自主创新之间的关系。在产业创新体系的长期演进视角之下，中国高铁在独立研发阶段积累的人才和本土技术能力，是快速吸收消化引进技术的基础；引进国外成熟制造技术又为提升本土高铁技术能力、构建产品开发平台和培育本土产业链奠定了基础。可见，引进创新与自主创新并不是非此即彼的关系，而是相辅相成的关系。中国正在加快构建更高水平开放型经济新体制，完善国家创新体系应立足自主创新，同时努力用好国际国内两种科技资源，要让人类科技进步成果为我所用。

最后，应着力完善产业创新体系。中国高铁的经验表明，完善企业产品设计开发平台和行业性科研试验体系，有助于企业便捷地将用户需求转化为产品设计和制造方案，对提高供给质量和技术能力至关重要。中国的产业政策应从过去选择产品和产业转向完善设计开发平台、共性技术平台和公共试验平台建设，重点提升科技基础设施的支撑能力。中国高铁的创新经验还表明，产业链横向竞争和垂直合作对高端装备制造业的质量提升具有重要促进作用。因此，应按照竞争性领域鼓励充分竞争、合作领域促进紧密合作的原则，加快破除一些行业仍然存在的体制机制障碍，[1] 提高产业组织政策的精细化程度，着力营造鼓励企业提质升级和进行长期能力建设的产业生态。

本章研究对加快构建中国特色社会主义政治经济学和发展经济学也具有一定的理论启示。第一，中国在改革开放前形成了"条条管理"与"块块管

---

[1] 如低价中标采购制度。

理"深度交织的计划体制。对"块块管理"改革的研究形成了中国特色的财政分权理论。[1] 这一理论认为，中国的改革是将地方政府塑造为"在向市场经济的渐进过渡中扮演着主动谋取潜在制度净收益的第一行动集团的角色"。[2] 本章对中国高铁产业的研究表明，"条条管理"改革是将计划经济时期形成的国有经济部门逐步转变成主动谋取潜在创新净收益的第一行动集团，是中国改革的另一条主线。有必要在财政分权理论之外发展出产业分权理论，作为中国特色社会主义政治经济学的重要组成部分，为全面深化改革和完善社会主义市场经济体制提供完整的理论支撑。第二，政府是产业创新行为人网络的组成部分，其职能是构建有利于产业创新的激励结构和提高公共政策资源配置效率。这一政策观的核心问题可以表述为"什么时候使用产业政策"和"采用什么政策工具"，这相较于近年来中国一些学者仍停留在抽象的"政府—市场"二分法下的"要"还是"不要"产业政策的理念之争更具建设性，更适合作为"使市场在资源配置中起决定性作用和更好发挥政府作用"的理论基础。第三，将中国特色社会主义市场经济体制与创新发展研究结合起来，不断完善"中国特色产业创新体系"的理论，在产业领域大兴调查研究，可以更好地在学理上解读中国产业创新发展的实践，从而为发展经济学的创新积累必要的研究素材。

---

[1] 中国财政分权改革的研究已经形成了"维护市场的财政联邦主义"和"政治晋升锦标赛"两个代表性假说及实证研究，参见 Montinola, G., Y.Qian and B.R.Weingast, "Federalism, Chinese Style: the Political Basis for Economic Success in China", *World Politics*, 48（1），1995；Qian, Y. and B.R.Weingast, "Federalism as a Commitment to Preserving Market Incentives", *Journal of Economic Perspectives*, 11（4），1997；Xu, C., "The Fundamental Institutions of China's Reforms and Development", *Journal of Economic Literature*, 49（3），2011；杨瑞龙、杨其静：《阶梯式的渐进制度变迁模型》，《经济研究》2000 年第 3 期；Maskin, E., Y.Qian and C.Xu, "Incentives, Information and Organizational Form", *The Review of Economic Studies*, 67（2），2000；张军：《分权与增长：中国的故事》，《经济学》（季刊）2008 年第 1 期；周黎安：《中国地方官员的晋升锦标赛模式研究》，《经济研究》2007 年第 7 期。

[2] 参见杨瑞龙《我国制度变迁方式转换的三阶段论》，《经济研究》1998 年第 1 期。

第五章
政企系统集成能力共演化与中国高铁技术赶超

第一节 引言

复杂产品系统比大规模制成品的进入门槛更高,[1] 后发国家追赶更加困难。20世纪80年代,部分东亚、拉美国家在一些复杂产品系统领域追赶成功,[2] 引起了学界关注。不过,由于成功案例始终较少,迄今为止,复杂产品系统的技术追赶研究仍然局限于韩国、巴西、伊朗等极少数国家和产业。[3] 有限的研究表明,与大规模制成品不同,复杂产品系统的技术追赶高度依赖

---

[1] Davies, A., "The Life Cycle of a Complex Product System", *International Journal of Innovation Management*, 1 (3), 1997.

[2] Chudnovsky, D., M.Nagao, S.Jacobsson and F.Pinter, *Capital Goods Production in the Third World*, London: Palgrave Macmillan, 1983; Lall, S., "Exports of Technology by Newly–Industrializing Countries: An Overview", *World Development*, 12 (5-6), 1984; Teubal, M., "The Role of Technological Learning in the Exports of Manufactured Goods: The Case of Selected Capital Goods in Brazil", *World Development*, 12 (8), 1984.

[3] Choung, J.Y. and H.R.Hwang, "Developing the Complex System in Korea: The Case Study of TDX and CDMA Telecom System", *International Journal of Technological Learning, Innovation and Development*, 1 (2), 2007; Kiamehr, M., "Paths of Technological Capability Building in Complex Capital Goods: The Case of Hydro Electricity Generation Systems", *Technological Forecasting and Social Change*, 122, 2017; Kiamehr, M., M.Hobday and A.Kermanshah, "Latecomer Systems Integration Capability in Complex Capital Goods: The Case of Iran's Electricity Generation Systems", *Industrial and Corporate Change*, 23 (3), 2013; Lee, J.J. and H.Yoon, "A Comparative Study of Technological Learning and Organizational Capability Development in Complex Products Systems: Distinctive Paths of Three Latecomers in Military Aircraft Industry", *Research Policy*, 44 (7), 2015; Park, T.Y., "How a Latecomer Succeeded in a Complex Product System Industry: Three Case Studies in the Korean Telecommunication Systems", *Industrial and Corporate Change*, 22 (2), 2013.

创新主体的协作和系统集成商的整合，即系统集成能力的发展。同时，复杂产品系统的下游市场多为寡头垄断或高度政治化，作为制度供给者和关键用户的政府或国有企业对集成商能力发展具有举足轻重的影响。因此，系统集成和政府行为已成为复杂产品系统技术追赶研究区别于大规模制成品后发追赶研究的两大独特主题。

然而，既有研究对这两大主题的展开还十分匮乏。一方面，系统集成研究很少关注后发追赶情境下系统集成能力的形成与发展。[1] 现有文献主要选择发达国家作为实证研究情境，探讨系统集成能力的内涵和结构，及其对成熟集成商创新绩效的影响。[2] 目前，学界既缺少适用于后发国家企业的系统集成能力分析框架，也缺少对后发国家企业系统集成能力形成过程与动力的考察。虽然有极少数文献触及了系统集成能力提升问题，但都是以大规模制成品产业为研究对象。[3] 由于能力的结构和演化高度情境化，[4] 对于企业如何在后发追赶情境下从无到有地发展出系统集成能力进而参与复杂产品系统的全球竞争，既有研究的回答非常有限。

另一方面，后发追赶研究忽视了政府在复杂产品系统技术追赶过程中的能力主体角色。自从 Veblen[5] 和 Gerschenkron[6] 开创后发追赶研究，政府作用

---

[1] Kiamehr, M., M.Hobday and A.Kermanshah, "Latecomer Systems Integration Capability in Complex Capital Goods: The Case of Iran's Electricity Generation Systems", *Industrial and Corporate Change*, 23 (3), 2013.

[2] Brusoni, S. and A.Prencipe, "Unpacking the Black Box of Modularity: Technologies, Products and Organizations", *Industrial and Corporate Change*, 10 (1), 2001; Iansiti, M. and J.West, "Technology Integration: Turning Great Research into Great Products", *Harvard Business Review*, 75 (3), 1997; Koufteros, X., M.Vonderembse and J.Jayanth, "Internal and External Integration for Product Development: The Effects of Uncertainty, Equivocality and Platform Strategy", *Decision Sciences*, 36 (1), 2005.

[3] 慕玲、路风：《集成创新的要素》，载柳卸林《中国创新管理前沿：第一辑》，北京理工大学出版社，2004。

[4] Jacobides, M.G. and S.G.Winter, "Capabilities: Structure, Agency and Evolution", *Organization Science*, 23 (5), 2012.

[5] Veblen, T., *Imperial Germany and the Industrial Revolution*, Kitchener: Batoche Books, 2003.

[6] Gerschenkron, A., *Economic Backwardness in Historical Perspective: A Book of Essays*, Cambridge: Belknap Press of Harvard University Press, 1962.

一直备受关注。近年来，相关研究更是深受演化理论影响，深入到政府行为层面。[1] 这些研究多遵从"制度安排—企业能力"的分析范式，即政府提供有利的机会窗口和制度安排，并不直接干预或从事微观的市场行为；企业在恰当的制度安排下，利用机会窗口，实现技术追赶。在大规模制成品领域，这一范式的解释力很强。然而，在复杂产品系统领域，政府不仅是行业规制者，而且可能是关键用户；不仅为企业活动提供制度供给，而且可能直接介入学习活动，甚至本身就是产业能力的微观载体。此时，政府如何获得必要的能力，政府能力如何与企业能力协同发展、促进后发追赶，都并非不言而明的，却极少有研究着墨于此。

中国高速列车的技术追赶为填补上述理论缺口、深化后发追赶研究提供了适宜的情境。本章基于演化理论，聚焦于系统集成能力，将政府与企业视为两类能力主体，通过对中国高速列车产业近30年来技术追赶进程的纵向案例研究，发现政企能力表现出鲜明的共演化特征，[2] 且这种共演化是产业技术追赶的基础机制。1990年，政府确定将高铁作为提高铁路客运运力的主要手段。此后，政府与企业的系统集成能力经历了替代、互补、分化的共演化路径。一方面，政府塑造了企业能力的变异方向、选择标准与复制概率，促使企业突破传统列车制造企业的技术轨道，进入高速列车集成商的能力发展路径，渐次发展出不同类型的系统集成能力；另一方面，企业影响了政府能力的选择标准和复制难度，推动政府强化或弱化特定的系统集成能力，不断匹配企业能力的现实水平和发展要求。基于此，中国

---

[1] Choung, J.Y. and H.R. Hwang, "Developing the Complex System in Korea: The Case Study of TDX and CDMA Telecom System", *International Journal of Technological Learning, Innovation and Development*, 1（2），2007; Lee, J.J. and H.Yoon, "A Comparative Study of Technological Learning and Organizational Capability Development in Complex Products Systems: Distinctive Paths of Three Latecomers in Military Aircraft Industry", *Research Policy*, 44（7），2015; Mazzoleni, R. and R.R.Nelson, "Public Research Institutions and Economic Catch-up", *Research Policy*, 36（10），2007; Wang, J.H. and C.J.Tsai, "National Model of Technological Catching Up and Innovation: Comparing Patents of Taiwan and South Korea", *Journal of Development Studies*, 46（8），2010.

[2] Murmann, J.P., *Knowledge and Competitive Advantage*, Cambridge: Cambridge University Press, 2003.

高速列车集成商的系统集成能力逐渐由低位非均衡状态向高位非均衡状态转变，整个产业则发育出完备、先进的系统集成能力结构，实现了快速的技术追赶。

本章揭示了后发追赶情境下政企能力共演化的阶段性模式及其演化动力，作出了以下理论贡献。第一，对系统集成研究而言，既有研究侧重于系统集成能力的内涵、结构和作用，很少关注系统集成能力形成的前因和过程，[1]对后发国家企业实践缺少借鉴价值。本章研究考察了中国高速列车生产企业系统集成能力形成和演化的全过程，提炼出后发追赶情境下企业系统集成能力提升的路径特征，弥补了既有研究的不足。第二，对后发追赶研究而言，与既有研究聚焦于政府的制度供给功能不同，本章研究揭示了政府是复杂产品系统领域系统集成能力的重要载体，并运用自身能力直接参与技术进步的微观进程，突破了传统的"制度安排—企业能力"分析框架。第三，对发展型国家研究而言，"嵌入式自主性"[2]已经成为核心构念，但学者对政府为何能够提供正确的政策产品则持不同意见。有限的研究多认为，政府能力源于官僚制度结构或社会结构，Breznitz[3]则强调政府需要具备充足的知识和技能，才能为发展复杂工业技术做出决策，但未做深入论述。本章研究从能力而非结构的角度出发，考察政府能力与企业能力的共变，为理解"政府能力"或"国家能力"这一主题提供了新的洞见。

1　Kiamehr, M., M.Hobday and A.Kermanshah, "Latecomer Systems Integration Capability in Complex Capital Goods: The Case of Iran's Electricity Generation Systems", *Industrial and Corporate Change*, 23 (3), 2013.

2　Evans, P.B., "Predatory, Development, and Other Apparatuses: A Comparative Political Economy Perspective on the Third World State", *Sociological Forum*, 4 (4), 1989.

3　Breznitz, D., *Innovation and the State: Political Choice and Strategies for Growth in Israel, Taiwan and Ireland*, New Haven: Yale University Press, 2007.

第二节 文献评述与研究问题

（一）技术追赶的产业差异：复杂产品系统的特殊之处

复杂产品系统指的是高技术、高价值、工程密集的产品、系统、网络和设施，与大规模制成品存在鲜明的差异。第一，复杂产品系统的架构复杂[1]且高度层级化。[2] 大规模制成品（如个人电脑）多为功能单一的独立产品，零部件层级少，接口简单。复杂产品系统（如核电站）则包括大量不同层级的组件和子系统，相互关联紧密，唯有架构定义合理、完美耦合的系统才能实现特定功能。第二，用户对复杂产品系统创新具有决定性影响。消费者参与是产品研发的新兴主题，[3] 但在大规模制成品产业，即使个体消费者提供信息和创意，企业也占据产品研发的主导地位。相反，复杂产品系统根据用户需求定制，其创新属于典型的用户驱动型。用户、供应商和集成商会就创新路径达成共识；用户为研发提供资金，甚至直接参与研发。[4] 第三，复杂产品系统创新长期停留在流动阶段。根据经典的A—U模型，主导设计出现标志着产品架构之争告终，产业创新从以产品创新为主的流动阶段进入以工艺创新为主的专业化阶段。[5] 但是，复杂产品系统创新往往不存在专业化阶段。因为设计和集成都是基于特定项目，复杂产品系统可能没有主导设计；

1　Henderson, R.M. and K.B.Clark, "Architectural Innovation: The Reconfiguration of Existing Product Technologies and the Failure of Established Firms", *Administrative Science Quarterly*, 35, 1990.

2　Hughes, T., *Networks of Power: Electrification in Western Society, 1880-1930*, Baltimore: Johns Hopkins University Press, 1983.

3　von Hippel, E., *The Sources of Innovation*, Cambridge: Cambridge University Press, 1988; Nishikawa, H., M.Schreier and S.Ogawa, "User-Generated versus Designer-Generated Products: A Performance Assessment at Muji", *International Journal of Research in Marketing*, 30（2）, 2013; Schweisfurth, T.G., "Comparing Internal and External Lead Users as Sources of Innovation", *Research Policy*, 46（1）, 2017.

4　Hobday, M., "Product Complexity, Innovation and Industrial Organisation", *Research Policy*, 26（6）, 1998.

5　Utterback, J.M. and W.J.Abernathy, "A Dynamic Model of Process and Product Innovation", *OMEGA*, 3（6）, 1975.

即使出现主导设计，产品创新频率也不会降低。

产品架构特性和创新动态性使得复杂产品系统的技术追赶难度远超大规模制成品。首先，复杂产品系统的产品架构要求集成商具备跨领域的知识宽度。由于创新分布在不同的产品层级，集成商必须掌握大量组件知识和子系统知识，[1] 才能"识别快速进步的技术领域中的新技术，理解新技术对其他技术领域的意义，将新技术集成到现有的或全新的产品架构中"。[2] 而且，这些知识多为缄默知识，难以通过采购设备快速获取，形成了极高的进入门槛。后发国家企业缺乏人力资本和学习机会，即使进入复杂产品系统领域，也常常陷入模块化陷阱，被锁定在较低的产品层级，[3] 或是技术持续落后。其次，用户参与创新和产品架构层级化意味着，复杂产品系统的技术追赶不仅取决于集成商，而且取决于用户、供应商等行为人。发达国家的用户技术水平高，能够在复杂产品系统创新中承担起创新者、领先用户、市场专家等角色，[4] 而不只是被动地等待集成商创新。此外，发达国家拥有成熟、先进的本地供应商网络，便于集成商整合多层级供应链。与此相比，后发国家的集成商与领先用户、先进供应商距离较远，既难以获取来自用户与供应商的创新信息，又缺少协调复杂供应链的经验。最后，复杂产品系统的技术追赶机会窗口非常有限。与大规模制成品不同，复杂产品系统的生命周期长达数十年。[5] 在长周期中，技术创新长期处于产品创新阶段。领先集成商不断升级、置换、

1　Takeishi, A., "Knowledge Partitioning in the Interfirm Division of Labor: The Case of Automotive Product Development", *Organization Science*, 13 (3), 2002.

2　Brusoni, S. and A.Prencipe, "Unpacking the Black Box of Modularity: Technologies, Products and Organizations", *Industrial and Corporate Change*, 10 (1), 2001.

3　Chesbrough, H. and K.Kusunoki, "The Modularity Trap: Innovation, Technology Phase Shifts and the Resulting Limits of Virtual Organizations", in Nonaka, I. and D.Teece (eds.), *Managing Industrial Knowledge*, London: Sage, 2001.

4　Etgar, M.A., "A Descriptive Model of the Consumer Co-Production Process", *Journal of the Academy of Marketing Science*, 36 (1), 2008; O'Hern, M.S. and A.Rindfleisch, "Customer Co-Creation: A Typology and Research Agenda", *Review of Marketing Research*, 6, 2009.

5　Davies, A., "The Life Cycle of a Complex Product System", *International Journal of Innovation Management*, 1 (3), 1997.

调整产品架构和子系统，加之低层级的组件技术创新一直持续，使得领先集成商的竞争地位十分稳定。对后发国家而言，很少会有突破性创新和技术范式转换带来的跨越式追赶的机会窗口。[1]

受上述因素影响，复杂产品系统的技术追赶对后发国家形成了特殊的重大挑战。但是，无论是从数量来看，还是从视角来看，以复杂产品系统为研究对象的技术追赶文献都非常稀少。20世纪80年代，部分后发国家开始出口复杂资本品，一时引起了学界的关注。[2] 此后，大规模制成品技术追赶研究日益壮大，复杂产品系统的相关研究却越来越难觅踪迹。当前，技术追赶文献已经广泛覆盖了电子产品[3]、家用视听设备[4]、通信设备[5]、半导体和集成电路[6]、汽车[7]等众多大

---

[1] Perez, C. and L.Soete, "Catching-Up in Technology: Entry Barriers and Windows of Opportunity", in Dosi, G. (eds.), *Technical Change and Economic Theory*, London: Pinter Publishers, 1988.

[2] Chudnovsky, D., M.Nagao, S.Jacobsson and F.Pinter, *Capital Goods Production in the Third World*, London: Palgrave Macmillan, 1983; Fransman, M., *Machinery and Economic Development*, Hong Kong: Macmillan Press, 1986; Lall, S., "Exports of Technology by Newly-Industrializing Countries: An Overview", *World Development*, 12 (5-6), 1984; Teubal, M., "The Role of Technological Learning in the Exports of Manufactured Goods: The Case of Selected Capital Goods in Brazil", *World Development*, 12 (8), 1984.

[3] Lee, J., Z.T.Bae and D.K.Choi, "Technology Development Processes: A Model for a Developing Country with a Global Perspective", *R&D Management*, 18 (3), 1988; Mathews, J.A., "Dragon Multinationals: New Players in 21st Century Globalization", *Asia Pacific Journal of Management*, 23 (1), 2006; 朱瑞博、刘志阳、刘芸：《架构创新、生态位优化与后发企业的跨越式赶超》，《管理世界》2011年第7期。

[4] Xiao, Y., A.Tylecote and J.Liu, "Why not Greater Catch-up by Chinese Firms? The Impact of IPR, Corporate Governance and Technology Intensity on Late-Comer Strategies", *Research Policy*, 42 (3), 2013; 吴先明、苏志文：《将跨国并购作为技术追赶的杠杆：动态能力视角》，《管理世界》2014年第4期；王鹤春、苏敬勤、曹慧玲：《成熟产业实现技术追赶的惯性传导路径研究》，《科学学研究》2016年第11期。

[5] 刘宏程、葛沪飞、仝允桓：《创新网络演化与企业技术追赶：中国"山寨机"的启示》，《科学学研究》2009年第10期；吴先明、苏志文：《将跨国并购作为技术追赶的杠杆：动态能力视角》，《管理世界》2014年第4期。

[6] Cho, H.D. and J.K.Lee, "The Developmental Path of Networking Capability of Catch-up Players in Korea's Semiconductor Industry", *R&D Management*, 33 (4), 2003.

[7] 尽管架构设计和生产组织比其他消费品复杂，但汽车仍然属于大规模工业制成品，其产品复杂度远低于典型的复杂产品系统；Kim, L., "Stages of Development of Industrial Technology in a Developing Country: A Model", *Research Policy*, 9 (3), 1980; Lee, K. and C.Lim, "Technological Regimes, Catching-Up and Leapfrogging: Findings from Korea Industries", *Research Policy*, 30 (3), 2001; 朱瑞博、刘志阳、刘芸：《架构创新、生态位优化与后发企业的跨越式赶超》，《管理世界》2011年第7期；黄江明、赵宁：《资源与决策逻辑：北汽集团汽车技术追赶的路径演化研究》，《管理世界》2014年第9期。

规模制成品产业。然而，仅有极少数研究面向电力设施[1]、通信网络[2]、军用飞机[3]、高铁装备[4]等复杂产品系统。更重要的是，在有限的复杂产品系统技术追赶文献中，相当一部分沿用了大规模制成品技术追赶的研究惯例，重点考察系统集成商的技术能力积累和追赶路径。[5] 这无疑只是把复杂产品系统视为工业产品技术追赶的普通案例而已。[6]

文献回顾表明，复杂产品系统与大规模制成品存在产品架构和创新动态的巨大差异，但技术追赶研究并没有考虑这种差异，以及后发国家应当如何区别应对。迄今为止，仅有屈指可数的文献[7]明确地聚焦到复杂产品系统技术追赶区别于大规模制成品技术追赶的两个核心问题上：一是集成商的系统

1　Kiamehr, M., "Paths of Technological Capability Building in Complex Capital Goods: The Case of Hydro Electricity Generation Systems", *Technological Forecasting and Social Change*, 122, 2017; Kiamehr, M., M.Hobday and A.Kermanshah, "Latecomer Systems Integration Capability in Complex Capital Goods: The Case of Iran's Electricity Generation Systems", *Industrial and Corporate Change*, 23 (3), 2013.

2　Choung, J.Y. and H.R.Hwang, "Developing the Complex System in Korea: The Case Study of TDX and CDMA Telecom System", *International Journal of Technological Learning, Innovation and Development*, 1 (2), 2007; Park, T.Y., "How a Latecomer Succeeded in a Complex Product System Industry: Three Case Studies in the Korean Telecommunication Systems", *Industrial and Corporate Change*, 22 (2), 2013.

3　Lee, J.J. and H.Yoon, "A Comparative Study of Technological Learning and Organizational Capability Development in Complex Products Systems: Distinctive Paths of Three Latecomers in Military Aircraft Industry", *Research Policy*, 44 (7), 2015；路风、封凯栋：《发展我国自主知识产权汽车工业的政策选择》，北京大学出版社，2005。

4　林善波：《动态比较优势与复杂产品系统的技术追赶——以我国高铁技术为例》，《科技进步与对策》2011年第14期；贺俊、吕铁、黄阳华、江鸿：《技术赶超的激励结构与能力积累：中国高铁经验及其政策启示》，《管理世界》2018年第10期；路风：《追踪中国高铁技术核心来源》，《瞭望》2013年第48期。

5　Kiamehr, M., "Paths of Technological Capability Building in Complex Capital Goods: The Case of Hydro Electricity Generation Systems", *Technological Forecasting and Social Change*, 122, 2017; Lee, J.J. and H.Yoon, "A Comparative Study of Technological Learning and Organizational Capability Development in Complex Products Systems: Distinctive Paths of Three Latecomers in Military Aircraft Industry", *Research Policy*, 44 (7), 2015；林善波：《动态比较优势与复杂产品系统的技术追赶——以我国高铁技术为例》，《科技进步与对策》2011年第14期。

6　Mowery, D.C. and N.Rosenberg, "Government Policy and Innovation in the Commercial Aircraft Industry, 1925-75", in Nelson, R.R. (eds.), *Government and Technical Change: A Cross-Industry Analysis*, New York: Pergamon Press, 1982.

7　Choung, J.Y. and H.R.Hwang, "Developing the Complex System in Korea: The Case Study of TDX and CDMA Telecom System", *International Journal of Technological Learning, Innovation and Development*, 1 (2), 2007; Kiamehr, M., M.Hobday and A.Kermanshah, "Latecomer Systems Integration Capability in Complex Capital Goods: The Case of Iran's Electricity Generation Systems", *Industrial and Corporate Change*, 23 (3), 2013.

集成能力(而不仅仅是技术能力),二是政府主体的关键作用。

(二)后发集成商的技术追赶:系统集成能力的形成

高耦合性、高层级化的产品架构决定了,随着产品技术水平提升,复杂产品系统产业的垂直分工会不断深入,[1] 形成"用户—系统集成商—子系统集成商—组件供应商—零部件供应商"的分工体系。[2] 在这种分工体系下,集成能力超越单纯的技术能力,成为系统集成商获取竞争优势的核心能力。

所谓系统集成,是指集成商推动各方就系统开发和能力发展路径达成共识、定义并整合系统生产全部输入的活动。[3] 这些输入既包括零部件、子系统、软件等产品系统组成部分,也包括相关的技能和知识,还包括用户、供应商、企业内部的工程师、技术人员和管理者。因此,集成商的系统集成决策不仅需要解决设计与分解产品(系统)架构的技术问题,[4] 而且需要解决协调内外部产品开发与制造活动的组织问题,[5] 企业间组织分工、调整知识边界的知识管理问题,[6] 以及与谁竞争、与谁合作、哪些活动外包、在产业价值链上如何定位等战略问题。[7] 这表明,系统集成能力具有组织管理、知识管理和战略管理等多个非技术要素。复杂产品系统的技术追赶要求后发集

---

[1] Brusoni, S. and A.Prencipe, "Unpacking the Black Box of Modularity: Technologies, Products and Organizations", *Industrial and Corporate Change*, 10 (1), 2001.

[2] Pavitt, K., "Specialization and Systems Integration: Where Manufacture and Services still Meet", in Prencipe, A., A.Davies and M.Hobday (eds.), *The Business of Systems Integration*, Oxford University Press, 2005.

[3] Hobday, M., A.Davies and A.Prencipe, "Systems Integration: A Core Capability of the Modern Corporation", *Industrial and Corporate Change*, 14 (6), 2005.

[4] Clark, K.B. and M.Iansiti, "Integration and Dynamic Capability: Evidence from Product Development in Automobiles and Mainframe Computers", *Industrial and Corporate Change*, 3 (3), 1994.

[5] Davies, A. and T.Brady, "Organisational Capabilities and Learning in Complex Product Systems: Towards Repeatable Solutions", *Research Policy*, 29 (7), 2000.

[6] Colfer, L.J. and C.Y.Baldwin, "The Mirroring Hypothesis: Theory, Evidence and Exceptions", *Industrial and Corporate Change*, 25 (5), 2016.

[7] Bonaccorsi, A., F.Pammolli, M.Paoxli and S.Tani, "Nature of Innovation and Technology Management in System Companies", *R&D Management*, 29 (1), 1999.

成商整体提升各维度集成能力，而不只是积累技术能力。[1]

虽然系统集成能力是支撑复杂产品系统后发追赶的核心能力，但既有研究却并没有就后发国家企业如何培育这一能力给出指导。造成这种缺失的原因在于：

第一，偏重对发达国家企业集成能力的结构性阐释，缺少适用于后发国家的分析框架。当前，主流的集成能力类型化研究框架包括"内部集成能力—外部集成能力"和"静态集成能力—动态集成能力"。前者源于集成创新研究，[2] 将产品（系统）开发分为概念开发和概念实施两个阶段，认为概念开发需要探索企业边界之外的技术可能性的外部集成能力，概念实施则需要整合内部资源、实施技术可能性的内部集成能力。后者源于模块化理论，[3] 认为在模块化产品架构下，集成商既要有在当前产品架构下保证产品整体一致性的静态集成能力，也要有创新产品架构、在新架构下协同相关行动者的动态集成能力。这两种分类都来自外部技术可能性丰富、探索性创新密集的发达国家情境，难以直接套用于知识供给落后的后发国家。[4] 基于此，研究者开始探索后发情境下的集成能力分析框架。中国学者提出了"战略集成能

1　Dutrenit, G., "Building Technological Capabilities in Latecomer Firms: A Review Essay", *Science Technology & Society*, 9（2），2004；Kiamehr, M., M.Hobday and A.Kermanshah, "Latecomer Systems Integration Capability in Complex Capital Goods: The Case of Iran's Electricity Generation Systems", *Industrial and Corporate Change*, 23（3），2013.

2　Clark, K.B. and M.Iansiti, "Integration and Dynamic Capability: Evidence from Product Development in Automobiles and Mainframe Computers", *Industrial and Corporate Change*, 3（3），1994；Iansiti, M., "Technology Integration: Managing Technological Evolution in a Complex Environment", *Research Policy*, 24（4），1995；Iansiti, M. and J.West, "Technology Integration: Turning Great Research into Great Products", *Harvard Business Review*, 75（3），1997.

3　Brusoni, S. and A.Prencipe, "Unpacking the Black Box of Modularity: Technologies, Products and Organizations", *Industrial and Corporate Change*, 10（1），2001；Hobday, M., A.Davies and A.Prencipe, "Systems Integration: A Core Capability of the Modern Corporation", *Industrial and Corporate Change*, 14（6），2005；Jaspers, F. and J.Van den Ende, "Open Innovation and Systems Integration: How and Why Firms Know More than They Make", *International Journal of Technology Management*, 52（3/4），2010.

4　Jacobides, M.G. and S.G.Winter, "Capabilities: Structure, Agency and Evolution", *Organization Science*, 23（5），2012.

力—组织集成能力—技术集成能力"等分类,[1] 但都停留于文献梳理,缺少有力的实证证据,有随意增删能力维度之嫌。与此相比,Kiamehr 等[2]以伊朗的水电系统集成商 Farab 为研究对象,根据复杂产品系统特有的项目制组织,拓展了 Chandler[3] 提出的"职能能力—战略能力"分类,将系统集成能力划分为职能集成能力、战略集成能力、项目集成能力。这是当前唯一一项着眼于新进企业进入复杂产品系统领域所需集成能力的实证研究,但其分析框架尚未见于其他研究。

第二,偏重系统集成能力的后果,对其形成的前因关注不足,更少考察这一能力的演化及其动力。多数文献将发达国家的先进集成商作为研究对象,默认系统集成能力是企业的既有能力,重在探讨该能力对新产品开发[4]、技术创新[5]、知识吸收[6]、产品质量[7]、技术商业化[8]等绩效的影响。但是,企业并不是天然具备系统集成能力的。对进入系统集成领域的后发国家企业而言,最紧迫的问题并不是如何利用既有能力开展集成创新,而是如何培育原本并不存在或十分薄弱的系统集成能力。然而,复杂产品系统

---

[1] 张方华:《企业集成创新的过程模式与运用研究》,《中国软科学》2008 年第 10 期;陆晓春、李栋、孙昭:《企业集成创新的动因及框架体系研究》,《科学管理研究》2006 年第 24 期;陈劲:《集成创新的理论模式》,《中国软科学》2002 年第 12 期。

[2] Kiamehr, M., M.Hobday and A.Kermanshah, "Latecomer Systems Integration Capability in Complex Capital Goods: The Case of Iran's Electricity Generation Systems", *Industrial and Corporate Change*, 23 (3), 2013.

[3] Chandler, A.D., *Scale and Scope: The Dynamics of Industrial Capitalism*, Cambridge: Belknap Press, 1990.

[4] Sherman, J.D., W.E.Souder and S.A.Jenssen, "Differential Effects of the Primary Forms of Cross-Functional Integration on Product Development Cycle Time", *Journal of Product Innovation Management*, 17 (4), 2000.

[5] Nellore, R. and R.Balachandra, "Factors Influencing Success in Integrated Product Development (IPD) Projects", *IEEE Transactions on Engineering Management*, 48 (2), 2001.

[6] Tzabbar, D., B.S.Aharonson and T.L.Amburgey, "When does Tapping External Sources of Knowledge Result in Knowledge Integration?", *Research Policy*, 42 (2), 2013.

[7] Koufteros, X., M.Vonderembse and J.Jayanth, "Internal and External Integration for Product Development: The Effects of Uncertainty, Equivocality and Platform Strategy", *Decision Sciences*, 36 (1), 2005.

[8] Zahra, S.A. and A.P.Nielsen, "Sources of Capabilities, Integration and Technology Commercialization", *Strategic Management Journal*, 23 (5), 2002.

技术追赶的研究本就极其有限,而且都聚焦于技术能力的学习机制和转移机制,[1] 并不系统考察后发国家集成商系统集成能力的状态与发展。尽管中国管理学界在2000—2004年出现过系统集成研究的小高潮,[2] 但其时和其后的相关研究都重在探讨集成创新的评价体系[3]、促进因素[4]和发生机制,[5] 揭示系统集成能力如何影响集成创新,而不是系统集成能力的形成过程。仅有的少数研究系统集成能力提升的中文文献均以电子消费品[6]等大规模制成品生产商作为案例研究对象,对复杂产品系统集成商的参考价值有限。

总体而言,现有研究已经注意到系统集成能力对复杂产品系统技术追赶的重要意义,但对后发国家集成商如何发展系统集成能力,以及如何进入复杂产品系统集成领域的解释则严重不足。少数成功的后发国家复杂产品系统集成商究竟是如何发展出集成能力的?它们的集成能力表现出怎样的结构,随着时间推移发生了怎样的变化?为何会发生这种变化?现有研究尚未尝试给出上述问题的答案。

(三)技术追赶中的政府角色:制度视角和能力视角

长期停留在产品创新阶段的创新动态性决定了,在复杂产品系统领域,

---

[1] Choung, J.Y. and H.R. Hwang, "Developing the Complex System in Korea: The Case Study of TDX and CDMA Telecom System", *International Journal of Technological Learning, Innovation and Development*, 1 (2), 2007; Hansen, U.E., N.Fold and T.Hansen, "Upgrading to Lead Firm Position via International Acquisition: Learning from the Global Biomass Power Plant Industry", *Journal of Economic Geography*, 16 (1), 2016; Hansen, U.E. and D.Ockwell, "Learning and Technological Capability Building in Emerging Economies: The Case of the Biomass Power Equipment Industry in Malaysia", *Technovation*, 34 (10), 2014; Lema, R. and A. Lema, "Technology Transfer? The Rise of China and India in Green Technology Sectors", *Innovation and Development*, 2 (1), 2012.

[2] 2002年《中国软科学》第12期刊发多篇集成创新主题的论文,是这次研究小高潮的集中体现。

[3] 江辉、陈劲:《集成创新:一类新的创新模式》,《科研管理》2000年第5期。

[4] 高柏、李国武、甄志宏等:《中国高铁创新体系研究》,社会科学文献出版社,2016。

[5] 卢显文、王毅达:《产品开发集成创新的过程与机制研究》,《科研管理》2006年第5期。

[6] 路风、慕玲:《本土创新、能力发展和竞争优势——中国激光视盘播放机工业的发展及其对政府作用的政策含义》,《管理世界》2004年第1期。

多种产品（系统）架构和技术路线会持续并存，领先集成商的市场地位和整个产业的市场结构也相对稳定。要帮助后发国家企业打破这种稳定结构，政府往往需要承担制度供给者和关键用户的双重角色，为本土企业提供制度环境与机会窗口。

由于新古典经济学预测的全球经济收敛现象并未出现，[1] 新增长理论和演化理论已成为后发国家技术追赶研究的主要流派，二者对政府制度供给的认识也日渐趋同。[2] 新增长理论假定制度和偏好是外生的，[3] 但隐含着政府投资对技术追赶的意义。既然人力资本[4]和研发活动[5]是技术进步的源泉，政府显然应当投资教育和研发，构建有利制度。演化理论将技术追赶视为制度与技术协同的复杂现象，[6] 自 Veblen[7] 之后高度重视制度供给。现有研究重在解决三类问题：一是机会窗口，如何选择技术范式和追赶时机；[8] 二是社会能力，如何提高社会基础准备与目标技术范式的匹配度；[9] 三是国家干预，如何确保产业政策、财政金融体系、国家创新体系等要素支持创新，后发优势论[10]

---

[1] Kattel, R. and E.Karo, "The Copying Paradox: Why Converging Policies but Diverging Capacities for Development in Eastern European Innovation Systems?", *The International Journal of Institutions and Economies*, 2, 2010.

[2] Fagerberg, J. and D.C.Mowery, *The Oxford Handbook of Innovation*, Oxford: Oxford University Press, 2006.

[3] North, D.C., *Institutions, Institutional Change and Economic Performance*, Cambridge: Cambridge University Press, 1990.

[4] Lucas, R., "On the Mechanics of Economic Development", *Journal of Monetary Economics*, 22 (1), 1988.

[5] Grossman, G.M. and E.Helpman, *Innovation and Growth in the Global Economy*, Cambridge: The MIT Press, 1991; Romer, P.M., "Endogenous Technological Change", *Journal of Political Economy*, 98 (5), 1990.

[6] 贾根良：《演化经济学导论》，中国人民大学出版社，2015。

[7] Veblen, T., *Imperial Germany and the Industrial Revolution*, Kitchener: Batoche Books, 2003.

[8] Perez, C. and L.Soete, "Catching-Up in Technology: Entry Barriers and Windows of Opportunity", in Dosi, G. (eds.), *Technical Change and Economic Theory*, London: Pinter Publishers, 1988.

[9] Abramovitz, M., "Catching Up, Forging Ahead and Falling Behind", *Journal of Economic History*, 46 (2), 1986.

[10] Gerschenkron, A., *Economic Backwardness in Historical Perspective: A Book of Essays*, Cambridge: Belknap Press of Harvard University Press, 1962.

和发展型国家理论[1]就是其中的代表。从"技术—制度"的二分法来看,第一类研究以技术为中心,后两类研究则以制度为中心。不过,随着新旧技术范式转换加快,后发国家利用新技术范式带来的"第二类机会窗口"的难度越来越高,以技术为中心的研究也开始将制度因素引入对机会窗口的理解之中。[2]

尽管政府已经成为后发追赶研究(特别是演化视角研究)的重要主题,但既有研究对复杂产品系统技术追赶过程中政府角色的认识还欠全面、深入。这主要表现在以下两点:

第一,聚焦于政府的制度供给者角色,忽视政府的关键用户角色。不少复杂产品系统(如核电站、电信系统、高铁、武器系统等)的市场管制较强且高度政治化,关键用户以政府或国有企业为主。[3] 由于复杂产品系统多根据用户需求定制,创新方向和技术路线深受用户影响,因此,作为关键用户的政府能够直接影响系统集成商和各层级供应商。这种影响机制与政府作为制度供给者时对企业创新行为的影响机制截然不同,但既有的后发技术追赶文献对此缺少关注。具体来说,既有研究虽然吸收了演化思想,对政府作用

1　Amsden, A.H., *Asia's Next Giant: South Korea and Late Industrialization*, Oxford: Oxford University Press, 1989; Johnson, C.A., *MITI and the Japanese Miracle: The Growth of Industrial Policy, 1925-1975*, Stanford: Stanford University Press, 1982.

2　Guennif, S. and S.V.Ramani, "Explaining Divergence in Catching-Up in Pharma between India and Brazil Using the NSI Framework", *Research Policy*, 41 (2), 2012; Lee, K. and F.Malerba, "Catch-up Cycles and Changes in Industrial Leadership: Windows of Opportunity and Responses of Firms and Countries in the Evolution of Sectoral Systems", *Research Policy*, 46 (2), 2017; Lee, K., T.Y.Park and R.Krishnan, "Catching-Up or Leapfrogging in the Indian IT Service Sector: Windows of Opportunity, Path-Creating and Moving Up the Value Chain", *Development Policy Review*, 32 (4), 2014; Perez, C., *Technological Revolutions and Financial Capital: The Dynamics of Bubbles and Golden Ages*, Cheltenham: Edward Elgar Pub, 2002; 魏江、潘秋玥、王诗翔:《制度型市场与技术追赶》,《中国工业经济》2016年第9期。

3　Choung, J.Y. and H.R.Hwang, "Developing the Complex System in Korea: The Case Study of TDX and CDMA Telecom System", *International Journal of Technological Learning, Innovation and Development*, 1 (2), 2007.

的考察深入到行为层面,[1] 但是多数遵从"制度安排—企业能力"的分析范式,即政府通过制定实施政策,提供有利的机会窗口和制度安排,并不直接干预或从事微观的市场行为;企业在恰当的制度安排下,利用机会窗口,发展技术能力,实现技术追赶。然而,在复杂产品系统领域,政府不仅是行业规制者,而且是关键用户;不仅可以为企业活动塑造制度环境,而且可以通过多种基于用户角色的市场化手段,如设定创新目标、开辟市场空间、确立技术标准、协调研发合作等,[2] 影响企业创新和能力演化。这是复杂产品系统和大规模制成品产业技术追赶中政府作用的重大差异,然而既有研究并未对政府的用户角色加以阐发,对于作为关键用户的政府与作为供应商的复杂产品集成商互动、改进技术追赶绩效的微观过程则关注更少。

第二,忽视知识和能力视角的研究,造成了制度环境、政府能力和企业能力之间的认识断层。无论是将政府视为制度供给者,还是将政府视为关键用户,既有文献都偏重政府行为对技术追赶绩效的影响,很少关注政府本身的知识和能力。在前述的演化视角技术追赶研究传统中,仅有发展型国家理论将政府作为主要研究对象。自从 Evans[3] 提出"嵌入式自主性"概念,发展

---

[1] Choung, J.Y. and H.R.Hwang, "Developing the Complex System in Korea: The Case Study of TDX and CDMA Telecom System", *International Journal of Technological Learning, Innovation and Development*, 1 (2), 2007; Lee, J.J. and H.Yoon, "A Comparative Study of Technological Learning and Organizational Capability Development in Complex Products Systems: Distinctive Paths of Three Latecomers in Military Aircraft Industry", *Research Policy*, 44 (7), 2015; Mazzoleni, R. and R.R.Nelson, "Public Research Institutions and Economic Catch-up", *Research Policy*, 36 (10), 2007; Wang, J.H. and C.J.Tsai, "National Model of Technological Catching Up and Innovation: Comparing Patents of Taiwan and South Korea", *Journal of Development Studies*, 46 (8), 2010.

[2] Choung, J.Y. and H.R.Hwang, "Developing the Complex System in Korea: The Case Study of TDX and CDMA Telecom System", *International Journal of Technological Learning, Innovation and Development*, 1 (2), 2007; Lee, J.J. and H.Yoon, "A Comparative Study of Technological Learning and Organizational Capability Development in Complex Products Systems: Distinctive Paths of Three Latecomers in Military Aircraft Industry", *Research Policy*, 44 (7), 2015; Park, T.Y., "How a Latecomer Succeeded in a Complex Product System Industry: Three Case Studies in the Korean Telecommunication Systems", *Industrial and Corporate Change*, 22 (2), 2013.

[3] Evans, P.B., "Predatory, Development, and Other Apparatuses: A Comparative Political Economy Perspective on the Third World State", *Sociological Forum*, 4 (4), 1989.

型国家研究就聚焦于官僚组织结构[1]以及政府与社会的关系结构[2]如何使政府获得嵌入式自主性，提供创新制度。这隐含着对政府能力的关注，但只探讨政府制度能力的来源，背后仍然是"制度安排—企业能力"范式。然而，从复杂产品系统技术追赶实践来看，有效政府行为（尤其是作为关键用户的市场行为）的基础不仅是政府的制度能力，更是政府作为市场主体的能力。制度能力源于制度结构，市场主体的能力则是以深刻理解产业技术活动为前提的。只有将政府视为市场主体能力的微观载体，才能揭示其何以能够对复杂产品系统产业施加正确影响，甚至直接嵌入产业和企业活动中。但迄今为止，极少有研究着墨于此，仅有的例外来自Breznitz。[3] 他尝试整合发展型国家理论和国家创新系统理论，认为政府必须拥有科技知识、信息和技能，才能就复杂工业技术发展做出政策决策。这显然是将能力结构（而非制度结构）作为解释政府影响的基础，为后发技术追赶中的政府作用机制研究开辟了全新的能力视角。遗憾的是，Breznitz随后并未就此做进一步阐述，相关研究也没有注意到这一视角并展开讨论。

综上可见，对于复杂产品系统的技术追赶而言，政府同时承担着制度供给者和关键用户的角色；要发挥这两种角色对技术追赶的促进作用，政府必须具备产业知识和能力。但既有文献主要从制度视角出发，局限于对政府制度能力与制度供给作用的探讨，致使能力视角下的政府作用研究仍然是个盲点。作为知识和能力载体的政府究竟具备怎样的产业知识与能力结构，政府能力如何与其他创新主体的能力协同促进后发追赶，均是值得深入探讨的问题。

---

1 Evans, P.B. and J.E. Rauch, "Bureaucracy and Growth: A Cross-National Analysis of the Effects of 'Weberian' State Structures on Economic Growth", *American Sociological Review*, 64, 1999; Im, T., "Bureaucratic Power and Government Competitiveness", in Kwon, H. and M.G.Koo (eds.), *The Korean Government and Public Policies in a Development Nexus*, Springer, 2014.

2 Block, F., "Swimming against the Current: The Rise of a Hidden Developmental State in the United States", *Politics & Society*, 36 (2), 2008.

3 Breznitz, D., *Innovation and the State: Political Choice and Strategies for Growth in Israel, Taiwan and Ireland*, New Haven: Yale University Press, 2007.

(四) 研究问题提出：政府与企业系统集成能力的共演化

文献评述表明，复杂产品系统的技术追赶研究仍然存在一些重要的研究缺口。首先，学界已认同系统集成能力对复杂产品系统技术追赶的重要性，但主要是以发达国家集成商为参照，对后发国家集成商的系统集成能力进行规范性研究，缺乏真正基于后发追赶情境的系统集成能力实证研究。其次，既有研究主要从静态视角探讨系统集成能力的结构及其影响，缺少对后发国家集成商系统集成能力形成过程的动态研究。最后，政府行为对于后发国家集成商发展技术能力、实现技术追赶非常重要，但既有研究局限于"制度安排—企业能力"的研究范式，没有揭示出政府驱动产业技术追赶的能力基础。针对这些研究缺口，本章基于复杂产品系统技术追赶的情境，聚焦于系统集成能力形成这一主题，将政府和集成商视为共演化的两类能力主体，探索以下三个问题：（1）在后发技术追赶过程中，集成商的系统集成能力如何演化？（2）政府如何影响集成商的系统集成能力演化，集成商又如何影响政府能力的演化？这些影响是通过怎样的互动反馈机制实现的？（3）在技术追赶的不同阶段，政府与企业能力的共演化模式有何不同，与产业层次的技术追赶之间有何关联？

本章研究之所以采用共演化视角，是因为这一视角最有利于衔接以国家制度为主题的研究和以企业能力为主题的研究，能够对切割政府与企业的"制度安排—企业能力"研究范式形成有力的补充。如前所述，新增长理论和演化理论是目前后发技术追赶研究的主要流派。其中，演化理论更加关注技术追赶的微观过程，特别是能力的形成机制，[1] 适合刻画政府与企业互动、促进系统集成能力提升与产业技术追赶的现象。作为演化研究的分支，社会

---

[1] Breznitz, D., *Innovation and the State: Political Choice and Strategies for Growth in Israel, Taiwan and Ireland*, New Haven: Yale University Press, 2007.

经济领域的共演化研究始于 Norgaard。[1] 他提出,共演化既是"演化"的,又是"共同"的,包括相互影响的多种因素之间的长期反馈关系。近年来,学界对共演化的认识出现了过度泛化,将不同主体通过各种关系(未必是因果关系)产生纠缠和变化的现象一律归于共演化的标签之下。[2] 对此,Murmann[3] 清晰地区分了共演化(coevolution)和并行演化(parallel evolution),指出共演化是双方拥有改变对方适应特征的双向因果关系;并行演化是双方对环境变化的同时适应,或是因不同原因表现出具有时间序列性的自适应。具体的,共演化双方之间的因果关系有两类路径,一是改变对方的选择标准,二是改变对方的复制概率。当然,双方相互作用的路径和强度未必对称。[4] 从这一定义出发,政府作为复杂产品系统领域的制度供给者和关键用户,与系统集成商之间存在着典型的用户与生产者共演化关系。[5] 因此,本章采用 Murmann[6] 对共演化的定义,将政府和复杂产品系统集成商界定为共演化的双方,运用"变异""选择""复制"的演化语言,分析二者的能力发展过程。

第三节 研究设计与方法

(一)方法选择

本章采用嵌入式纵向案例研究,这主要出于以下考虑:第一,本章的核

1　Norgaard, R.B., "Environmental Economics: An Evolutionary Critique and Plea for Pluralism", *Journal of Environmental Economics and Management*, 12 (4), 1985.

2　Durham, W.H., *Coevolution: Genes, Culture and Human Diversity*, Stanford: Stanford University Press, 1991; Nitecki, M.H., *Coevolution*, Chicago: University of Chicago Press, 1983.

3　Murmann, J.P., *Knowledge and Competitive Advantage*, Cambridge: Cambridge University Press, 2003.

4　Pajunen, K. and M. Maunula, "Internationalisation: A Co-Evolutionary Perspective", *Scandinavian Journal of Management*, 24 (3), 2008.

5　Yates, J., "Coevolution of Information Processing Technology and Use: Interaction between the Life Insurance and Tabulating Industries", *Business History Review*, 67 (1), 1993.

6　Murmann, J.P., *Knowledge and Competitive Advantage*, Cambridge: Cambridge University Press, 2003.

心研究问题是政府能力与集成商能力在技术追赶过程中的共演化规律,属于典型的"如何"(how)问题和"为何"(why)问题,非常适合从案例到理论的分析性归纳。[1] 第二,共演化是个复杂的动态过程,在技术追赶的不同阶段,政府与集成商能力之间的互动反馈模式也会有所变化。纵向案例分析可以确认关键事件和不同维度能力发展的次序,有利于识别因果关系,把握共演化双方的互动反馈机理。[2] 第三,嵌入式案例研究是指同时包括主分析单元和多个子分析单元[3]的案例研究。这类研究从主分析单元出发提出研究问题,但不局限于对主分析单元整体性质的考察;而是通过对子分析单元的研究,最终回归主分析单元得出研究结论。因此,该方法非常适合探讨异质性主体互动从而影响主分析单元现象的机制。[4] 本章的研究主题跨越了产业和行动主体(政府与集成商)两个层次,不同行动主体具有异质性,共同构成了产业技术追赶现象,宜采用本方法。为防止问题漂移,本章将产业(技术追赶绩效)定义为主分析单元,将政府部门和企业(系统集成商)定义为次级分析单元。

(二)案例选择与案例情境

本章选择中国高速列车产业作为案例研究样本,以兼顾案例代表性与数据可得性。首先,高速列车产业是中国在短时间内实现复杂产品系统技术追赶的极少数产业之一,其背后又存在着强大的政府干预力量,[5] 为探索后发

---

[1] Eisenhardt, K.M. and M.E.Graebner, "Theory Building from Cases: Opportunities and Challenges", *Academy of Management Journal*, 50(1), 2007.

[2] Eisenhardt, K.M., "Making Fast Strategic Decisions in High-Velocity Environments", *Academy of Management Journal*, 21(3), 1989.

[3] Scholz, R.W. and O.Tietje, *Embedded Case Study Methods: Integrating Quantitative and Qualitative Knowledge*, Calif: Sage Publications, 2002; Yin, R.K., *Case Study Research, Design and Methods*, 3rd Edition, Calif: Sage Publications, 2003.

[4] 韦影、王昀:《很复杂,但更精致——嵌入式案例研究综述》,《科研管理》2017年第11期。

[5] 贺俊、吕铁、黄阳华、江鸿:《技术赶超的激励结构与能力积累:中国高铁经验及其政策启示》,《管理世界》2018年第10期。

国家政府与企业互动、实现复杂产品系统技术追赶提供了一个难得的成功样本。此外，从供应"机车+客车"的传统客运列车到供应高速动车组，[1] 中国列车生产企业经历由装备生产商到系统集成商的重大转变，可以完整地展示后发国家企业系统集成能力的发展过程。其次，作者团队其中一位成员20世纪80年代毕业于西南交大，与铁路运输部门和铁路装备行业中的众多管理者和技术工作者建立起了长期信任关系，持续关注行业发展，为这项研究积累了大量研究素材。借此，作者团队自2015年起对中国高速列车产业的创新主体进行了全面访谈，获得了深入的一手数据。加之近几年来，中国高速列车产业受到了国内外新闻媒体和研究机构的普遍关注，形成了一系列公开报道与研究成果，共同保证了此项回溯性研究的数据可得性。

无论是从追赶效率还是从追赶效果看，中国高速列车产业都可称为复杂产品系统技术追赶的样板。从效率来看，从1997年开始研发第一代时速200公里高速动车组到2006年时速250公里的CRH2型动车组量产上线，再到2016年具有自主知识产权的时速350公里中国标准动车组载客运行，中国在20年内成为全球少数掌握高速列车设计开发和系统集成技术的先进国家之一。韩国于20世纪90年代末开始发展高铁装备，但自主研发的高速列车车种单一，最高运营速度也低于中国。从效果来看，中国已经超过德国、日本、法国等先发国家，成为高速列车运营时速纪录保持者。高速列车是运营速度达到时速200公里以上的列车，研制时速350公里以上的高速列车是高铁国家的共同目标，但只有中国实现了这一目标。2008年8月，京津高铁的开通时速达到350公里。此后，受2011年甬温线事故影响，中国高铁运营时速降至300公里以内。即便如此，中国高铁也已创造了连续3年最高运营时速350

---

[1] 传统客运列车是由1台客运机车（提供动力）和多辆客车（不带动力）构成的编组，客车数量可调整。动车组是由多辆动车（自身带动力）和多辆拖车（不带动力）构成的编组，编组中的动车与拖车数量固定。

公里的纪录。2017年9月，中国标准动车组又在京沪高铁上重启了时速350公里商业运营。由于安全运营速度是高速列车技术的最高体现，因此可以说，中国高速列车集成商已经实现了对先发国家的技术追赶。

图5-1汇总了中国高速列车产业技术发展以及政府行为、政企关系变化的关键节点。就技术发展而言，1990年，铁道部启动《广深线准高速铁路科研攻关及试验计划》，中国高速列车研制起步。截至1997年，基于该计划研制的准高速[1]客车（25Z）和机车（韶山8）均已投入运营。由于传统客运列车提速潜力有限，此后，中国高速列车开发的主攻方向转向动车组。1996年，铁道部将列车采购权下放至铁路局，铁路局根据自身需求订购列车。1997—2003年，铁路局订单催生出不同技术路线的众多新型动车组，但仅有DJJ1达到了时速200公里的高速列车门槛。同时，铁道部通过科研立项方式，组织列车生产企业、行业科研院所和高校，研制出"大白鲨"（时速200公里）、"先锋号"（时速200公里）和"中华之星"（时速270公里）。然而，无论是铁路局订购车型，还是铁道部科研车型，都出现了可靠性不足的严重问题。2004—2005年，铁道部收回列车采购权，通过两轮招标分别引进了时速200公里（日本、法国）和时速300公里（德国）高速列车生产技术。到2010年，在早期自主开发的知识基础上，结合对引进技术的消化吸收，国内企业已能够自主开发时速350公里的CRH380系列动车组。该系列批量投入运营后，创造了全球运营速度纪录。考虑到CRH380系列技术源流复杂，标准不统一，知识产权易受质疑，使用成本和维护难度较高，高速列车自主统型工作在2013年全面展开。2017年9月，时速350公里的中国标准动车组正式投入运营。该车型首次实现了不同企业出产车辆的互联互通，中国标准占重要标准总数的比例达到84%。

1　准高速是指运营速度为时速160—200公里，高速是指运营速度为时速200公里或以上。

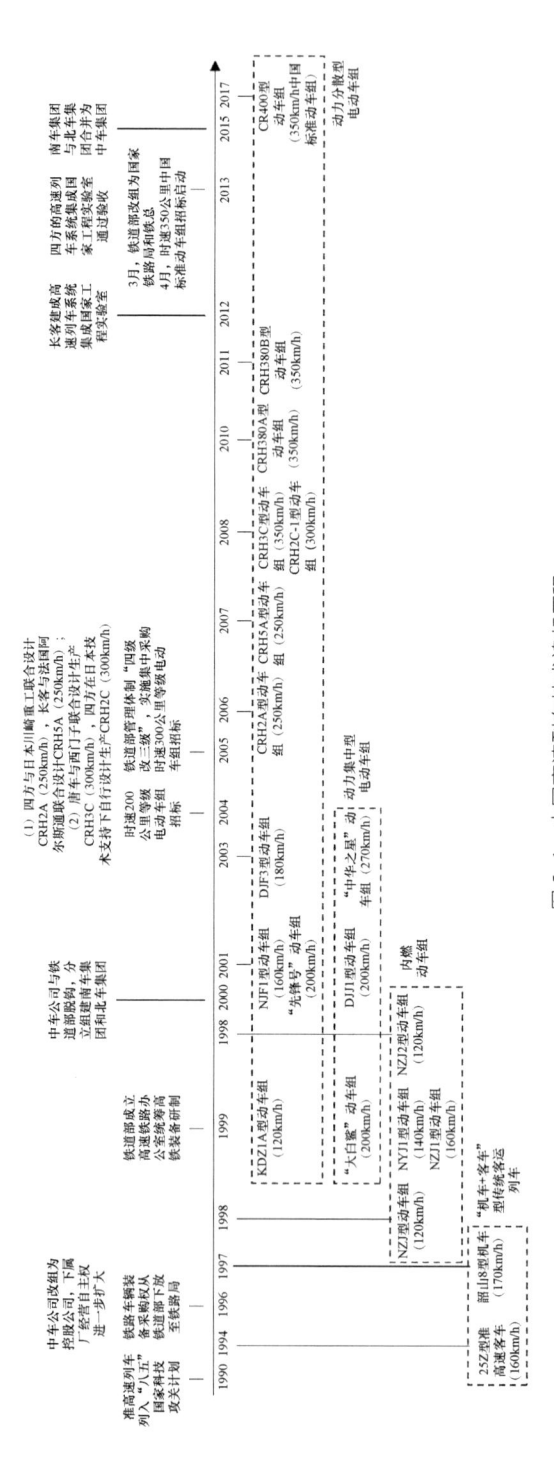

图 5-1 中国高速列车技术追赶历程

注1：投入正式运营的铁路局招标标示车型标示定型型号，如 25Z 型、NZJ 型、KDZ1A 型等；未投入正式运营的铁道部科研车型标示名称，如"大白鲨""中华之星""先锋号"等。

注2：对投入正式运营的列车，标示最高运营速度和投入正式运营的时间；对未投入正式运营的动车组，标示设计速度和试运营的时间。

注3：根据动力分布方式，电力动车组可分为动力集中型动车组（动力装置集中安装在列车两头的1—3节车辆上）和动力分散型动车组（动力装置分布在列车的多个不同位置）。动力集中型动车组更接近传统列车的"机车+客车"模式，系统集成难度低于动力分散型动车组。

资料来源：作者整理。

在上述过程中，政企结构与关系都有所变化。从政府方面来看，2013年前，铁道部既是产业的规制者，又是关键用户。1990年（准）高速列车研制启动之时，作为生产方的中车公司和作为使用方的铁路局均由铁道部管辖。1996年，铁道部下放列车采购权，铁路局成为新的（准）高速列车用户。不过，铁路局不具备协同全行业力量的能力和线路改造（新建）的决策权，创新抱负和需求水平受限于管内客运状况，其高速列车订单表现出"碎片化、低水平"特征。1997—2003年，各铁路局共订购新型动车组8种，但总产量仅30列，时速也未超过200公里。因此，尽管这一时期中国高速列车用户数量有所增加，但铁道部仍是唯一的关键用户和领先用户。[1] 铁道部提出了超越既有技术水平的列车需求，驱动新型动车组速度从时速200公里攀升到时速270公里。2004—2005年，铁道部将"铁道部—铁路局—铁路分局—站段"的四级组织改为"铁道部—铁路局—站段"三级组织，集中列车采购权，重新成为垄断性用户，主导了高速动车组生产技术引进。[2] 2013年3月，铁道部拆分为国家铁路局和铁总。前者承担行业监督管理职能；后者承担运输服务职能，成为中国高速列车市场新的唯一用户。

从企业方面来看，中车公司下属的列车生产企业始终是高速列车制造与集成的主体，但企业间关系以及政企关系则有较大变化。中车公司于1986年由铁道部工业总局改组而成，受铁道部直接领导。至1990年，中车公司下属35个制造工厂和4个专业研究所，此后频繁参与（准）高速列车研制的长客、四方、唐车等机车车辆生产企业和株洲所等均在其中。1996年，中车公司改组为以资产经营为主的控股公司，下属企业和研究所经营自主权增加；加之列车采购权下放到铁路局，生产企业之间由计划协作关系转为市场竞争

---

[1] von Hippel, E., *Democratizing Innovation*, Cambridge：The MIT Press, 2005.
[2] 贺俊、吕铁、黄阳华、江鸿：《技术赶超的激励结构与能力积累：中国高铁经验及其政策启示》，《管理世界》2018年第10期。

关系。2000 年，中车公司与铁道部脱钩，拆分为南车集团和北车集团，二者均获得了相对完整的列车生产产业链。主要机车车辆生产企业中，长客、唐车、大同机车厂、大连机车厂等划归北车集团，四方、株机、浦镇车辆厂等划归南车集团。在 2004 年和 2005 年的两轮技术引进中，四方、长客和唐车中标，分别引进了日本川崎重工、法国阿尔斯通公司和德国西门子公司的高速动车组生产技术，建立起高速动车组产品开发平台，[1] 成为中国高速列车三大集成商。其他列车生产企业则全部退出了高速列车整车业务。2015 年，南车集团和北车集团合并为中车集团。由于自中车公司开始的国有铁路装备集团都是以"先子后母"的方式[2]组建的，集团层面的管控力一直较弱，四方、长客和唐车之间的竞争并未因南车集团与北车集团合并而减弱。

基于上述事实，考虑到中国高速列车技术追赶过程中政府互动的核心主体，本章选择铁道部（而非作为高速列车直接使用者的铁路局）作为政府样本；同时越过中车公司、南车集团、北车集团、中车集团等控股集团公司，选择四方、长客、唐车作为集成商样本。

（三）数据收集

本章研究覆盖 1997—2017 年中国高速列车产业从起步到壮大的全过程，可供观察的案例数据非常完整，但较长的时间跨度和回溯性研究的限制也增加了数据收集难度。为便利交叉验证，[3] 作者团队收集了四类数据。一是对中国高速列车产业相关方的 37 次焦点小组访谈，受访主体包括高速列车用户、集成商、配套企业、高铁建设企业、高校和科研院所，受访对象包括管理人员、技术人员和科研人员。所有访谈均有录音和笔记。二是为保证数据

---

[1] 路风：《论产品开发平台》，《管理世界》2018 年第 8 期。

[2] 王凤彬、江鸿、王璁：《央企集团管控架构的演进：战略决定、制度引致还是路径依赖？——一项定性比较分析（QCA）尝试》，《管理世界》2014 年第 12 期。

[3] Campbell, D.T., "Degree of Freedom and the Case Study", *Comparative Political Studies*, 8（2），1975.

真实性和完整性进行的数据补充和校验,主要借助电话、微信或邮件进行。三是公开出版物和互联网上有关铁道部和焦点企业的各类文本与图片。二手数据外生于研究,更加自然,更有助于还原事实。[1] 四是企业年鉴、厂志、公告和年报、行业年鉴、技术文件、科研课题研究报告、宣传手册、内部刊物等资料。这些资料成文于事件发生之时,有助于降低后视偏差[2]。表5-1汇总了主要数据的构成情况。

表5-1　　　　　　　　　　主要数据来源情况

二手数据来源	资料数量(份)	二手数据来源	资料数量(份)
技术文件	34	企业年鉴与企业志	31
公开报道	26	行业年鉴	18
内部印刷资料	22	公开发行书籍	16
访谈数据来源	访谈编号:日期、时长(分钟)		
高速列车集成商	I.2:2015.07.23,70 I.3:2015.08.24,167 I.4:2015.08.25,154 I.5:2015.08.25,148	I.6:2015.08.26,178 I.7:2015.08.26,195 I.11:2015.12.08,151 I.19:2016.03.24,164	I.21:2016.03.25,128 I.35:2016.07.25,183 I.36:2016.07.26,177
高速列车用户	I.14:2016.03.18,110 I.15:2016.03.18,58	I.22:2016.03.26,178 I.23:2016.03.31,120	
高速列车配套企业	I.1:2015.07.08,75 I.26:2016.04.19,140 I.29:2016.06.13,176	I.30:2016.06.14,119 I.31:2016.06.14,176 I.32:2016.06.15,100	I.37:2016.07.27, 125(上午)+145(下午)
科研院所和高校	I.8:2015.10.27,159 I.9:2015.11.03,63 I.12:2016.02.24,127 I.13:2016.03.14,164	I.16:2016.03.22,111 I.17:2016.03.23,113 I.18:2016.03.24,140 I.24:2016.04.18,107	I.25:2016.04.18,129 I.28:2016.04.20,123 I.34:2016.06.16,111

1　Gioia, D.A, K.N.Price, A.L.Hamilton and J.B.Thomas, "Forging an Identity: An Insider-Outsider Study of Processes Involved in the Formation of Organizational Identity", *Administrative Science Quarterly*, 55 (1), 2010.

2　Pettigrew, A., "Longitudinal Field Research on Change: Theory and Practice", *Organization Science*, 1 (3), 1990.

续表

访谈数据来源	访谈编号：日期、时长（分钟）		
高铁建设企业	I.10：2015.11.19，197（上午）+221（下午）	I.20：2016.03.25，111 I.27：2016.04.20，131	I.33：2016.06.15，135

注1：访谈编号按照访谈时间先后排序。

注2：由于篇幅限制，此处不提供二手资料编号与受访者信息。作者乐意为感兴趣的读者提供详细列表。

资料来源：作者整理。访谈清单（含访谈编号与具体访谈信息）详见附录5。

（四）系统集成能力界定

本章借鉴国内外有限的复杂产品系统集成能力研究，选用了"战略集成能力—项目集成能力—技术集成能力"的三维度能力分析框架。一方面，与基于集成过程或成果[1]的能力分类相比，基于集成领域的系统集成能力分析框架更加稳定。这些框架在维度数量和标签上有所差异，但除了少数额外抽取出人才集成[2]、信息集成[3]等维度外，都集中于把握系统集成能力的技术（知识）、组织和战略维度。[4] 另一方面，基于集成领域的系统集成能力分类研究都停留于概念模型，而聚焦于复杂产品系统集成能力发展的研究尽管屈指可数，却提供了实证证据，印证了这类分析框架在后发追赶情境下的适用

---

[1] Brusoni, S. and A.Prencipe, "Unpacking the Black Box of Modularity: Technologies, Products and Organizations", *Industrial and Corporate Change*, 10（1），2001；Clark, K.B. and M.Iansiti, "Integration and Dynamic Capability: Evidence from Product Development in Automobiles and Mainframe Computers", *Industrial and Corporate Change*, 3（3），1994；赵建华、焦晗：《装备制造业企业技术集成能力及其构成因素分析》，《中国软科学》2007年第6期。

[2] 谢科范、董芹芹、陈云：《基于资源集成的自主创新模式辨析》，《科学学研究》2007年增刊。

[3] 张方华、吴剑：《中小企业集成能力影响创新绩效的实证分析——以苏南地区为例》，《预测》2011年第5期。

[4] 史宪睿、金丽、孔伟：《企业集成创新能力的概念及其基本模型》，《科技管理研究》2006年第11期；张方华：《企业集成创新的过程模式与运用研究》，《中国软科学》2008年第10期；王毅、吴贵生：《以技术集成为基础的构架创新研究》，《中国软科学》2002年第12期；谢科范、董芹芹、陈云：《基于资源集成的自主创新模式辨析》，《科学学研究》2007年增刊；陆晓春、李栋、孙昭：《企业集成创新的动因及框架体系研究》，《科学管理研究》2006年增刊；陈劲：《集成创新的理论模式》，《中国软科学》2002年第12期。

性。例如，Kiamehr 等[1]对伊朗水电设施集成商 Farab 集成能力形成过程的系统分析，就是围绕"战略集成能力、职能集成能力、项目集成能力"框架展开的。鉴于项目制是复杂产品系统研发、生产、维护的主流组织方式，[2] 技术集成又是系统集成商的重要职能工作，"战略集成—项目集成—职能集成"框架与基于集成领域的"战略集成—组织集成—技术集成"框架并无本质区别。可以认为，前者是后者在复杂产品系统领域的特例，且经验证适用于后发追赶情境。据此，作者采用"战略集成能力—项目集成能力—技术集成能力"的分类框架，具体定义见表 5-2。

表 5-2　　　　　　　　　　后发技术追赶情境下的系统集成能力维度

能力维度	定义
战略集成能力	选择产业价值链定位（战略聚焦）、技术路线、合作伙伴、外包程度、退出吸引力较低的市场、进入新市场的战略管理能力
项目集成能力	在项目事前、事中和事后组织完成设计、采购、安装、测试、移交、试运营等工作的项目管理能力
技术集成能力	完成系统/软件工程（如概念设计、架构分解、子系统设计、协调子系统生产制造、将子系统整合为完整系统、监督系统测试）、研究开发、系统服务（运营、维护、金融）等工作，以提供整体解决方案的技术能力

资料来源：改编自 Kiamehr et al., Latecomer Systems Integration Capability in Complex Capital Goods: The Case of Iran's Electricity Generation Systems, *Industrial and Corporate Change* 23 (3), 2013.

（五）数据分析

本章通过数据编码和归类，从大量定性资料中提炼系统集成能力提升与产业技术追赶主题，识别政府与企业的系统集成能力在产业技术追赶过程中

---

[1] Kiamehr, M., M.Hobday and A.Kermanshah, "Latecomer Systems Integration Capability in Complex Capital Goods: The Case of Iran's Electricity Generation Systems", *Industrial and Corporate Change*, 23 (3), 2013.

[2] Davies, A. and T.Brady, "Organisational Capabilities and Learning in Complex Product Systems: Towards Repeatable Solutions", *Research Policy*, 29 (7), 2000.

的共演化规律。第一步,对不同来源数据进行交叉验证,[1] 根据系统集成能力、产业技术进步和政企作用关系三条线索,梳理出铁道部和三家集成商等案例主体的关键事件。由于共演化研究要求长而完整的考察期,[2] 以便审视共演化发生的历史环境,作者根据政企互动关键事件和产业技术追赶成就,将整个考察期划分为三个阶段(见表5-3)。第二步,对案例主体的相关数据进行格式化整理和叙述性精简,[3] 为各主体建立数据库并形成完整的案例描述文件。第三步,根据前述的系统集成能力构念与维度划分,采用归纳分析方法,[4] 遵循显著性和适切性原则,识别案例主体各自具备的能力维度与发展水平,刻画各个时间阶段集成能力的形成与提升现象。根据演化研究中"变异—选择—复制"的典型理论模型,刻画各阶段政府能力和企业能力之间的双向作用路径和作用方式。第四步,对不同阶段铁道部与案例企业的双向作用进行比较分析,识别出二者能力共演化模式转换及其对整个产业技术追赶成就的影响。在数据分析过程中,作者在案例数据、理论构念和维度之间不断穿梭,使政府能力和企业能力共演化的框架得以涌现和完善,达到理论饱和。[5]

表5-3　　　　　　　　中国高速列车技术追赶过程的阶段划分

阶段	第一阶段	第二阶段	第三阶段
时间范围	1997—2003 年	2004—2012 年	2013—2017 年

---

[1] Campbell, D.T., "Degree of Freedom and the Case Study", *Comparative Political Studies*, 8 (2), 1975.
[2] Lewin, A.Y. and H.W.Volberda, "Prolegomenaon Coevolution: A Framework for Research on Strategy and New Organizational Forms", *Organization Science*, 10 (5), 1999.
[3] Langley, A., "Strategies for Theorizing from Process Data", *Academy of Management Review*, 24 (4), 1999.
[4] Guba, E.G. and Y.S.Lincoln, "Competing Paradigms in Qualitative Research", in Denzin, N. and Y.S. Lincoln (eds.), *Handbook of Qualitative Research*, SAGE Publications, 1994.
[5] Glaser, B.G. and A.Strauss, *The Discovery of Grounded Theory: Strategies for Qualitative Research*, New Brunswick: Aldine Transaction, 2009.

续表

阶段	第一阶段	第二阶段	第三阶段
政企互动关系	以行政指令为主，初步建立市场交易机制	行政指令和市场交易机制并存	以行业规制为主，行政指令作用弱化，市场交易机制强化
技术追赶最高成就	时速270公里动力集中电力动车组、可靠性不足	时速350公里动力分散电力动车组、可靠性高、标准和技术源流多样化	时速350公里动力分散电动车组、可靠性高、自主知识产权和中国标准体系

资料来源：作者整理。

第四节 案例分析与研究发现

（一）早期进入阶段的替代型共演化

1. 政府与企业的系统集成能力结构

1997—2003年，中国列车生产企业进入高速列车领域，从机车车辆制造商向动车组集成商[1]转型，开始发展技术集成能力和项目集成能力。政府则替代能力不足的集成商，承担了本应由集成商承担的大部分项目集成和战略集成责任。

第一，列车生产企业通过自主研制多种型号动车组，初步发育出高速列车[2]的技术集成能力。其能力提升主要有三种途径：首先，在市场竞争机制下，为了争取订单，将适用的传统列车技术转移到（准）高速列车领域。例如，1997年前，四方和唐车的主产品分别是"内燃调车机车和非干线牵引机

---

[1] 传统列车和动车组的重要区别在于，传统列车的机车与客车之间接口简单，相对独立，因此，传统列车的研制工作可由不同主体分别进行，集成难度低；而动车组的动力车与拖车之间耦合关系复杂，集成难度高。动车组集成商即使将部分子系统外包，也必须系统掌握不同子系统之间的耦合技术。

[2] 目前，时速200公里以上的高速列车均为动车组，"机车+客车"的传统客运列车时速都没有超过200公里。因此，除特别说明外，本章研究中"高速列车"等同于"高速动车组"。

车"（I.3）与 25 型客车，非常熟悉"内燃机车+客车"的技术路线。列车采购权下放后，双方均从该路线出发，各自研制出 NZJ 型和 NYJ1 型内燃动车组。其次，在行政化或市场化合作机制下，从外部获取（准）高速列车技术知识。行业高校和科研院所是主要的外部知识来源。例如，在时速 250 公里转向架[1]研制中，长客"遇到临界速度只有时速 120 公里的难题"，4 个月找不出原因；还是西南交大教授发现，问题在于"转向架与车体纵向连接的牵引杆连接刚度太大"（D.5）。此外，通过商业合作或技术平移，企业也从同行处吸收知识。例如，哈尔滨铁路局订购了 4 列四方研制的 NYJ1 型动车组，其中两列交由长客生产。尽管企业间强制性技术转移多限于生产图纸和生产技术，但接受技术转移的企业仍然可以通过生产制造和设计改进（如长客改进了 NYJ1 型的抗寒设计）等深化对列车设计原理的理解。最后，在行政指令机制下，参与铁道部科研课题，探索高速列车的专用性技术。"大白鲨""先锋号""中华之星"三个课题分属动力集中和动力分散两种技术路线，速度等级也从时速 200 公里提高到时速 270 公里。尽管长客、四方、唐车等企业并未完全承担这些动车组的总体设计工作，但仍然获得了对不同技术路线、较高速度等级动车组架构的直接认识。

第二，列车生产企业通过参与铁路局招标项目，开始发展项目集成能力。在企业能力不足的情况下，政府在项目集成上发挥了必不可少的替代作用。在企业方面，招标制度迫使其提升内部组织管理，提高对定制项目的响应能力。1997 年前，企业任务以面向计划的制造装配为主，内部组织严格区分设计、工艺、生产、采购等部门，各部门再区分机车、客车等产品责任单元，按铁道部计划生产定型产品。1997 年后，企业核心活动转为面向项目的开发

---

[1] 车体设计（车体断面和头型设计）、牵引制动系统、转向架构造、网络控制系统是决定高速动车组技术水平和知识产权归属的核心技术领域，参见杨中平《新干线纵横谈——日本高速铁路技术》，中国铁道出版社，2012。

生产。由于动车组将"机车和车辆融为一体,进行一体化设计,管理和运营体制的很多问题无法解决"(D.10),企业开始组织调整,旨在从生产车间转变为平衡成本和性能要求的项目组织者。例如,四方于1995年成立高速办公室,又"从原先机车处抽调了一批年轻的队伍"(D.11),成立了动车本部和动车产品开发部。长客和唐车也有类似举措。新的高速列车部门凝聚了技术力量,但没有改变原有的直线职能制,也没有构建起项目集成的跨职能工作机制。更重要的是,复杂产品系统项目实施需要供应商[1]的长期协作,而列车生产企业不具备这种能力。尽管每家企业都有约定俗成的计划配套企业,但缺少供应商管理体系,行政计划下的配套关系并没有转化为商业项目中的长期协作效率。例如,唐车"对供应商的选择以价格为主导因素,不进行供应商的能力评估,采购随机性大"(D.19)。因此,高水平科研项目的成功实施高度依赖铁道部的项目集成能力。在"大白鲨"等项目中,"协调整合就靠铁道部。铁道部分配任务,各工厂来做。往车上落的时候,各个工厂之间要开个协调会,也是铁道部出面"(I.14)。1999年,铁道部成立高速铁路办公室,作为统筹高速铁路及动车组等装备研制的正式组织。

第三,政府是战略集成能力的关键载体,在采购权下放前后都决定着列车生产企业的战略方向。2003年前,国内就是否新建高铁线路、采用何种技术路线等问题长期争论不决,但铁道部坚持探索各种高速列车技术路线,同时调整列车生产企业的定位,表现出很强的战略能力。一是技术路线选择。1997年后,铁路局招标车型与铁道部科研车型在技术路线上形成了鲜明对比(见图5-1):前者以内燃动车组为主,2000年后才有达到准高速门槛的动车组投入运营。后者从电力动车组起步,2001年前就组织研制了时速200公里的"大白鲨"和"先锋号"。如果铁道部没有明确地将电力动车组作

---

[1] Jaspers, F. and J. Van den Ende, "Open Innovation and Systems Integration: How and Why Firms Know More than They Make", *International Journal of Technology Management*, 52 (3/4), 2010.

为高速列车发展方向，企业必然受商业订单引导，将主要技术力量投入相对简单、陈旧的内燃动车组路线，无法为发展先进、主流的电力动车组打下基础。二是价值链定位。在维持铁路系统专业化分工体系的同时，铁道部通过下放列车采购权和组织科研项目，推动列车生产企业改变了活动范围。一方面，铁路局招标项目要求四方、唐车和长客必须突破仅生产机车或客车的局限，作为集成商负责中标动车组的研制与集成；另一方面，在部级科研项目中，铁道部打破了客车厂负责拖车的分工惯例，将其推向集成商位置。例如，在"大白鲨"项目中，铁道部指定长客负责动车组总体研究以及控制车开发，这在惯例上是由机车厂或科研院所负责的。与主动进行战略选择的铁道部相比，企业更多的是被动接受战略安排，顺应铁路客运主导产品概念的变化，跟进调整技术路线和活动边界，并没有表现出明显的战略集成能力。

2. 政府与企业能力的共演化关系

从政府对企业的影响来看，政府运用战略集成能力和项目集成能力，改变了企业能力的选择标准和产品复制概率，促使企业聚焦于技术集成能力和项目集成能力提升。

其一，铁道部的战略引导使客运列车研制向高速动车组转向，产业的技术适应性标准随之向高速动车组技术迁移，改变了列车生产企业的技术集成能力发展目标。此前，企业活动"很简单，让我们做什么车，就做什么车。图纸都是铁道部给的"（I.35）。此后，企业以自主开发动车组为目标，通过前述的传统列车技术能力转移、获取外部技术知识、参与高水平动车组科研三条途径，在产品层次开展技术学习，[1] 积累动车组集成的技术能力。一方面，铁路局招标项目为企业提供了技术难度较低、运用条件有别的动车组研

---

[1] 路风：《论产品开发平台》，《管理世界》2018年第8期。

发机会。企业的产品序列发生渐进性变化，相关人员随之拓展动车组技术知识的深度和广度，使需要跨领域知识的技术集成成为可能。另一方面，铁道部组织开展高速电力动车组科研项目，使参与企业避免了在铁路局主导下陷入较低速度等级、陈旧技术路线（内燃式）动车组重复开发的局面。需要指出的是，铁道部并不只是以行业规制者身份强制企业开展技术学习，而是注意以用户身份创造市场预期，将科研项目的技术标准转化为产业技术的选择标准，激励企业根据新标准开展知识搜寻与学习。例如，铁道部在启动时速270公里"中华之星"项目时，明确该车型将实现产业化，订单由南车集团和北车集团均分，因而极大激发起企业的参与热情。

其二，铁道部下放列车采购权后，市场交易取代了计划分配，产业的组织适应性标准不再遵循已有的组织间分工惯例，而是面向定制项目的内外部组织方式；产品的复制概率也不再取决于生产计划执行力度，而取决于项目对经济性与先进性的平衡。企业的组织管理目标因此改变。"1997年前，企业虽然间或参与列车研制"（D.9），但受软预算约束，[1] 片面追求技术先进性，忽视设计经济性和可制造性。"高成本的设计至少可以给企业带来两点好处：一是给企业带来较多的利润，因为政府定价的方法就是成本加利润，利润按成本的一定比例计算，成本越高，利润越高；二是不计成本地对产品进行冗余设计，首要考虑的是单位和个人的声誉，产品的经济性是次要的。"（D.3）即便铁路局遭遇使用问题，企业仍能获得产品复制与改进的计划性机会。1997年，株机厂在竞标中被废标，铁道部引入市场化采购的决心由此彰显。铁路局招标项目有成本和工期约束。中标企业必须控制设计反复、资源浪费和延期风险，使动车组的经济性和可靠性得到用户认可，才能形成商业示范效应，提高产品复制（获得后续订单）的概率。当时，NZJ型（唐车）

---

1 Kornai, J., "The Soft Budget Constraint", *Kyklos*, 39（1）, 1986.

和 NYJ1 型（四方）动车组几乎同期投入南昌铁路局运营。前者追求技术先进性，采用"少见的机头集中供电设计"（D.1），但可靠性不足。虽然唐车争取到南昌局的二次订单，反复优化该车型，可是未能解决问题，NZJ 型再未售出第三列。四方 NYJ1 型设计相对保守，"在既有的集中供电空调列车基础上加以浓缩"（D.1），但稳定性更高，吸引了多家铁路局订单，共售出 13 列。为了应对这种变化，企业才会开始改造产品开发的组织方式，强化项目集成能力。

从企业对政府的影响来看，企业技术集成能力的提高和项目集成能力的缺失，改变了政府能力的适用性标准，促使政府尽快加强高速列车研发管理，提高项目集成能力。改革开放之后，铁道部延续着强力的计划管理体制，能够快速动员和协调资源。然而，根据南车集团原总经理赵小刚的回忆，20 世纪 90 年代初，"铁路系统是一个计划色彩异常浓厚，但计划水平又不高的体系。许许多多的铁路企业为了自身的利益，对铁道部的正确要求以种种理由推诿或拒绝，反过来企业要办的正事也难以获得批准"（D.3）。"1997 年后，铁路局和列车生产企业获得了市场主体地位，加之 1998 年铁路系统全面实施资产经营责任制"（D.36），如何协调面对自主经营压力的企业，给铁道部带来了全新的挑战。一是机车和车辆生产企业提高技术集成能力都进入了此前不曾涉足的动车组集成环节，打破了"机车+客车"传统路线下机车和客车生产企业之间的分工合作惯例，在高速列车领域形成了竞争关系。铁道部固然可以凭借行政手段强制企业开展项目协作，但可能出现赵小刚描述的企业推诿或拒绝的情况。二是企业缺少项目集成经验，即使中标铁路局招标项目，短期内难以有效整合铁路系统内部的其他生产企业。在企业技术集成能力与项目集成能力不平衡的情况下，产业技术进步要求铁道部将项目集成作为自身能力发展的重要方向。因此，铁道部非常注重发挥行政指令的项目协调作用，通过建立高速铁路办公室等手段，将高速动车组研制项目组织正式化。

综上，在行动主体层次上，政府与企业相互影响着产业对双方能力的选择标准和复制概率，改变了对方的能力演化动力。政府的战略集成能力得以发挥，基于行政权力的项目集成能力进一步增强；企业初步形成了技术集成能力，开始发展基于市场机制的项目集成能力。反馈效应使得政府能力对企业能力的替代作用不断增强（如图5-2所示）。在产业层次上，由于政府替代企业承担起战略集成和项目集成主体的责任，中国高速列车产业才能在技术追赶初期即形成了相对完备的系统集成能力结构，研制出时速270公里的"中华之星"等高速动车组。不过，截至2003年，整个产业的系统集成水平仍然很低，代表产业最高水平的"中华之星"也不满足高速客运安全性和稳定性的要求。这主要是由于企业技术集成和项目集成能力发育不足所致。在技术集成上，企业对动车组"软件耦合关系缺乏认识"（I.11）；设计不成熟，"动车组各子系统之间的匹配耦合性欠佳"（D.11）；生产与总装工艺落后，"列车及其核心部件的质量可靠性较差"（D.11）。在项目集成上，各企业没有突破直线职能制和串行开发模式，"科技资源配置分散重复、管理各自为政，整体运行效率不高"（D.7）。

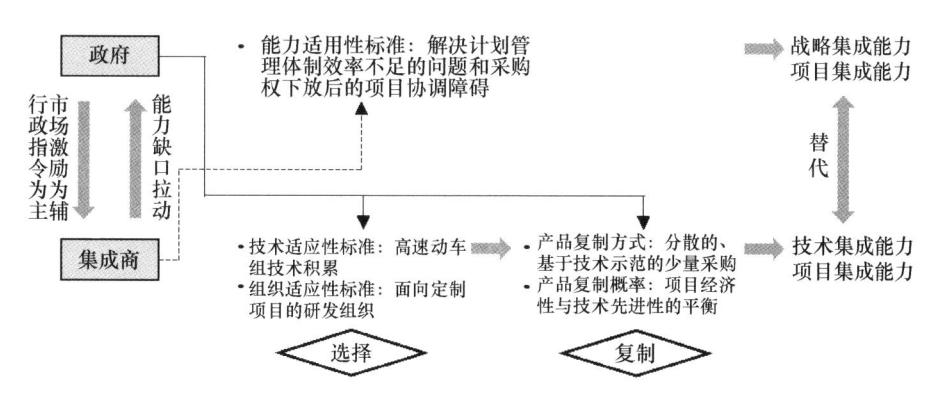

图5-2 政府与企业能力的替代型共演化

资料来源：作者绘制。

(二) 技术引进之后的互补型共演化

1. 政府与企业的系统集成能力结构

2004—2012年，在两轮技术引进之后，中国列车生产企业建立起完整的高速列车产品开发平台，技术集成能力和项目集成能力极大增强，但战略集成能力仍非常有限。在企业产品序列不断扩张的过程中，政府持续发挥着项目集成和战略集成的作用。

第一，在前期技术积累的基础上，列车生产企业吸收引进技术，技术集成能力快速增强。从技术出发，集成能力包括组件与系统总装的工艺能力以及系统（子系统）设计能力。[1] 2004年后，四方、长客和唐车的工艺能力和设计能力均有长足进步，但途径不同。就工艺能力而言，技术引进带来了完整的生产工艺，企业只需通过反复的操作试验进行适应性改进。受访者公认，制造工艺是技术引进中获益最大的部分。唐车表示，"在制造技术上，西门子确实全部无保留地转让"（D.11）。四方也认为，在生产工艺方面，"川崎是个好老师"（I.4）。同时，企业不断根据本地技术条件改进引进工艺。例如，唐车"经过无数次试验，终于掌握了焊枪的最佳角度和速度，达到了小焊缝焊接时的零缺陷"（D.11），接线等环节的"工艺水平甚至创造了世界同业之最"（D.21）。2008年，三家企业开始导入精益生产管理体系，总装"精细化水平和质量保障能力全面提升"（I.36）。

就设计能力而言，技术引进带来了工作对象，却没有带来设计知识，企业只能通过逆向工程[2]与"干中学"[3]探索产品架构与设计原理。首先，

---

[1] Hobday, M., A.Davies and A.Prencipe, "Systems Integration: A Core Capability of the Modern Corporation", *Industrial and Corporate Change*, 14 (6), 2005.
[2] 吕铁、江鸿：《从逆向工程到正向设计——中国高铁对装备制造业技术追赶与自主创新的启示》，《经济管理》2017年第10期。
[3] Arrow, K.J., "The Economic Implications of Learning by Doing", *The Review of Economic Studies*, 29 (3), 1962.

"外方只提供制造图纸,不提供设计图纸,也不告知设计问题和设计要点"(I.5)。其次,"车辆设计高度依赖经验积累,很难从书上或者国外学到"(I.17)。因此,技术引进之初,三家企业仅能对原型车进行技术含量较低的适应性改造。2005—2009 年,四方对 CRH2A 原型车"进行了 101 项适应性改造,但都不涉及牵引、制动等核心技术"(I.5)。不过,得益于此前的技术积累,企业很快开始通过三条途径,深入探索整车架构知识。其一,在原型车基础上开发衍生车型,识别和解决不同运用条件下的设计问题。例如,四方开发长编组卧铺车,"其实改造了很多。第一,这么高速的卧铺车在全球都是首次,承载设计要变。第二,卧铺车主要用于睡觉,隔音降噪要做大量工作。通过开发(衍生车型),摸索出来全套方法,验证确认问题,再修改设计"(I.5)。其二,解决原型车设计问题,掌握原型车架构知识和工作逻辑。以长客为例,"引进的 CRH5A 设计不成熟,大量问题阿尔斯通解决不了,不得不和长客分享控制程序,但这些程序本身就有缺陷。比如列车关门时最后关的门总是关不上。我们反复排查,发现关门时车内有正压。增加一条新逻辑,问题消失。类似问题几百上千件,我们一点点解决。掌握全车逻辑,用了整整 7 年"(I.11)。其三,开发超越原型车速度等级的全新车型,系统掌握更高速运营条件下的列车设计知识。例如,尽管日本拒绝转让时速 300 公里以上动车组,但四方在大范围产学研合作的支撑下,在时速 350 公里动车组头型、车体与转向架设计等方面取得了长足进步。"2008 年 CRH2C 二阶段在武广线试验时,我们提出转向架的问题和改进方法,还需要川崎的确认。但此后,转向架设计就不再需要川崎了。"(I.7)

第二,列车生产企业与政府的项目集成能力有效互补,发展侧重点不同,且政府能力逐渐让位于企业能力。首先,企业通过对标技术转让方,全面变革研发组织和供应商管理,极大强化了内部组织集成和外部供应商集成。对内,长客、四方和唐车都突破了传统的直线职能制和串行开发组织模式,开始建立面向项目的协同工作环境和跨职能工作流程。为此,三家企业全面调整组织结构和流程,"不再以生产为单位,改用项目管理来支撑协调和集成"(I.35)。例如,四方"向川崎学习,建立设计中心和工程中心,把机车、客车、动车的车体、电气等团队按专业合并,根据专业划分研发部门"(I.4)。唐车"把组织架构尽量调整得和德方一样。西门子把组织结构图提供给我们,我们基本 1∶1 复制"(I.35)。在结构改造的基础上,企业变革工作流程,支撑研发项目的跨职能协作与并行工程。此前,"技术团队的信息传递都是基于 PDM,各单位分工,到现场才衔接起来。国外企业的信息传递则是基于项目的,各种信息资源的传递是并行的"(I.35)。因此,企业改变了"设计部门完成所有图纸、图纸归档后工艺部门再开始工作"(I.6)的做法,"形成了以技术中心为主体的研发机构和较完善的技术创新体系,在公司产品范围内达到技术同进、资源共享"(D.7)。对外,企业建立完善供应商管理体系,加强对供应商研发的整合。其一,确立供应商管理体系,增强长期合作承诺。例如,唐车借鉴西门子"Win to Win"的供应链管理理念,成立了供应商管理部,旨在改变"与供应商合作各层面各步骤都存在对立情绪"(D.19)的情况。再如,四方"现在对几百个供应商一律采用分级管理"(I.3)。其二,为供应商提供工艺和管理改进建议。例如,"当四方深入了解供应商的工艺时,会主动参与供应商工艺设计"(I.3)。"CRH2 动车组铝型材的制造参数由供应商自己摸索,但我们的设计人员和工艺人员有前期知识,把生产要求、生产方法、检测方法提供给供应商;而且到场观察,能看到生产过程中的关键控制点。两方结合,供应商应该控制哪些环节一目了然。"(I.7)此外,四方"把管理理念,比如 ISO9000 认证、铁路系统专门的 IRIS 认证、RAMS[1]

---

1 RAMS 是可靠性(Reliability)、可用性(Availability)、可维修性(Maintainability)和安全性(Safety)的首字母缩写。这一标准最早由航空业提出,后被铁路行业采用。

认证等，还有精益生产理念，都传递到分包方"（I.19）。其三，将供应商纳入本企业协同设计环境。长客副总工程师介绍说，"我们以前没有协同设计，接口一定，你干你的，我干我的。现在我们和供应商在一个环境里搞协同设计"（I.11）。

其次，在产学研组织集成方面，政府最初起着主导作用；但随着企业对行业高校和科研院所等外部知识供给方的合作导向由短期向长期转变，由行政化向市场化转变，外部集成能力增强，政府的作用日趋弱化。这一点在新型动车组的研发合作中表现明显。2004年前，企业只是出于短期研发需要，临时整合铁路系统内部（路内）高校和科研院所的技术力量，既忽视铁路系统之外（路外）的科研机构，也缺乏持续搜寻、整合外部知识的机制。四方总工程师指出："技术引进之前，甚至是技术引进初期，我们虽然也参与一些合作项目，但态度是很被动的。有时候有技术难题，但不愿意找外面的单位合作，总觉得自己捣鼓捣鼓也能出结果"（I.3）。2004年后，铁道部指定了动车组技术引进中关键部件和子系统的国内技术承接方，专门成立动车组项目联合办公室（以下简称动联办），围绕技术承接方需求，直接主导大范围产学研合作。有行业专家指出，"技术引进，各单位之间能合作，都是依靠铁道部的行政关系"（I.17）。2008年，"两部联合行动计划"启动，铁道部更将外部组织集成范围扩展到路外，北京大学、清华大学、浙江大学、同济大学、中科院力学所等路外高校和研究机构首次深入参与高速列车研发。随着大范围产学研合作的成效为实践所证明，企业也开始建设自主的产学研合作长效机制，对外部知识供给者的组织集成常态化。四方技术管理人员就表示："原来我们主要和路内高校合作，封闭在铁路系统内。'两部联合行动计划'之后，我们和中科院、工程院和其他非路内院校合作，一下子豁然开朗。"（I.36）"创新模式有了很好的转型，和高校、科研院所开展稳定的长期战略合作，这对四方的发展很重要。"（I.3）本阶段末，政府的组织集成已经收缩到设定技术条件、组织联调联试[1]等少数顶层活动,不再深度介入子系统开发或更低层次的组织集成。

第三,政府通过回收采购权,成为国内高速列车市场的唯一用户,最大化自身的战略集成能力,灵活运用市场订单,控制企业的关键战略选择;企业仅在限定的活动边界内,主动调整自身知识边界,战略集成能力非常有限。政府的战略集成体现在三方面:一是技术路线。2004年前,中国(准)高速动车组技术路线多样,电力动车组与内燃动车组型号数量比为7∶4;电力动车组中,动力集中与动力分散型号数量比为3∶4。技术引进启动时,国外高铁运营实践已证明了动力分散路线的相对技术经济优势。因此,铁道部放弃了凝聚路内核心力量的"中华之星"动力集中电力动车组,停止采购所有前期研发型号,要求中标企业聚焦于动力分散技术路线。二是企业业务范围和价值链定位。铁道部在两轮招标采购中,仅向四方、长客、唐车和合资企业四方庞巴迪[2]授予投标资质,将其他国内企业排除在外;同时,四方和唐车分别退出机车生产和车辆修理业务。这明确了四方、长客、唐车三家企业高速列车集成商的定位,而当时很多四方员工则"认为下马机车业务完全是错误的决定"(D.3)。三是合作方式与对象。大规模技术引进前,虽然国内列车生产企业与国外同行已有接触,但多为部件采购关系。铁道部组织技术引进时,预先确定了自身的"战略买家"(D.8)身份,以技术学习为目标,利用垄断用户地位增加谈判能力,迫使国外企业同意技术转让条款,得以同时整体引进产品平台不同的三家国外顶尖企业的高速动车组技术。特别是,铁道部将本土企业是否完全掌握原型车制造技术作为技术转让实施评价标准之一,使得外方必须向中方传授制造技术。

---

[1] 联调联试活动已经超出了高速列车产业边界,是运用列车和相关检测设备,对包括列车、固定设备、信号控制、路轨等子系统在内的整个高铁系统进行综合测试、验证、调整和优化。
[2] 最初设想加拿大庞巴迪公司也将成为技术转让方。

在铁道部限定的活动范围内，企业也从巩固集成商地位的需要出发，调整外包决策和知识边界，发育出有限的战略集成能力。在外包大量零部件和软件的同时，基于对活动边界和知识边界的战略性思考，三家企业都选择性地保留甚至扩充外包活动的相关知识，从而保持对供应商的控制力和对子系统技术变化的敏感度。以四方为例，其总工程师指出："如果我们对供应商的技术不太了解，会把供应商的专家请来，请他们讲讲怎么实现总成的结果。"（I.3）再如，转向架是动车组集成商必须掌握的核心部件。四方在外包部分转向架生产的同时，极其注重保留相关知识。"转向架的很多部件都是外购的，但是他们（供应商）的部件设计图纸出自我们（四方）。转向架是我们厂的核心技术，转向架设计研发是非常复杂的体系。即使外包比例提高，核心技术也只能增强，不能削弱。"（I.5）

2. 政府与企业能力的共演化关系

从政府对企业的影响来看，政府运用战略集成能力和项目集成能力，改变了企业能力的变异方向、选择标准和复制方式，促使企业建立自主的动车组产品开发平台，并在平台上全面提升技术集成能力和项目集成能力。

第一，铁道部对技术路线和合作伙伴的战略选择，塑造了列车生产企业技术集成能力和项目集成能力的变异方向和多样性，在动力分散电力动车组技术路线下形成了三个差异化的产品开发平台。后发国家技术追赶要避免"引进—落后—再引进"的恶性循环，关键在于建立产品开发平台。[1] 2004年前，中国企业研制了十余种新型动车组，但研发投入分散在多种技术路线、速度等级较低的型号之中，没有形成连续的产品序列，内部组织又以生产管理（而非研发管理）为中心，缺乏建设高速列车开发平台的动力和能力。2004年后，这种情况得到了根本扭转。如前所述，铁道部以唯一用户身份，

---

[1] 路风：《论产品开发平台》，《管理世界》2018年第8期。

推动企业聚焦于动力分散技术路线。更重要的是，即便在同一技术路线下，德、法、日的高速列车设计思路差异也很大。以安全监测为例，"日系车强调人的作用，很多可以由人完成的监测项目都没做到网络系统里面，因此对管理精细程度要求高，检修频率高。德系车强调硬件的作用，多用设备监测，监测事无巨细，需要的检修人员少，但操作复杂，容易报故障"（I.18）。这种差异不仅表征为产品设计和制造的差异，而且表征为组织管理的差异。唐车管理人员介绍说，"德国的技术建立在德国的管理平台之上。如果不接受他们的管理平台，就没有办法很好地学习他们的技术"。国内企业必须同时变革技术体系和组织体系，才能使引进车型尽快落地。长客、四方、唐车的早期技术与引进技术叠加，在企业层面加快了产品开发平台建设速度，围绕平台不断改进产品、技术和组织要素，持续提升技术集成能力和项目集成能力；在产业层面首次创造出一个包含多个高速动车组开发平台且快速变异的"种群"，[1] 为后续选择和复制提供了丰富的变异基础，改变了整个产业的技术演化力量。

第二，铁道部通过设定采购要求和运用条件，转变企业的组织适应性和技术适应性标准，促使企业为满足选择标准，强化项目集成和技术集成。首先，无论是技术引进的原型车，还是自主开发的时速350公里动车组，铁道部在立项时都以商业应用为导向。2004年，铁道部下发文件，要求各级领导定期添乘提速列车，倒逼新型动车组满足可靠、稳定和安全的商用要求。此外，铁道部根据《中长期铁路网规划》，新建京津、武广等高速客运新线，无疑对动车组研制提出了严格的进度要求（如京津城际必须在2008年北京奥运会前通车）。只有技术集成和项目集成达到一定水平，企业才能产出符合上述标准的动车组。其次，在技术引进之时，铁道部已经明确表达了对自主创

---

1 Metcalfe, J.S., "Evolutionary Concepts in Relation to Evolutionary Economics", in Dopfer, K. (eds.), *The Evolutionary Foundations of Economics*, Cambridge University Press, 2005.

新的更高速度等级动车组的升级需求。高速动车组时速每提高30—50公里，整车设计就需要重大调整。2006年3月，铁道部确定京沪高铁将按照时速350公里的标准设计。此要求远高于引进车型时速300公里的速度上限，传递出企业必须在短期内提升高速列车研发水平的强力信号。要满足这样的产品升级，集成商不能停留于对引进车型制造工艺和原理的消化吸收，而必须掌握其背后的设计原理和架构知识，以及支撑先进设计流程的项目管理方式。最后，根据中国铁路实际运营环境，铁道部要求新型动车组应适应高寒、多雪、高原、风沙、湿热、雾霾、极端温差等运用条件。不少高铁国家从未面对此类难题，也无法提供学习参照对象。中国列车生产企业必须系统探索动车组在复杂条件下的参数谱系和设计模型，将其整合到产品开发平台中。正如长客受访人员所言，"铁总对高寒列车的耐寒要求是零下25度，长客做到零下40度。研发投入肯定比实现零下25度高"（I.21）。

第三，铁道部通过扩大采购批量，提高采购频率，改变了动车组产品的复制方式和复制概率，极大激励了集成商为形成动力分散电力动车组技术路线下的技术集成能力与项目集成能力进行专用性投资。首先，2004年《中长期铁路网规划》展示的高铁建设计划创造了规模前所未有的高速列车市场，动车组开发平台的多样性变异和适应性标准因此具备了基于市场的复制前景和实践价值。长客受访人员回忆说，"2004年全路一年的采购费大概是500亿元，够买10组动车组已经不错了。[1] 铁道部部长来长客说，以后要有1000组动车组！我们一听，精神病吧，怎么可能。不是我们目光短浅，而是当时看到的供应商体系，没有这个能力。但现在，全国有1800组动车组"（I.19）。其次，铁道部始终注意为企业提供合理的利润空间（访谈表明约为

---

[1] 根据行业统计资料，2004年全国铁路基本建设投资531.55亿元，机车车辆购置投资178.32亿元。此处长客受访人员可能混淆了当年的基本建设投资和机车车辆购置投资，实际上机车车辆购置投资总额更小。

15%），确保集成水平更高、复制机会更多的企业能够从高速列车订单中获益。可观的产品复制（复购）前景使新的组织适应性和技术适应性标准真正成为企业能力发展的"指挥棒"，推动企业集中力量改善动车组技术集成和项目集成，为动车组开发平台进行大量专用性投资。例如，到 2012 年，长客、四方和唐车都改变了实验验证均需外部支持的局面，自建门类齐全的实验设施与队伍。仅从北车方面来看，长客建成了高速列车系统集成国家工程实验室和 11 公里的厂内动车组实验线；唐车的研发团队从 100 多人扩充到 1000 多人。而在上一阶段的采购条件下，企业绝无可能自发进行这些投资。长客受访人员评价说，"原来（2004 年前）电力机车采购，铁道部给的价格太低，都差点把主机厂挤死了；（2004 年后）动车组采购，就给了主机厂比较合适的利润。否则是不可能支持研发的，只够发发工资"（I.11）。

从企业对政府的影响来看，企业系统集成能力的提升使政府能力的适用性标准和复制难度发生变动，政府收缩项目集成活动，改变战略集成方向。一方面，铁道部在实际上将补充企业项目能力的缺失作为行为标准，调整项目集成的组织形式和活动范围。2004 年技术引进之初，鉴于企业项目集成水平较低，动联办全面承担了协调、整合行业主体的责任，广泛覆盖高速动车组研制的技术标准、车辆设计、零部件采购、车辆测试等工作范围。"2004 年到 2005 年成立动联办，加上客专技术部，以（产品上线运行的）责任为前提，真正地在国家层面把原来各个部门不管的问题解决掉，把整套系统完整地整合在一起，各方面才没有衔接的障碍。"（I.10）之后，正如前文所述，随着企业对标国外技术转让方，提升项目集成能力，铁道部的项目集成转而集中于利益相关方最多、整合难度最大的联调联试等少数活动，为企业让出了项目管理、供应商管理和产学研合作组织能力的发展空间。另一方面，本阶段早期企业战略集成能力的缺失，需要政府以加强高层次战略集成为目标进行能力调整，而后期企业技术集成能力与项目集成能力的增强又降低了政府战略集成惯例的复制难度。2004 年前，中外企业技术差距较大，国内列车生产企业缺乏争取国外同行技术合作的能力。为了在技术引进中掌握战略主动，吸引国外合作伙伴按照指定技术路线提供引进车型和相关技术，铁道部通过回收列车采购权、统一招标采购等方式，在短期内极大强化了基于市场机制的战略集成能力。更重要的是，技术引进启动后，企业技术集成能力和项目集成能力快速提升，实现了政府通过技术引进实现技术追赶和自主创新的战略安排，使各方认可了政府主导的战略集成，降低了这种模式的复制难度。因此，在后续的时速 350 公里动车组等自主创新项目中，政府持续发挥战略集成作用，并将其扩展到路外合作之中，战略集成能力在运用中不断增强。

综上，在行动主体层次上，政府在能力变异、适应性选择标准、产品复制等方面均对企业施加了深刻影响，使企业的技术集成能力和项目集成能力快速强化；而企业对政府的反馈效应则改变了政府能力的适用性标准和复制难度，使政府的项目集成能力逐步收缩，而基于市场机制的战略集成能力极大增强（如图 5-3 所示）。在产业层次上，企业集成能力提升和政府对企业能力的有效补充，使中国高速列车产业以远超外方预期的速度实现了自主的高水平系统集成。川崎重工总裁大桥忠晴曾说，四方"需要 8 年消化引进技术，再花 8 年吸收，然后才谈得上创新"。但 2004—2012 年，中国仅用 8 年时间，已经在没有相同速度等级国外仿制对象的情况下，研制出全球运营速度最高的时速 350 公里动车组。

（三）高水平提升阶段的分化型共演化

1. 政府与企业的系统集成能力结构

2013—2017 年，以中国标准动车组研制为核心，中国列车生产企业在原有产品开发平台上实现了技术集成能力和项目集成能力的跃升；随着自身产

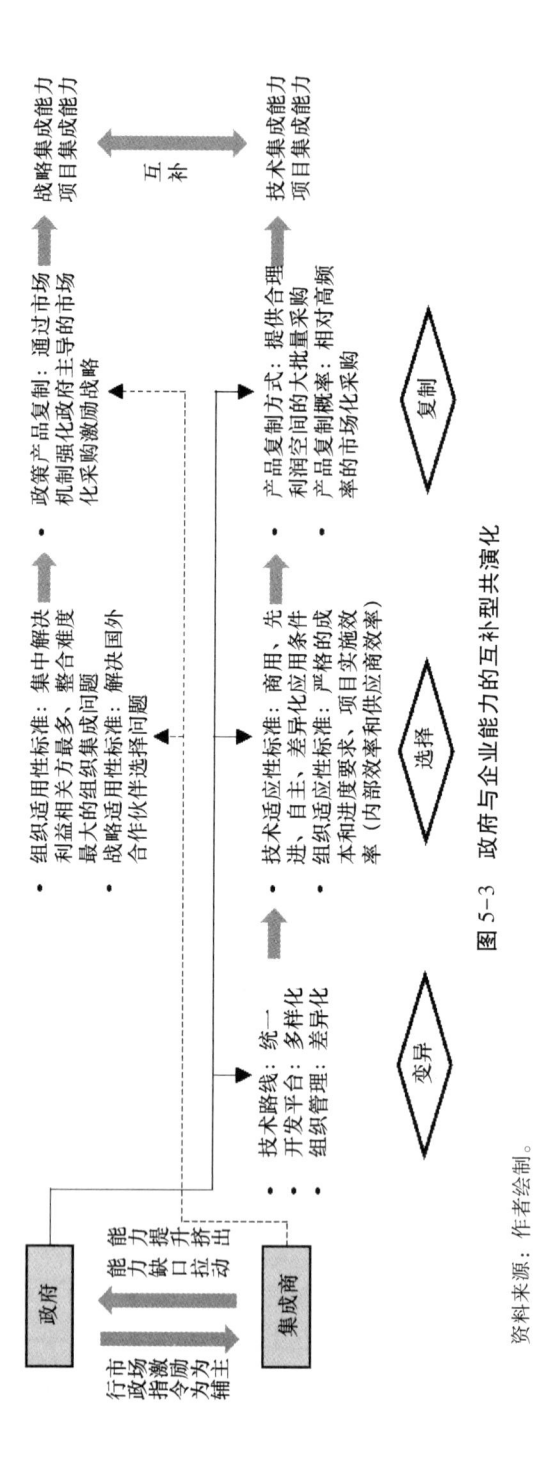

图 5-3 政府与企业能力的互补型共演化

资料来源：作者绘制。

品开发平台成熟和政府行政干预减弱，企业也强化了战略集成能力的发展与运用。同时，在铁道部改制之后，国家铁路局退出了动车组产品研制的集成工作，作为铁路运营企业的铁总则继承了铁道部项目集成和战略集成的功能，但集成能力相对较弱。

第一，通过研制技术要求更加苛刻的新产品，列车生产企业的技术集成能力达到了技术路线和架构设计高度自主的先进水平。由于集成商的总装工艺在上一阶段已达到很高水平，本阶段技术集成能力的提升突出表现在产品设计上，特别是整车架构设计、关键子系统设计以及子系统耦合关系的标准体系。这种提升是通过三条途径实现的。一是在既有的产品开发平台上，研制或整合自主知识产权的核心子系统。例如，长客在2004年后一直致力于开发自主的网络控制系统，2013年研发成功后分别用于时速160公里、200公里和250公里的CRH3A动车组。这些动车组可在设计时速不同的线路间跨线运行，运营适应性前所未有，证明长客掌握了"软件的底层代码和运算逻辑"，"可以根据运营需求自主调整优化软件"（D.38）。

二是在成熟的技术路线下，调整产品开发平台，适应产品标准的重大变化。2013年，铁总启动时速350公里中国标准动车组研制项目，旨在建立高速动车组的中国标准体系，并对动车组统型，解决来源于多国技术标准的知识产权争议与产品开发平台差异造成的运营维护问题。仅就运营维护而言，某铁路局受访人员回顾说，"原来我们有四种车型、17个型号的车。长客和唐车都是北车的，春节想增加客运量，但两家的车不能重联，没法增加发车数。标准动车组要求三家的网络控制系统必须统一到一个接口下"（I.10）。新的技术要求意味着，参与研制的长客和四方必须先形成兼顾不同企业技术特点与中国运用条件的标准体系，再根据新标准对子系统进行全面的解耦与再耦合。在铁总和铁科院的组织下，各方很快形成了中国标准动车组的顶层技术指标；在此基础上，长客和四方重新定义软硬件接口和整车工作逻辑，在三年内实现了动车组之间机械接口的物理互联、电气接口的数据互联、软件接口的逻辑互联和操作界面的互通、主要硬件的互换,实践了新的中国标准体系。

三是持续延伸产品序列和产品开发平台,在新的动力技术路线下实施全新的产品概念。长客研制的多动力混合动车组就是这种努力的成果。该车型是长客为满足电气化铁路—非电气化铁路、高速铁路—普速铁路跨线运行需要而研制的,在全球范围内亦属创新的产品概念,尽管"混合动力车比(电力)动车组的逻辑还复杂,涉及电池什么时候充电,什么时候放电,还有混合动力包、电网(等耦合问题)",但长客在没有同类产品可供参照的情况下,开发出了"接触网+动力电池"和"接触网+油电"两种采用混合动力系统的样车,而且"(工作)逻辑和软件也是我们长客自己做的"(I.11)。该车设计主管介绍,"一年前(2013 年),我听一个日本专家讲座,内容是油电混合动力技术在日本的发展与应用,最后,他说,由于日本国土狭小,这种技术的目标市场是中国。我当时就笑了,心想,我们自己远优于油电混合技术的多动力混合技术动车组都快要研发出来了,谁还会需要你们的车呢?"(D.31)

第二,列车生产企业与铁路运营企业(铁总)分别在内部集成、供应商集成、产学研合作等领域发展各自的项目集成能力,政府(国家铁路局)则完全退出了项目集成工作。从列车生产企业来看,长客、四方和唐车一方面不断完善协同工作的内部环境和供应商环境,提高集成效率;另一方面扩大自主的产学研合作网络,形成开放的外部知识搜寻与整合机制。首先,将组织结构和流程变革推进到更低的组织层级和活动之中,借助信息技术手段,改变产品设计、工艺开发、生产制造等活动的分解、组合与搭接方式,提高内部组织集成水平。例如,2014 年,长客公开招标 CATIA+VPM 系统技术服务,建立起覆盖产品开发全过程的并行工程协同环境。其次,改进供应商管理体系，提高该系统的可操作性及其与本企业的适配度。例如，尽管在2013年前唐车已有供应商管理的基本框架，但当年仍有"75%—80%的质量问题由供应商产品质量导致，60%以上的生产节拍打乱由供应商配件供应不及时引起"（D.19）。为此，唐车将供应商设计、供应商质量管理等逐步纳入供应链管理系统，改善供应商协同。最后，扩大外部合作网络，对外部知识供给主体的搜寻和整合水平日益提高。四方受访人员表示，"外部合作的重点还是甄别，可能一开始找到的是亚军和第三名，但也可以顺着找到第一名，这是循序渐进的过程。现在四方已经能把控和了解外部的高精尖人才。我们采取完全开放的态度，不管是路内外高校还是国外机构，谁强就找谁合作"（I.36）。

从铁路运营企业来看，铁总以用户身份在高水平动车组研制项目中承担起产学研顶层协调工作。不过，由于铁总并不兼具行业规制者的身份，项目集成能力与铁道部相比有所不足。一方面，铁总运用基于市场机制的项目集成能力，推进中国标准动车组统型。对集成商而言，车辆统型降低了产品差异化程度，使其难以通过提高用户的转换成本形成竞争优势。不过，正如铁科院受访专家指出的，"现在铁总唯一强势的地方是因为有采购权"（I.17）。铁总作为垄断用户，明确中国标准动车组将作为未来主力车型，吸引并整合了利益诉求不同的集成商。另一方面，铁总缺乏行政权力，又缺乏系统集成的组织机制，无法像铁道部那样以行政指令补充市场化项目集成的不足。此前，虽然铁道部注意以用户身份开展项目集成，但也会运用行政指令，迫使企业从事与自身利益不符但有益于全产业技术学习的非市场行为。唐车就指出，"在铁道部的组织下，长客派人到唐车学习3型车的设计和制造技术。西门子转让给我们，我们再教给长客。这不是正常的市场行为"（I.35）。铁总则不具备基于行政权力的项目集成能力，在短期市场前景不明朗的项目中表现尤为明显。"工厂如果看不到市场，就算铁总叫我来做，我也不会使劲做的。只要是没有市场的、前瞻性的研究，就算也是铁总出题，工厂的劲儿都不是很大。"（I.17）此外，铁总回归了职能管理组织结构，没有设立与动联办、客专技术部类似的项目管理机构，面向项目的集成能力正在退化。几位铁路工程企业和设备供应企业的高管评价说："铁总现在的机构设置又完全是原来的那种（串行）体制了。科技部管科技项目，项目研发；机车车辆部管车；物资部管采购，等等。没有一个管系统集成的。系统集成有大量的工作，现在明显淡化了，原来建立的体系慢慢消失。"（I.10）

第三，作为垄断用户的铁总仍然具有影响企业的战略集成能力，但主要体现在技术路线（标准体系）选择上；随着行政指令机制的弱化，列车生产企业拥有了更大的战略自主权，战略集成能力由此增强。一方面，铁总通过市场订单主导了产业标准体系转换。截至 2012 年，中国有近 20 种不同型号的高速动车组。这些车型源于不同的引进车型和产品开发平台，无法互联互通，运营维护成本高，自主知识产权受到外方质疑。为了解决经济性问题和自主性问题，铁总在 2013 年和 2017 年分别启动了时速 350 公里和时速 250 公里中国标准动车组研制项目。铁总委托铁科院组织企业、高校和科研院所，根据其对标准化、自主化、经济性的性能偏好，形成明确的顶层技术指标，再通过招标采购将新标准实体化。在时速 350 公里中国标准动车组的 260 项重要标准中，中国标准占 80% 以上。另一方面，由于国家铁路局不干涉企业管理决策，而铁总无权干涉，因此，高速列车生产企业得以相对自主地发展和运用战略集成能力。这主要集中于两个领域：一是市场进入。长客、四方和唐车积极开发海外市场，根据当地运用条件开发并实施适用的动车组产品概念。例如，2014 年，唐车出口孟加拉国的 2 列电传动内燃动车组就是少见的窄轨动车组，采用了"自主创新、国际首创的米轨内燃电传条件下的动力包集成技术"（D.33）。二是调整价值链定位、活动边界和合作伙伴。在熟悉产品架构与核心技术的基础上，企业改变了知识边界简单追随活动边界的安排，对上述事项进行战略性调整。例如，四方扩大了与铝型材供应商丛林集团的合作范围，不仅委托其加工"高铁地板、墙板、裙板、设备舱骨架等部件"（D.6），更在 2015 年将其定为唯一的铝合金车厢模块外包生产基地。

2. 政府与企业能力的共演化关系

受到铁道部改制的外生冲击，本阶段政企主体及其互动关系变动较大。从狭义的政府来看，国家铁路局的职能收缩到行业监督管理、发展规划和铁路技术标准制定，不再是高速列车集成能力的主要载体，停止了与列车生产企业之间的直接互动。不过，从政企分离改革的实际出发，铁总既是企业主体，也是不具备行政权力的政府代理机构，在事实上与列车生产企业形成了同时基于市场交易关系与前期协调惯例的互动。因此，后文将铁总与列车生产企业视为共演化的能力主体，分析其能力变化的双向因果关系。

从对列车生产企业的影响来看，铁总发挥战略集成能力和项目集成能力，改变了企业能力的变异方向、选择标准和产品复制概率，促使企业开发、实施全新的中国高速列车标准体系，持续提升技术集成能力和项目集成能力，战略集成能力亦有所增强。

其一，铁总的统型战略推动列车生产企业的产品开发平台和技术集成能力向"跨企业耦合"的方向变异。2013 年前，长客、四方和唐车的技术集成目标是实现本企业高速列车内部子系统之间的耦合，以及高速列车与高铁线路、弓网系统、供电系统之间的耦合，[1] 无须考虑本企业高速列车与其他企业高速列车之间的耦合问题。2013 年，铁总要求各企业研制的时速 350 公里中国标准动车组互联互通，带来了"跨企业产品耦合"的挑战。互联互通并不是简单使用统一的产品设计与生产方案，而是在关键界面和接口标准一致的基础上，各企业自行设计方案，实现相关标准。铁科院技术人员介绍说，

---

[1] 张卫华：《高速列车耦合大系统动力学研究》，《中国工程科学》2015 年第 4 期。

"长客和四方的车，方案是独立的，侧重点各有差异，但实现的技术要求是一样的"（I.18）。由于不同企业的产品开发平台存在重大差异，设计标准、软件硬件、产品架构和内部耦合关系均不一致，企业必须首先理解中国标准动车组产品概念，识别出不同产品开发平台在面向统型要求时的关键差异，即哪些差异必须消除、哪些差异可以保留，才能在突出本企业产品开发平台和设计方案差异性的同时，实现产品的跨企业互联互通。"比如，四方的车监测向点是1600多个，长客的车监测向点是2500个左右，安全监测两个方案，并不统一。再比如，两家的车有些零部件能互换，但并不是100%。运用过程中经常需要更换的部件，比如轮对，没必要常备两种型号，就统型；但有的设备在列车全生命周期都不用换，这就不需要统型。"（I.21）统型战略促使列车生产企业更深入地理解高速列车的软硬件耦合关系和整车工作逻辑，改造产品开发平台，技术集成向兼具企业特色与中国标准的方向转变。其结果是，"好比一个北方人和一个南方人，他们语言不通，经过相互磨合，发明了通用的普通话"（D.37）。

其二，铁总通过调整高速列车运用条件和采购要求，既延续了上一阶段铁道部强调商业应用、自主创新、特殊运用环境的企业适应性标准，又创造出满足本土应用习惯、兼容多种源头技术、具备自主知识产权等新的选择标准。企业为了响应铁总的选择偏好，战略集成能力有所增强，项目集成能力和技术集成能力更得到了强化。作为唯一用户，铁总改变列车生产企业选择标准的机制与铁道部基本相同。为避免重复，后文仅分析本阶段新形成的组织适应性和技术适应性标准，对与上一阶段相同的标准及其影响则不做分析。

首先，在国内高速列车满足商业应用可靠性要求之后，铁总对高速列车提出了更符合本土应用习惯的功能和性能要求。列车生产企业的业务选择也不再受到行政指令的影响，而是根据自身能力，选择细分市场，战略集成能力得到了应用与发展。以唐车为例，"现在，18个铁路局都住着唐车蹲点的人,搞用户调研"(I.36),而且将用户调查扩展到铁路客运服务对象中。由此,唐车发现了电商对长距离快捷货运的迫切需求,不再囿于高速列车用于客运的惯例,"专门开发了适合货运的动车组,车门改宽,可以用叉车装卸"(I.35)。

其次,铁总明确要求中国标准动车组具有自主知识产权,实现跨企业互联互通。值得注意的是,中国标准动车组系列化研制始于时速 350 公里速度等级;在时速 350 公里动车组研制完成后,时速 250 公里动车组研制才于 2017 年启动。考虑到"车速越高,需要及时观察、判断的情况越多,软件接口越多,对可靠性和实时性的要求越高"(I.18),而时速 350 公里是全球高铁最高运营速度,铁总事实上是在最高技术难度上提出了统型需求,表现出领先用户[1]的特点。一方面,没有模仿对象、基于全新标准的探索性产品开发使得研发项目规模扩大,研发流程衔接要求提高,增加了项目集成难度。以长客为例,"标准动车组项目,项目组人员不但没减少,而且在增加,因为要做第二方案、第三方案。比如原来标动列了三个方案,现在第一个方案在考核,第二个方案就在深入设计"(I.21)。另一方面,高速条件下的互联互通使得各部件、子系统之间的软件接口增加,信息交互质量要求提高,增加了技术集成难度。技术人员评价说,"机械接口、风路、电气,都要联上,这是物理接口,要做到(互联互通)不是太难。重要的是逻辑上、信息交换上、控制上的互联互通。动车组只有一列主控车,如果主控车是四方的,要求四方的车给长客的车的指令,长客的车都能接收、执行、反馈。以前是没有这种程度的信息交换的"(I.21)。列车生产企业要响应这种高技术产品需求,必须持续改善项目集成能力和技术集成能力。

其三,铁总通过改变采购对象,保持甚至扩大采购预期,改变了高速列

---

[1] von Hippel, E., *Democratizing Innovation*, Cambridge: The MIT Press, 2005.

车产品的复制概率，激励列车生产企业的产品开发平台向自主标准体系收敛。一方面，2016 年《中长期铁路网规划》发布，高铁建设规划由"四纵四横"扩大为"八纵八横"格局，加之不同速度等级的中国标准动车组将成为未来新增高速列车的主力车型，为当年研制完成的时速 350 公里中国标准动车组及后续系列产品创造出可信的市场复制前景。列车生产企业因此才会围绕未来复制概率最高的产品（即中国标准动车组），积极改造产品开发平台，使"跨企业产品耦合"的能力变异方向和自主知识产权的适应性选择标准落到实处。正如行业专家所述，"标准动车组第一轮的时候，铁总出意见，说长客和四方两家别打了，合起来做个车吧。当时企业都说，要两家的车连起来跑肯定是不行的。现在谁也不说不行了。三家整车厂，还有配套厂，看到市场都来了"（I.17）。另一方面，尽管铁总承接了全部铁路债务，面临巨大的经营压力，但并没有因此刻意压低采购价格，维持了高速列车生产企业为争取产品复制机会、获得合理利润水平的动力。此影响机制与上一阶段基本相同，不再赘述。

从列车生产企业对铁总的影响来看，虽然铁总的系统集成能力更多地由铁道部改制的外生事件所决定，但列车生产企业系统集成能力的变化也改变了铁总能力的复制难度，使其聚焦于运用市场手段，延续了铁道部以用户身份开展项目集成和战略集成的惯例。随着系统集成能力增强，列车生产企业已经能够自行搜寻、整合内外部知识、技术、组织与人员，实施铁总提出的新产品概念。即使铁总不再具备基于行政权力的项目集成能力和战略集成能力，只要原有的产品开发惯例能在市场机制下持续，就很容易在产品研制项目中持续复制。在铁道部改制的大背景下，产品开发惯例复制难度降低，削弱了铁总加快组织改革、提高集成效率的紧迫性，加强了铁总的组织惯性，使其系统集成能力出现了退化的迹象。

一方面，铁总无须、也不再介入高速列车生产企业在业务领域、合作伙伴、市场进入等方面的战略选择，只是按照铁道部惯例，通过市场化采购，将自身战略意图传导给列车生产企业，在有限范围内，基于市场开展战略集成。以合作伙伴与供应商选择的战略决策为例，由于技术引进时铁道部统一部署了关键子系统和核心部件的国内技术受让方，长客、四方、唐车已经和固定的本土供应商形成合作惯例，因此，铁总并没有尝试改变这些惯例。在中国标准动车组研制中，"参与主体就是借鉴以前的模式，以长客和四方来集成。子系统上，长客集成的牵引、制动、网络由铁科院做；四方的牵引和网络是株洲所，制动还是铁科院"（I.18）。

另一方面，铁总基本退出了高速列车研制项目的协调工作，仅在技术条件设定、联调联试等极少数用户必须参与的活动中负责项目集成。这也是全球复杂产品系统领先用户普遍承担的工作，以便在产品开发初期，将需求清晰地转化为技术条件，传导给集成商；在产品开发后期，在产品应用现场组织检测，确认列车是否能与铁路线路、信号控制等系统协同运行。就此而言，铁总只是沿袭既有的铁道部组织惯例，整合不同活动主体。"从整个中国标准动车组项目组来说，（提出技术条件）都是固有传统。铁总牵头，几家整车厂统一去调研，出个报告，大家讨论，得出用户的统一需求；具体的技术协调是铁科院来做，（长客和四方）两家不存在差异，步调都一样"（I.18）。不过，如前所述，铁总并未设立类似动联办的项目管理机构，随着项目集成范围不断收缩，原有的一些项目集成能力可能因缺乏实践，不进反退。

综上，在行动主体层次上，严格意义上的政府与高速列车生产企业之间的共演化关系已不复存在。铁总作为政府代理机构和用户，改变了高速列车生产企业能力的组织适应性、技术适应性标准和产品复制概率，企业的技术集成能力、项目集成能力和战略集成能力都得到了强化。与此同时，受铁道部改制影响，铁总失去了基于行政权力的系统集成能力，而高速列车生产企

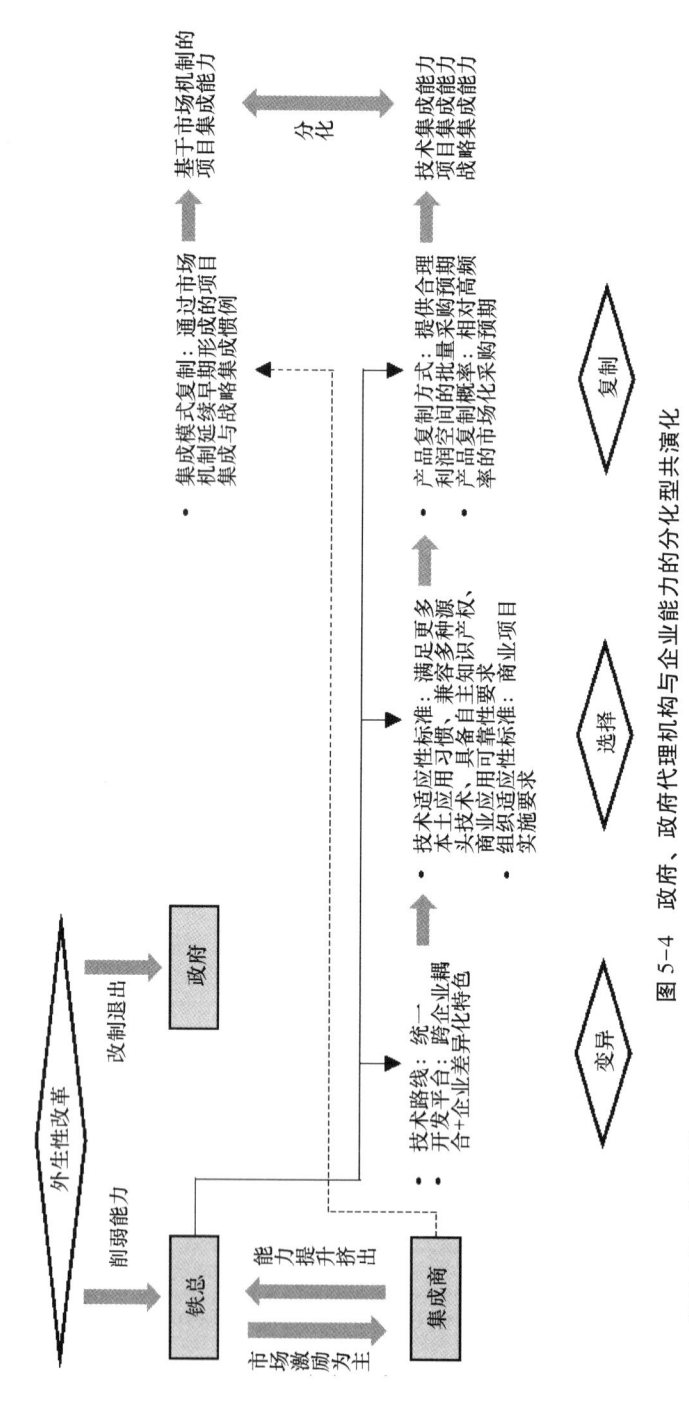

图 5-4 政府、政府代理机构与企业能力的分化型共演化

资料来源：作者绘制。

业对铁总的反馈效应又降低了铁总既有能力的复制难度，使铁总基于市场机制的系统集成范围进一步收缩，战略集成能力和项目集成能力出现退化的趋势（如图5-4所示）。由此，政府（国家铁路局）、铁总、高速列车生产企业的系统集成能力发展显著分化。在产业层次上，由于企业集成能力极大提升，而铁总集成能力的退化尚未造成既有组织集成与战略集成惯例失效，中国高速列车产业整体表现出全球领先的技术水平。一个直观的对比是，时速350公里中国标准动车组从研制到正式运营耗时5年，而西门子第四代时速300公里动车组ICE 4从2008年技术招标到批量采购耗时近10年。

第五节　结论与讨论

（一）研究结论

案例研究表明，政府和集成商之间系统集成能力的共演化构成了中国高速列车产业技术追赶的微观基础。具体而言，本章就前文提出的三个研究问题有如下发现：

1. 集成商系统集成能力的演化路径

对比后发国家复杂产品系统产业的研究以及基于发达国家背景的系统集成研究，中国高速列车集成商系统集成能力的演化路径与文献发现各有异同。一方面，与已有发现[1]类似，在大规模技术引进开始后，中国高速列车集成商系统集成能力的发展始于制造引进产品，继之以对引进产品的改进，再自行设计低于技术前沿的产品，是一个从简单活动到复杂活动的学习过程。同时，中国高速列车集成商系统集成能力的发展植根于本土市场，企业通过本

1　Amsden, A.H., "The Division of Labour is Limited by the Rate of Growth of the Market: The Taiwan Machine Tool Industry in the 1970s", *Cambridge Journal of Economics*, 9 (3), 1985; Teubal, M., "The Role of Technological Learning in the Exports of Manufactured Goods: The Case of Selected Capital Goods in Brazil", *World Development*, 12 (8), 1984.

土市场运用积累经验、声誉和能力,[1] 在能力发展到一定水平之后才开始出口。本土市场规模和需求先进性显著影响着集成商系统集成能力发展的方向和速度。

另一方面,中国高速列车集成商系统集成能力的演化表现出迥异于已有研究发现的"非均衡性"。一是在时间顺序上,技术集成能力和项目集成能力的发展先于战略集成能力;二是在能力结构上,技术集成能力和项目集成能力始终高于战略集成能力。从极少数基于后发国家的研究来看,"均衡收敛"是复杂产品系统集成商能力发展路径的共同特点。例如,Kiamehr等[2]对伊朗水电系统集成商Farab的系统集成能力演化进行阶段性分析,发现在关键事件发生后,不同维度能力的提升虽有先后之分,但都会在3—5年内发展到相对均衡的水平。从发达国家复杂产品系统集成商的系统集成能力结构来看,日、法、德、意等国的高铁装备集成商能力都具有"高位均衡"的特征。多名受访者表示,"像西门子那样,全产业链都是强项。西门子从车体到接触网全是强项,从运营到组织管理全是强项,在掌握最新技术知识上也是强项"(I.10)。单一主体的系统集成能力之所以"均衡收敛"或"高位均衡",在于该能力是多维度的整体,部分维度的缺失或落后将限制整体运用效果。如果各维度发展短期"非均衡",在实践学习机制的影响下,或是低位发展的维度因系统集成效率较高而向高位收敛,或是高位发展的维度因系统集成效率较低而向低位收敛,[3] 其结果都是"非均衡"状态的消弭。与单一主体演化不同,中国高速列车集成商系统集成能力"非均衡"状态的形成与延续,

---

1 Amsden, A.H., "The Division of Labour is Limited by the Rate of Growth of the Market: The Taiwan Machine Tool Industry in the 1970s", *Cambridge Journal of Economics*, 9(3), 1985; Chudnovsky, D., M.Nagao, S.Jacobsson and F.Pinter, *Capital Goods Production in the Third World*, London: Palgrave Macmillan, 1983.

2 Kiamehr, M., M.Hobday and A.Kermanshah, "Latecomer Systems Integration Capability in Complex Capital Goods: The Case of Iran's Electricity Generation Systems", *Industrial and Corporate Change*, 23(3), 2013.

3 Woiceshyn, J. and U. Daellenbach, "Integrative Capability and Technology Adoption: Evidence from Oil Firms", *Industrial and Corporate Change*, 14(2), 2005.

则是后发追赶情境下政府与集成商能力共演化的结果。铁道部（铁总）在战略集成和项目集成方面持续发挥作用，使企业得以集中资源，快速提升技术集成能力和项目集成能力；政府与企业的能力叠加，使中国高速列车产业的系统集成能力结构整体均衡。整个产业没有像众多后发技术追赶主体那样只是运用引进技术设计、生产落后于技术前沿的产品，[1] 而是很快研制出具有自主知识产权的全球领先产品，打破了常见的"引进—落后—再引进"循环。

2. 政府与集成商系统集成能力的互动反馈机制

中国高速列车集成商的技术集成和项目集成能力得以在"非均衡"状态下持续提升，没有因为战略集成能力落后而跌落到"低位均衡"状态，得益于政府（以及政府代理机构）与集成商这两类能力主体之间的互动反馈机制。总体而言，政府对企业的影响出于主动，路径更加丰富；企业对政府的影响则出于被动，路径相对单一。

从政府对企业的影响机制来看，铁道部（铁总）突破了技术追赶文献对政企互动关系的普遍认识，在变异、选择、复制三个演化环节均对集成商施加直接影响。2004年前，铁道部下放列车采购权后，政府主要通过改变技术适应性标准、组织适应性标准、产品复制方式和复制概率，影响列车生产企业能力的选择和复制。然而，由于铁路局并不是勇于承担风险、追求技术超越的领先用户，1997—2004年的铁路局市场化招标项目带来的不是更多的高技术变异，而是低水平竞争，由此产出的所有新车型均未超过时速200公里。2004年后，铁道部回收采购权，一方面继续对集成商能力演化的选择和复制环节施加影响；另一方面通过选择技术路线和合作伙伴，开始直接介入变异环节。这一变化对企业能力发展产生了重大影响。

对比现有文献发现，铁道部介入集成商能力变异环节违反了既有研究对

1　Teubal, M., "The Role of Technological Learning in the Exports of Manufactured Goods: The Case of Selected Capital Goods in Brazil", *World Development*, 12（8），1984.

政企互动机制的一般建议。文献公认，在复杂产品系统技术追赶过程中，政府对企业的影响集中在三个方面，一是创造支持性的制度环境，二是创造本土市场，三是设定产品技术标准。[1] 以演化视角而言，上述影响集中在选择（设定产品技术标准）和复制（创造本土市场）环节。换言之，既有研究认为，政府应以制度供给者的身份改善制度环境，促使更多变异（技术与创新）涌现，再通过市场化的选择与复制，使市场青睐的产品、能力与企业脱颖而出，而不是直接介入变异环节，以免削弱变异多样性。[2] 然而，铁道部的举措却极大促进了企业能力提升和产业技术追赶，原因在于以下两点。第一，与政府干预会降低变异多样性的理论预想不同，铁道部对变异环节的干预使本土企业得以同时引进三个国家差异极大的高速列车技术，反而提高了集成商产品开发平台变异的多样性。如果延续2004年之前的采购机制，即使各铁路局或列车生产企业自行尝试技术引进，也极有可能因市场集中度不高，缺乏谈判能力，无法获得优厚的技术转让条件，变异多样性和技术可能性相对更少。第二，铁道部具有政府主管部门和产品用户的双重身份，但在对变异环节实施干预时，更多的是从用户身份的利益出发，注重培育多家竞争性的集成商，将来自日、法、德的引进车型分别交由四方、长客、唐车承接，

---

[1] Choung, J.Y. and H.R.Hwang, "Developing the Complex System in Korea: The Case Study of TDX and CDMA Telecom System", *International Journal of Technological Learning, Innovation and Development*, 1（2），2007; Kiamehr, M., "Paths of Technological Capability Building in Complex Capital Goods: The Case of Hydro Electricity Generation Systems", *Technological Forecasting and Social Change*, 122, 2017; Kiamehr, M., M. Hobday and A. Kermanshah, "Latecomer Systems Integration Capability in Complex Capital Goods: The Case of Iran's Electricity Generation Systems", *Industrial and Corporate Change*, 23（3），2013; Lee, J.J. and H.Yoon, "A Comparative Study of Technological Learning and Organizational Capability Development in Complex Products Systems: Distinctive Paths of Three Latecomers in Military Aircraft Industry", *Research Policy*, 44（7），2015; Majidpour, M., "Technological Catch-up in Complex Product Systems", *Journal of Engineering and Technology Management*, 41, 2016; Park, T.Y., "How a Latecomer Succeeded in a Complex Product System Industry: Three Case Studies in the Korean Telecommunication Systems", *Industrial and Corporate Change*, 22（2），2013.

[2] Malerba, F. and L.Orsenigo, "Schumpeterian Patterns of Innovation are Technology-Specific", *Research Policy*, 25（3），1996; Murmann, J.P., *Knowledge and Competitive Advantage*, Cambridge: Cambridge University Press, 2003.

而不是由当时技术能力最强的长客承接所有引进车型。激烈的竞争促使三家集成商积极吸收引进技术，并将自身能力基础与引进技术相融合，加快了变异多样性的形成速度。

从企业对政府的影响机制来看，中国高速列车集成商主要是在选择和复制这两个演化环节影响政府能力发展方向。由于复杂产品系统用户往往比分散的大规模制成品用户拥有更高的谈判能力，铁道部又是中国高速列车市场的唯一关键用户，因此，政企之间的影响路径与影响强度并不对称。[1] 企业对政府能力发展的影响更多表现为政府主动识别企业系统集成能力变化的信号，据此调整自身能力，匹配企业系统集成能力发展的需要，逐步将更多的能力发展空间让位于企业。尽管企业对政府的影响相对被动且强度较低，但政企之间的双向影响对整个产业提高系统集成水平、实现技术追赶缺一不可。如果政府只是对企业施加单向影响，不根据企业能力的变化与反馈调整自身能力，则政府能力非但不能匹配企业能力，还可能造成政府与企业的能力冗余、政府能力"挤出"企业能力的不利局面。[2] 台湾地区半导体产业和软件产业就在这方面形成了鲜明对比。在这两个产业中，台湾当局都专门设立了公共研究机构，即半导体产业中的工业技术研究院和软件产业中的资讯工业策进会。这两家机构同为政府代理机构，却对企业传递的能力发展信号做出了完全不同的反馈。工业技术研究院将广大私营半导体企业视为最终客户，与企业建立了广泛、深入的联系，根据企业需要输出资源和能力，为企业让出能力发展空间，促进了企业群体的能力发展。资讯工业策进会则将自身能力发展放在首位，在事实上成为私营软件企业的竞争对手而非支持者，阻碍了企业群体的能力发展。

---

[1] Pajunen, K. and M. Maunula, "Internationalisation: A Co-Evolutionary Perspective", *Scandinavian Journal of Management*, 24 (3), 2008.

[2] Breznitz, D., "Development, Flexibility and R&D Performance in the Taiwanese IT Industry: Capability Creation and the Effects of State-Industry Coevolution", *Industrial and Corporate Change*, 14 (1), 2005.

3. 系统集成能力的共演化模式与产业技术追赶

产业层次的中国高速列车技术追赶依赖于政府与企业系统集成能力的共演化，特别是共演化模式从能力替代、能力互补到能力分化的适时转变，逐步发育出完整、先进的系统集成能力。与快速换代的消费品不同，复杂产品系统的生命周期长达数十年，[1] 技术路线延续性很强。后发国家企业既难以通过颠覆性创新挑战先发国家在位企业的技术优势和市场优势，又难以在国内知识与技术供给不足的外部环境中，通过集成外部先进技术来满足高端用户需求。在高度工业化的社会中，有用的技术知识在很大程度上是产品开发活动的结果，而非产品开发活动的肇因。[2] 因此，后发国家复杂产品系统集成商的首要任务，是通过持续的产品开发建立产品开发平台与技术集成能力，再根据降低技术与市场风险、提高产品开发效率效果的需要，逐步提升项目集成能力和战略集成能力。要加快以技术集成能力为先导的渐进性系统集成能力发展速度，相关主体在系统集成的其他方面加以补充、确保产品开发活动得以持续就十分有益。在中国高速列车产业中，政府（政府代理机构）就发挥了这样的作用。1997—2004 年，在列车生产企业系统集成能力严重落后的情况下，政府直接替代企业，进行科研项目的战略集成与项目集成，使企业得以聚焦于发展技术集成能力和内部项目集成能力。2004 年后，企业的技术集成能力和项目集成能力因技术引进得到了快速提升，政府主动退出部分项目集成和战略集成领域，仅对企业能力不足的领域予以补充。2013 年后，铁道部改制的外生冲击，使得政府能力与企业能力进一步从互补走向分化。总体上，企业系统集成能力强化与政府系统集成能力更新的共变形成了良性循环，带来了产业层次系统集成能力的重构与提升，协同影响产业技术进步

---

[1] Davies, A., "The Life Cycle of a Complex Product System", *International Journal of Innovation Management*, 1 (3), 1997.

[2] Rosenberg, N., *Exploring the Black Box: Technology, Economics and History*, Cambridge: Cambridge University Press, 1994.

效率。

本章研究表明，在企业能力普遍不足的后发追赶情境下，政府可以在一定程度上对企业形成能力替代或能力补充，启动并维持技术追赶过程。但是，其中有一个隐含要求，即政府本身是积极的能力载体，不仅具备制度能力，[1] 而且具备市场主体能力，拥有理解产业活动必须的知识、信息和技能。[2] 在最终用户是广大消费者的大规模制成品领域，政府缺乏获取这些知识、信息和技能的途径；但在复杂产品系统领域，政府本身常常就是关键用户，具有获取这些知识、信息和技能的合理途径。在中国高速列车产业中，铁道部的市场主体能力最初源于以下两个方面。一是自有技术人员与管理人员。不同于中国其他的行业管理部门，铁道部作为铁路运营服务供给方，建立之初就嵌入在技术和管理密集的铁路运输经济活动中。在垂直管理体系下，铁道部（铁总）的重要管理者多数曾是技术专家和一线管理骨干，天然具备行业知识与技术、组织、战略能力。二是公共研发机构。铁科院始终是铁道部（铁总）系统集成能力的主要载体，具有多学科、多技术领域的知识结构特征，[3] 在组织设计顶层技术条件、联调联试、试验验证方面都发挥了不可替代的作用，直到中国标准动车组研制项目中仍是如此。"中国标准动车组这件事，我们铁科院是牵头单位，具体说是机辆所牵头，把技术条件写好，各个企业按照技术条件去造。每个小组组长是我们，但是大量的高校企业一块来，共同讨论这个标准。"（I.8）"工厂的人会有很多不适应，因为原来他们都是听动联办的；现在凭什么要听铁科院的？不过现在搞完一轮之后，工厂也觉得无

1　Evans, P.B. and J.E. Rauch, "Bureaucracy and Growth: A Cross-National Analysis of the Effects of 'Weberian' State Structures on Economic Growth", *American Sociological Review*, 64, 1999; Im, T., "Bureaucratic Power and Government Competitiveness", in Kwon, H. and M.G. Koo (eds.), *The Korean Government and Public Policies in a Development Nexus*, Springer, 2014.

2　Breznitz, D., *Innovation and the State: Political Choice and Strategies for Growth in Israel, Taiwan and Ireland*, New Haven: Yale University Press, 2007.

3　Brusoni, S., "The limits to Specialization: Problem Solving and Coordination in 'Modular Networks'", *Organization Studies*, 26 (12), 2005.

所谓了。从铁总的角度，没有精力搞这么多技术细节，总得有个机构来召集，大家讨论，如果有不同意见，汇报领导决策。"(I.17)

（二）理论贡献与实践启示

本章通过对中国高速列车产业的探索性研究，发现政府能力与企业能力在复杂产品系统技术追赶过程中表现出鲜明的共演化特征，且这种共演化是技术追赶的基础机制。由此，本章构建了后发追赶情境下政府与企业系统集成能力之间替代型、互补型、分化型共演化的阶段性模型，详细阐释了不同共演化模式下政府与企业的双向互动机制，丰富和完善了系统集成与技术追赶研究。

第一，与现有的系统集成能力研究聚焦于能力结构、忽视形成过程不同，本章研究揭示了在政企共演化动力的推动下后发系统集成商的系统集成能力发展路径。本章特别指出，后发系统集成商的系统集成能力结构并不必然趋于"均衡收敛"；技术追赶成功的系统集成商，其能力结构也并不必然表现出"高位均衡"特征。受到政企能力共演化的影响，系统集成商的系统集成能力可能长期延续"非均衡"的演化路径。这为企业系统集成能力的形成与结构提供了情境化的解释。

第二，与现有的技术追赶研究使用"制度安排—企业能力"范式、突出政府的制度供给功能不同，本章研究将政府与企业都视为能力主体，将政府对后发技术追赶的作用机制建立在政府能力（而非制度设计）之上，扩展了能力视角的技术追赶研究。在复杂产品系统领域，政府不仅能够以行业规制者身份为企业能力演化营造良好的制度环境，而且应当重视自身的关键用户身份，运用系统集成能力，启动并延续企业能力演化和产业技术追赶过程。

第三，与现有的发展型国家研究强调源于制度结构或社会结构的"嵌入式自主性"[1] 不同，本章研究重视源于特定产业知识与信息的政府能力，揭示了政府系统集成能力的结构和强度如何通过与企业的共演化而不断调整，以及政府如何运用系统集成能力影响企业能力演化的变异、选择和复制等环节，直接嵌入企业能力发展和产业技术进步的微观过程中。这就向既有研究引入了政府的市场主体能力要素，有利于更为全面地认识政府能力的源头以及政府影响力渗透企业微观活动的过程机制。

针对复杂产品系统技术追赶的难题，本章研究发现的管理与政策启示如下：第一，政府在为企业主体提供良好制度的同时，也应当注意自身或政府代理机构是否是该领域的关键市场主体，是否可能运用自身的市场主体能力影响企业能力发展与产业技术追赶。第二，在设计影响企业能力发展的途径与具体措施时，政府可以同时干预企业演化的变化、选择和复制等环节，但即使是在政府主导模式下，仍应以促进多样性变异和市场化选择为原则，而不是简单地采用行政指令的方式安排企业行为。第三，政府应根据企业能力和产业技术不同发展阶段的具体情况，加深对产业技术活动的理解，调整自身能力结构与水平，实现与企业能力发展水平的匹配，一方面引导企业持续提升能力；另一方面给予企业能力发展的空间。

（三）研究不足与展望

本章对未来研究提出了几个具有启发性的方向。首先，本章发现的政府能力与企业能力共演化模式并不排他，不同情境下复杂产品系统行业可能会表现出更多的共演化模式。尽管本章研究采用的嵌入式纵向案例研究方法适于探索和构建理论，但研究者仍需谨慎对待本章结论的普适性。特别值得注意的是，中国政府是近年来全球高速列车产业中唯一的大用户，具有特殊的

---

[1] Evans, P.B., "Predatory, Development, and Other Apparatuses: A Comparative Political Economy Perspective on the Third World State", *Sociological Forum*, 4（4），1989.

谈判地位；而在大飞机、电力系统等领域，后发国家政府或用户并不具有这种地位。未来研究应采用多案例研究或定量研究的方法，寻找更具普适性的结论。其次，本章重点关注系统集成能力。这是决定复杂产品系统研发成果的关键能力，但并不是复杂产品系统技术追赶所需的唯一能力。考察其他类型的能力（如政府的制度性能力），或是考察政府所具备的不同能力之间的共演化关系，对完善本章研究框架十分有益。未来还可进一步进行理论的工具化研究，将理论发现转为政府的决策支持工具。最后，中国铁路系统一直以来都有着完整的产业链，且整条产业链上的所有企业在计划经济时期一直归属铁道部，剥离后也仍属国有企业，政府与企业之间的互动反馈不仅有成熟惯例，而且有很高的可能性与合法性。在本土产业链不完整（如缺少本土集成商或供应商）、主要企业不是国有企业的情况下，本章的研究结论是否适用还有待挖掘。仅就我们观察到的现象而言，在某些情况下，企业也可能更加主动地游说政府，而政府被动地响应企业需求，调整自身能力。这类现象如何与本章的研究发现共同构成一个完整的研究框架，需要继续探讨。简言之，我们认为，采用能力视角来看待政府在复杂产品系统后发技术追赶中的作用将带来许多不同于"制度安排—企业能力"范式的全新认识，政府能力与企业能力的共演化更值得研究和关注。

第六章
中国高铁技术赶超过程中的正向设计能力

第一节　引言

正向设计能力[1]是从用户需求出发确立顶层设计要求，自上而下地分解、细化复杂产品（系统）功能，确定产品功能结构、子系统和零部件解决方案，形成可批量生产[2]、稳定运行的商业化产品并实现全生命周期支持的能力。正向设计与逆向工程[3]是制造业产品开发的两类典型模式，但唯有前者才能引致真正的自主创新产品。传统的技术追赶研究将后发国家产业技术能力的形成过程简单划分为逆向工程和自主创新两个阶段。[4] 但对中国高铁装备产业等装备制造部门的观察和分析显示，在这两个阶段之间存在着重大的能力断层，而这一断层突出表现为正向设计能力的缺失。对于正向设计能力

---

[1]　Methe, D.T., "Moving into the Technological Fast Lane: From Reverse to Forward Engineering Through the Establishment of Innovation Communities in Korea", *Proceedings for Operating Research and the Management Sciences*, 1995.

[2]　不少复杂产品（系统）是根据用户的个性化需求量身定做的，生产数量十分有限。尽管这些产品的设计生产企业通常只进行单件小批量生产，但在技术和工程上具备大批量生产相同产品的能力。

[3]　国外文献一般以逆向工程（reverse engineering）与正向工程（forward engineering）相对，以逆向设计（reverse design）与正向设计（forward design）相对，但细究其内涵，两对词汇在多数情况下具有很强的互换性。尽管逆向工程和正向工程在中文文献中更为常见，但考虑到本章研究的重点在于设计能力而非工程能力，为避免歧义，本章通篇使用逆向工程与正向设计的提法。

[4]　汪建成、毛蕴诗：《技术改进、消化吸收与自主创新机制》，《经济管理》2007年第3期。

形成过程的分析，有利于打开后发国家产业实现由逆向工程到自主创新跃迁的过程"黑箱"。

目前，中国装备制造部门普遍结束了单一的 OEM 阶段，但各部门的设计能力仍存在巨大差异。很多企业的自主设计活动停留在逆向工程阶段，出于对技术标准、产品质量和知识产权的考虑，不得不沿用仿制对象的供应商。在国产化率和全球份额增加的表象下，是缺少自主性的普遍事实。例如，除了移动智能终端 SoC 芯片、智能电视芯片等少数领域内的明星企业之外，中国大多数集成电路设计企业不具备架构设计能力，只能通过"抄板"亦步亦趋地再现国外设计，向特定供应商采购标准单元生产后低价竞售，产品严重同质化，产品升级换代主要跟随国外先进企业，难以在产品性能上超越仿制对象。[1] ADI 等国外企业却可采用特殊的封装技巧或增加冗余电路的手法加大逆向工程的难度与成本，在既有产品设计被其他厂商高效复现之前即推出下一代产品，充分享受自主创新收益。与此相比，中国高铁装备、水电机组等少数部门则已培育出正向设计能力，可设计生产满足最新异质性需求、性能达到甚至超过国际先进水平的自主知识产权产品。究竟是哪些因素促使这些部门率先冲破逆向工程窠臼、发展出正向设计能力？相关因素如何影响正向设计能力发展？这些问题对理解中国装备制造业技术追赶绩效差异、加快技术学习和技术追赶具有重要意义。

与回答上述问题的迫切需要形成鲜明对比的，是当前有关后发国家复杂装备制造业技术追赶研究的相对缺失。第一，现有研究关注了技术追赶过程中的技术学习，但侧重于回答后发国家应当学习"什么"或学到了"什么"，很少关注具体的学习实践"如何"进行，以及不同实践对建立和维持技术能力的意义。第二，现有研究致力于寻找普适规律，较少对理论进行情境化修

---

1 魏少军：《2015 年中国集成电路设计业的发展情况》，《集成电路应用》2016 年第 1 期。

正或整合。受"华盛顿共识""东亚秩序"和"北京共识"的影响，后发国家技术追赶的政策和模式逐渐趋同，但技术能力差距却不断扩大。[1] 这表明，去背景化的研究结论与成功的技术追赶之间不存在必然联系，新技术经济范式下的技术追赶需要更加情境化的研究。第三，现有研究较少关注复杂装备制造业，前述问题在这些部门的研究中尤为突出。目前，有关技术追赶的关键研究发现多数基于对电子、通信、家电、汽车等产业的考察。仅有的少数以复杂装备制造业为背景的研究停留于对技术追赶模式的概括描述和对技术追赶路径的阶段划分，缺少对技术学习实践和技术能力形成细节的刻画，也很少进行情境化分析。

本章以中国高铁装备产业这一典型的复杂装备制造部门为研究对象，探讨正向设计能力的形成过程，以期为推动中国装备制造业的技术追赶和自主创新提供参考。本章的主要贡献在于：（1）在既有理论研究的基础上，整合构建了"战略导向—资源配置—活动系统—学习机制"的后发国家技术追赶分析框架；（2）运用新构建的分析框架分析技术追赶过程中技术学习的资源基础、活动系统和运行机制，弥补了当前技术追赶研究对技术学习实践关注不足的缺陷；（3）全面收集了中国高铁装备产业的一手数据，将复杂装备制造业纳入技术追赶研究的图景之中，扩展了后发国家技术追赶研究的实证背景。

第二节 文献回顾与分析框架

发展正向设计能力是后发国家在深度嵌入全球产业链的开放环境中进行

---

[1] Cimoli, M., G. Dosi and J. E. Stiglitz, *Industrial Policy and Development: The Political Economy of Capabilities Accumulation*, Oxford: Oxford University Press, 2009.

技术追赶的重要目标。正向设计能力与逆向工程能力同属产品设计能力，[1]都是技术能力的重要组成部分。但从同一产品的开发设计来看，逆向工程是以仿制对象为起点，旨在破解特定仿制对象的技术规范或技术数据包，使自身产品尽可能接近仿制对象。正向设计则是以用户需求起点，首先旨在完整理解产品工作逻辑以及产品设计与产品性能之间的关系，在此基础上开发适用于不同需求的产品系列。因此，逆向工程有明确的仿制对象和知识搜寻范围，而正向设计的知识搜寻范围与应用方式均不确定，对设计能力提出了更高要求。具备正向设计能力的企业能够适时调整产品性能、完善产品谱系，满足异质性用户需求，掌握产品线扩展和供应商选择的主动权，使国际供应链资源由"不得不用"向"为我所用"，再向"用舍在我"转变。因此，通过发展正向设计能力，后发国家企业能够彻底摆脱"受制于人"的普遍问题。

技术追赶是经济学与管理学研究的传统问题，东亚国家和地区更是近年来的研究重点。相关研究主要围绕技术追赶的制度安排、机会与可能性、路径与模式、技术学习这四个主题展开，在前三个主题下均发展出了一些经典理论与模型。在制度安排的主题下，Johnson[2]、Amsden[3]和Wade[4]等学者提出并完善了"发展型国家"理论，认为政府干预市场是众多东亚国家和地区技术追赶的关键因素。在机会与可能性的主题下，Perez和Soete[5]提出了"机会窗口"概念，认为后发国家可以利用新技术范式带来的"第二类机会

1　Razavi, H. and N.Jamali, "Comparison of Final Costs and Undervalues between Reverse and Forward Engineering Products", The 2nd International Conference on Engineering System Management and Applications, 2010.

2　Johnson, C.A., *MITI and the Japanese Miracle: The Growth of Industrial Policy, 1925-1975*, Stanford: Stanford University Press, 1982.

3　Amsden, A.H., *Asia's Next Giant: South Korea and Late Industrialization*, Oxford: Oxford University Press, 1989.

4　Wade, R., *Governing the Market: Economic Theory and the Role of Government in East Asian Industrialization*, Princeton: Princeton University Press, 1990.

5　Perez, C. and L.Soete, "Catching-Up in Technology: Entry Barriers and Windows of Opportunity", in Dosi, G. (eds.), *Technical Change and Economic Theory*, London: Pinter Publishers, 1988.

窗口"实现技术追赶。不少学者运用并拓展了这一概念，提出商业周期、制度型市场等其他可能的机会窗口。[1] Borenztein 等[2]和 Blomstrom 等[3]则提出了"发展门槛"观点，指出后发国家必须具有一定的技术能力和基础设施，才能有效利用先进技术所有者的技术外溢。在此基础上，很多相关研究也进一步探讨了产业的进入成本与进入时机。[4] 在路径与模式的主题下，Hobday[5] 的 OEM-ODM-OBM 模型和 Kim[6] 的"引进—消化—提高"模型被广泛采用。一些研究特别关注后发国家跨越特定阶段的可能性，提出了路径跟随、阶段跳跃、路径创造等不同的追赶模式。[7]

与上述研究相比，技术学习主题下的技术追赶研究在深度和系统性上都有所欠缺，停留于对知识来源、学习模式、学习内容的分类，缺少对技术学习实践及其作用机制的刻画与分析。（1）就知识来源而言，既有研究对源于国外技术引进和源于国内自主研发的知识与技术能力提升的不同关系多有探讨。部分研究强调技术引进对技术追赶早期阶段学习的重要性，[8] 部分研究

---

1 Mathews, J.A., "Strategy and the Crystal Cycle", *California Management Review*, 47（1），2005；Guennif, S. and S.V.Ramani, "Explaining Divergence in Catching-Up in Pharma between India and Brazil Using the NSI Framework", *Research Policy*, 41（2），2012；魏江、潘秋玥、王诗翔：《制度型市场与技术追赶》，《中国工业经济》2016 年第 9 期。

2 Borenztein, E., J.D.Gregorio and J.W.Lee, "How does Foreign Investment Affect Economic Growth?", *Journal of International Economics*, 45（2），1998.

3 Blomstrom, M. and F.Sjoholm, "Technology Transfer and Spillovers: Does Local Participation with Multinationals Matter?", *European Economic Review*, 43（4-6），1999.

4 顾卫东：《我国汽车产业技术赶超的进入成本》，《经济管理》2008 年第 1 期。

5 Hobday, M., *Innovation in East Asia: The challenge to Japan*, Aldershot: Elgar, 1995.

6 Kim, L., "Stages of Development of Industrial Technology in a Developing Country: A Model", *Research Policy*, 9（3），1980.

7 Lee, K. and C.Lim, "Technological Regimes, Catching-Up and Leapfrogging: Findings from Korea industries", *Research Policy*, 30（3），2001.

8 Baskaran, A., "Competence Building in Complex Systems in the Developing Countries: The Case of Satellite Building in India", *Technovation*, 21（2），2001；Zhang, W. and I.Barbara, "Managing the Product Development of China's SPC Switch Industry as an Example of CoPS", *Technovation*, 21（6），2001；张米尔、田丹：《第三方技术源对跨越追赶陷阱的作用研究》，《科学学研究》2008 年第 2 期。

强调自主产品平台对技术能力提升的重要性，[1] 部分研究则强调不同来源知识的协调利用和并行学习。[2] 然而，这些研究都只关注对不同来源知识的学习结果及其对技术能力提升的最终影响，对不同来源知识的技术学习机制，特别是技术学习如何促进由技术引进到自主研发的转变语焉不详。（2）就学习模式而言，现有研究多借鉴技术追赶路径的研究成果，探讨特定追赶阶段的学习模式。例如，陈劲[3]认为在"技术吸收—技术改进—自主创新"的不同阶段存在着"干中学—用中学—研究开发中学"的动态转变。魏江等[4]发现，企业会根据技术不连续性和制度型市场机会的差异，分别选择并进式、内控式、外植式和采购式四种学习模式。然而，这些研究仅注重学习模式的类型化，并未讨论不同追赶阶段或条件下技术学习实践和模式转变的机制与结果。（3）就学习内容而言，现有研究致力于讨论特定产品技术特性和特定技术追赶阶段要求的关键技术能力。例如，Kim 及其合作者[5]发现，产品创新对复杂产品（系统）的技术追赶最为重要，工艺创新和产品开发对批量生产的消费品的技术追赶最为重要。吴先明和苏志文[6]将技术引进后的内部融合分为技术迁移和技术提升两个阶段，认为前一阶段的学习重点是技术资源和

1　路风、封凯栋：《为什么自主开发是学习外国技术的最佳途径？——以日韩两国汽车工业发展经验为例》，《中国软科学》2004 年第 4 期；徐雨森、洪勇、苏敬勤：《后发企业技术能力生成与演进分析——以中国华录·松下公司 DVD 视盘机产业发展为例》，《科学学与科学技术管理》2008 年第 5 期；路风、蔡莹莹：《中国经济转型和产业升级挑战政府能力——从产业政策的角度看中国 TFT-LCD 工业的发展》，《国际经济评论》2010 年第 5 期。

2　Cho, H.D. and J.K.Lee, "The Developmental Path of Networking Capability of Catch-up Players in Korea's Semiconductor Industry", *R&D Management*, 33（4），2003; Lee, K., M.Jee and J.K.Eun, "Assessing China's Economic Catch-up at the Firm Level and Beyond: Washington Consensus, East Asian Consensus and the Beijing Model", *Industry and Innovation*, 18（5），2011.

3　陈劲：《从技术引进到自主创新的学习模式》，《科研管理》1994 年第 2 期。

4　魏江、潘秋玥、王诗翔：《制度型市场与技术追赶》，《中国工业经济》2016 年第 9 期。

5　Kim, L. and H.Lee, "Patterns of Technological Change in a Rapidly Developing Country: A Synthesis", *Technovation*, 6（4），1987; Kim, L., *Imitation to Innovation: The Dynamics of Korea's Technological Learning*, Boston: Harvard Business School Press, 1997.

6　吴先明、苏志文：《将跨国并购作为技术追赶的杠杆：动态能力视角》，《管理世界》2014 年第 4 期。

研发方向整合，后一阶段的学习重点是技术水平和研发能力提升。然而，这些研究都没有深入阐述技术学习活动如何引致关键技术能力。

总体来看，尽管现有的技术追赶研究从制度安排、机会窗口等视角为复杂装备制造部门的技术追赶提供了具有一定解释力的概念，但既没有深入探讨真正引致正向设计能力跃迁的技术学习实践，也没有构造出基于技术学习的产业技术追赶分析框架。如果仅仅明确技术学习的重要性和阶段性特点，却不具体回答整个产业层次的技术学习活动实际"如何"进行以及其他技术追赶相关因素"如何"与技术学习活动相关联的问题，研究结论必然难以直接指导技术追赶实践。因此，有必要整合制度安排、机会窗口等视角与技术学习视角，形成更加全面、更具总体观的分析框架。

本章研究在延续技术追赶研究四个关键主题的基础上，构建以技术学习为中心的后发国家技术追赶分析框架，并运用该框架分析中国高铁装备制造业由逆向工程到正向设计的转变。这一框架的理论逻辑在于，技术学习是各类因素影响技术追赶结果的最终环节。制度安排等因素既然能够作用于技术追赶，必然对技术学习活动存在实际影响，能够"投影"出技术学习活动分析框架。与技术追赶的制度安排、机会窗口与可能性、路径与模式、技术学习四个主题相对应，这一分析框架包括战略导向、资源配置、活动系统和学习机制四个维度。具体而言，战略导向是指受产业政策等制度性安排影响的技术学习导向，决定了产业技术主体的活动目标。资源配置是指可以支持技术学习活动的资源存量及其配置机制，决定了产业技术主体在特定的"发展门槛"条件下是否能及时获取并调动资源，开展技术学习，回应技术追赶的"机会窗口"。活动系统是指在特定的产业技术追赶路径与模式下技术学习凭依的主要活动，由研发设备等硬件和活动组织等软件构成，其侧重点会因其行业技术创新的知识基础而有所差异。例如，科技驱动型产业的技术追赶活动体系更强调基础研究活动，而经验驱动型产业的技术追赶活动体系更强调试验验证活动。学习机制是指在上述因素的基础上，产业技术相关主体获取并内化技术知识、提升技术能力的机制。简言之，战略导向、资源配置和活动系统从目标、资源、活动方式等方面塑造了技术学习的环境；当环境较为有利时，学习机制将更加高效地发挥作用，支撑起后发国家的技术能力提升与技术追赶。

第三节　数据收集与分析

本章研究采用三角交叉方法收集数据，通过对中国高铁装备产业相关主体的访谈收集一手数据，辅以对公开报道、行业期刊、企业年鉴、内部文件等资料的广泛搜索。2015年7月至2016年7月，作者团队共进行了37次焦点小组访谈，所有访谈均有录音。为丰富基于不同视角的信息，提高研究的信度和效度，作者团队选择的受访主体广泛覆盖了高铁装备用户、高铁装备整车企业、配套企业、高铁建设企业、相关高校和科研院所[1]。受访对象主要包括上述主体的高层管理人员、技术管理人员、项目管理人员和各个技术领域内的科研人员。所有访谈都采取非结构化形式，以确保更多的细节能从访谈中涌现。

本章研究数据处理步骤如下。在每次访谈结束后，作者团队立即将所有访谈录音转录为文本，并对当时所有访谈转录文本和二手数据等原始材料进行归纳式编码和分析。在此过程中，作者团队一面根据编码过程中涌现的新主题调整访谈提纲，修正理论抽样计划，一面不断检视并调整原始编码和一级编码，在重复迭代之中提高一级编码的信度，为更高维度构念的汇总奠定

---

[1] 各类受访机构包括：（1）高铁装备用户：铁总、成都铁路局、太原铁路局；（2）高铁装备整车企业：四方、长客、唐车；（3）高铁装备配套企业：戚墅堰所、株机、株洲所；（4）高铁建设企业：京福铁路客运专线安徽有限责任公司、铁建重工集团有限公司、中铁二局集团有限公司、中铁二院工程集团有限责任公司；（4）高校与科研院所：西南交大、中南大学、铁科院、大西高铁中国标准动车组试验指挥部。

基础。当数据出现理论饱和，无法再从新收集的数据中提炼出与正向设计能力及其提升相关的新见解时，作者团队立即停止数据收集，并对原始编码和一级编码进行讨论与确认。基于前文发展的分析框架，作者团队进一步寻找一级编码之间的联系，分别抽取出与战略导向、资源配置、活动系统、学习机制等二级主题相关的一级节点，最后对二级主题进行三级编码，建构出各主题与正向设计能力提升之间的关系。为了降低整个编码分析过程中可能的偏见，作者团队采取了以下措施：第一，在编码完成后，请其他研究者独立评估三级编码和二级编码，并就有异议之处进行深入讨论，在达成共识的基础上修正编码；第二，邀请铁总等业内人士进行检验[1]，以确保作者团队已对场域内的实际情况做出合理解释。

第四节　中国高铁装备产业的正向设计能力发展

以准高速和高速动车组的技术进步为标志，中国高铁装备产业及其设计能力的发展经历了三个阶段。

（一）独立研发阶段（2004 年以前）

1995 年前，铁道部已开始组织研制准高速列车与高速列车，但尚未突破"机车+客车"[2] 路线，也未有国产准高速动车组或高速动车组问世。1995 年后，围绕铁路局招标项目和铁道部部管项目，中国高铁装备研发人员广泛尝

---

[1] Evered, R. and M.R.Louis, "Alternative Perspectives in the Organizational Sciences: 'Inquiry from the Inside' and 'Inquiry from the Outside'", *Academy of Management Review*, 6（3），1981.

[2] 普通客运列车是由 1 台客运机车（提供动力）和多辆客车（不带动力）构成的编组，客车数量可调整。动车组是由多台动车（自身带动力）和多辆拖车（不带动力）构成的编组，编组中的动车与拖车数量固定。根据动力来源，动车组可分为内燃动车组和电力动车组。根据动力分布方式，动车组可分为动力集中型动车组（动力装置集中安装在列车两头的车辆上）和动力分散型动车组（动力装置分布在列车的多个不同位置）。除特别说明外，本章后文所涉动车组均为动力分散型电力动车组。

试内燃、摆式、电动等技术路线，开发出众多新型动车组。这些车型虽然具有"需求引致"的正向设计色彩，但并未从根本上摆脱逆向工程和少量试制的特点。（1）就车体和头型设计、牵引制动系统、转向架构造、网络控制系统4项决定动车组知识产权归属的核心设计而言，这些型号的不少核心设计源于对国外产品的模仿和改造。（2）这些型号产量极小，未形成批量生产能力。据作者团队统计，这一时期国内企业共推出13种新型动车组，总产量却不足40列，其中只有5个型号产量超过1列。（3）当时已投入或即将投入运营的5种电力动车组都曾多次出现机破事故，难以满足稳定运行的商业化要求。

（二）引进学习阶段（2004—2008年）

围绕时速200公里和时速300公里动车组采购项目，铁道部组织完成了动力分散型电力动车组技术的全面引进。四方、唐车、长客分别与日本川崎重工、德国西门子公司和法国阿尔斯通公司合作，联合设计生产CRH2A、CRH3C和CRH5A，并自行衍生出部分新型号，初步形成了CRH动车组产品系列。这些国产化型号虽然实现了大批量供应和商业化运行，但国内企业只能在原型车平台上进行小范围的环境适应性改进，不具备整车正向设计能力。（1）首批次CRH高速动车组的优化改造只能以中外联合设计的方式进行，研发周期和产品性能取决于原型车的技术成熟度。例如，四方与川崎重工联合设计的CRH2A基于日本成熟产品平台，不仅率先下线，而且很快实现了稳定的商业运行。长客与阿尔斯通联合设计的CRH5A却因阿尔斯通此前没有成熟的动力分散型电力动车组平台，对原型车进行了基础性修改，投入运行早期的故障率长期居高不下。（2）中国高铁装备研发主体尚未通晓引进车型工作逻辑，自行完成的改进设计和型号衍生并未对原有平台进行大幅度改动，未达到正向设计产品的标准。以性能提升最为显著的CRH2C-1为例，尽管其速度（时速 300 公里）超过了引进车型 CRH2A（时速 250 公里）一个等级，[1] 但其设计主要是将 CRH2A 从"4 动 4 拖"结构恢复为日本原型车 E2-1000 的"6 动 2 拖"结构，[2] 使动车数量从 4 节增加到 6 节。由于 E2-1000 原版时速已经达到 275 公里，CRH2C-1 略作改进即"具备了提速到时速 300 公里的动力"。[3]

（三）正向设计阶段（2008 年之后）

以建设京沪高铁为契机，铁道部和科技部共同组织研制时速 350 公里及以上高速动车组，于 2010 年完成了四类核心设计全部自主化的 CRH380A、CRH380B 和 CRH380CL。此后，四方、长客、唐车又继续衍生出多种长大编组、高寒环境、强风沙环境的 CRH380 新车型。在 CRH380 系列研发过程中，中国高铁装备产业发展出整车层次的高速动车组正向设计能力，并运用这一能力自主开发出速度等级和环境适应性远超引进型号的全新动车组，形成了时速 160—400 公里的自主化产品序列。2017 年 6 月，具有完全自主知识产权和技术标准体系的时速 350 公里中国标准动车组（复兴号）正式投入运营。这是中国高铁装备产业集中运用高速动车组正向设计能力的最新成果。中国标准动车组包括四方的 CR400AF 和长客的 CR400BF 两个型号，但不同厂家产品可互联互通，相同速度等级动车组可重联运行，不同速度等级动车组可互相救援。这表明中国高铁装备研发人员已因需开发出了不局限于引进平台的全套高速动车组工作逻辑，使脱胎于不同平台的中国标准动车组实现了机械接口的物理互联、电气接口的数据互联、软件接口的逻辑互联和操作界面的互通、主要硬件的互换，确立了不同于"欧标"和"日标"的中国标准

---

[1] 高速动车组时速每提升 30—50 公里，速度就上了一个等级，设计上要做出较大调整。
[2] "4 动 4 拖"指该型号动车组由 4 台动车和 4 辆拖车构成，"6 动 2 拖"指该型号动车组由 6 台动车和 2 辆拖车构成。一般而言，动车数量越多，动车组动力越大，最高时速越快。
[3] 赵小刚：《与速度同行——亲历中国铁路工业 40 年》，中信出版社，2014。

体系。

第五节 中国高铁装备产业正向设计能力发展的促进因素及其作用

运用前文发展的技术追赶分析框架,考察高速动车组技术追赶过程中战略导向、资源配置、活动系统、学习机制四方面的特点,中国高铁装备产业正向设计能力的跃迁主要得益于以下因素。

(一)战略导向:强调工程化和商业化的技术能力建设宗旨

批量生产自主研发、性能成熟的商业产品是2004年后中国高铁装备研发的根本宗旨。这改变了整个产业的技术能力演进方向,使其快速向兼具技术和经济合理性、满足规模化需求的正向设计路径收敛。强调"先进、成熟、经济、适用、可靠"的大规模技术引进引致了成熟、完整的正向设计理念。铁科院一位首席研究员在受访时指出,2004年前,铁路局招标研制的众多准高速或高速列车型号都以创新示范为目标。这些型号往往"一型一列",即使"只在局管范围内跑旅游线路",多数型号也"经不住跑"。而在铁道部主抓的三个国家级高速电力动车组项目中,"大白鲨"和"先锋号"均属试验样车,没有批量生产计划;唯有"中华之星"在立项之初即以批量生产、长期运营为目标。2004年后的技术引进是中国高速动车组研发全面要求"批量、固化"的起点。对研发人员来说,CRH系列型号不再"只是研究一个样车,考虑一项性能",而是要将批量生产可行性和长期运营可靠性纳入全盘考量。

值得注意的是,对工程化、商业化速度与效果的追求常常使后发国家陷入对国外成熟产品的逆向工程之中。然而,大规模技术引进并没有淡化中国高铁装备产业的自主研发意愿，而将这种意愿引向了规模生产的正向设计产品。尽管不少人士诟病铁道部在技术引进时要求前期研发的非 CRH 型号全部下马，但其初衷并非完全放弃自主开发。否则，2004 年和 2005 年的两次招标就不会明确要求以中外联合设计的方式对引进车型开展适应性改造，也不会设置"技术转让实施评价"考核环节。中国高铁装备产业的自主研发意愿从未消失，在完成对 CRH 系列的技术吸收后，被迅速导入 CRH380 系列的正向设计中。

（二）资源配置：传承有序的人力资源积累和协调有效的长期合作机制

中国高铁装备正向设计能力的载体是各尽其能的产学研人才队伍，是将这些人才组织起来的产业活动体系。这不仅保存和拓展了中国高铁装备产业的知识和能力基础，而且促使各方以并行工程的方式深度协作，加快科学研究、产品开发、生产制造之间的迭代循环过程。

（1）早期自主研发项目形成的人才储备，从人力资源供给上保证了技术引进与消化吸收的效率效果。而这批宝贵的技术人才得以保全，应归功于管理者抱负和大规模技术引进。据受访的四方技术中心研发人员回忆，"1998—2003 年是最困难的时期，每年都停工。停工期间，全厂干部和职工都拿 400 元基本工资，实际到手 256 元，但所有技术人员工资照发，因此，四方的技术人员没有断层"。大规模技术引进"不仅带来了技术提升，更在关键时刻留住了人才"。被及时保存和激活的个人经验与组织记忆，极大提高了知识获取和应用速度。铁科院一位车辆研究专家在受访时指出，"2004 年前培养的这批人真正造过车。他们来引进，看一样的图纸，听一样的说明，但理解快得多，清楚得多"。川崎重工总裁大桥忠晴认为，四方需要 16 年时间才能完成对引进技术的消化吸收，但中国高铁装备产业只用五年时间就实现了正向设计。

（2）超越铁路行业传统边界的产学研长期合作，使铁路行业内外的相关人力资源被有效组织起来，服务于中国高铁装备技术突破与正向设计。2004年前，中国轨道交通装备的产学研合作在范围和理念上存在明显局限。列入"九五"国家科技攻关计划项目的"先锋号"和"中华之星"都是铁道部部属工厂、院校和科研机构的合作成果，完全不涉及铁路行业之外的机构。大规模技术引进之后，这些局限均被打破。一是原本局限于铁路行业内部的合作扩展到铁路行业之外。2008年，铁道部和科技部组织了铁路行业内外的25所高校、11家科研院所、51家国家重点实验室和工程研究中心开展协作，共同支撑起CRH380自主创新。这一合作模式也延续到了此后的中国高铁装备正向设计活动之中。二是原本局限于单个科研项目的短期合作扩展为企业主导的长期合作。四方总工程师指出，"技术引进之前，我们也参与一些合作项目，但态度是很被动的。有时候有技术难题，但不愿意找外面的单位合作，总觉得自己也能做出结果。后来在引进中发现，很多技术，特别是前沿技术和理论基础，必须有外部支持，才能更上一层楼。我们的创新模式有了很好的转型，与高校、科研院所开展稳定的长期合作"。铁路行业实现政企分开改革后，中国高铁装备产业创新体系中的行政力量逐步减弱，但行之有效的产学研合作机制因企业对外长期合作理念的兴起得以维持和发展，继续服务于产品正向设计。

（三）活动系统：持续完善、高效运转的行业试验体系

对基于经验性知识的装备制造部门而言，试验活动是产学研各方主体开展研发与技术学习的基础体系。正向设计因其向前发展的建构本质，所需试验的种类繁、体量大、密度高，对试验设施、试验思路和试验组织都提出了全新要求。中国高铁装备试验得以快速进入探索与验证并举的正向设计阶段，是不断完善的试验硬件与同步提升的试验理念、试验规范、试验组织等软件相辅相成的结果。

（1）根据本土需要建设或升级的众多试验台与实验室意味着国际领先而又极具适用性的仿真测试环境与台架试验条件。截至2015年底，中国共有18个运行或在建的国家级高铁相关试验平台。1995年建成的西南交大牵引动力国家重点实验室因其"在运行时速才几十公里的时代"建设时速450公里轮轨滚动振动整车试验台的超前意识，在各型号准高速列车和高速列车研制中发挥了不可替代的作用。西南交大一位教授在访谈中表示，如果没有时速400公里以上的整车台架试验装备，中国高铁动车组开发不可能如此顺畅地进入时速350公里乃至更高速度的线上试验阶段。其余17个试验平台中，有15个在2004年大规模技术引进后启建。尽管受建设周期限制，目前只有半数完成验收，但功能和精度均达到了国际顶尖水平。

（2）2004年后新建的众多线路带来了全球仅见的超大体量、复杂条件现场试验窗口和数据获取机会。从试验规格看，2002年用于"中华之星"性能测试的秦沈客专山绥试验段长度64.1公里，与法国TGV冲高试验段处于同一长度量级，但在最高试验速度上仍相去甚远。此后，建造标准更高的京津、武广、郑西、京沪等高铁线路则创造了大量时速300公里以上的超长试验段。从试验周期来看，每条新线都提供了在建期间的多段、多次试验段试验窗口期，全线铺通后的长距离全线试验窗口期，以及投入运营后的跟踪试验期。更重要的是，这些线路的建设时间相互衔接、建造标准逐步提升、运行环境差异较大，在整体上保证了近十年来兼具连续性和差异性的不间断线上试验。从试验工况来看，无论是地质和气候，还是运行距离和开行密度，中国高铁运行条件之复杂堪称全球之最。遍历各种环境的线上试验为中国高铁装备产业带来了无可匹敌的问题库和数据库。受益于此，中国标准动车组正向设计才有能力同时应对"长距离持续高速运行、开行密度较高、载客量较大以及高寒、多雪、高原风沙、沿海湿热、雾霾、柳絮等环境"的苛刻要求。

（3）测试与分析并重、验证与探索并重、短期研制与长期跟踪并重的理念是引领中国高铁装备试验全方位支持正向设计的首要因素。第一，中国高铁装备试验的测试活动与分析活动素来在人员和组织上高度统一，有助于研发人员深入解读试验结果，加快试验与设计的迭代过程。相比之下，原为全球第一的德国慕尼黑滚动振动试验台只是"作为试验工具存在，只提供测试数据，不做任何分析"。[1] 第二，2004年技术引进之初，中国高铁装备研发人员已有意向试验体系中注入探索性和长期性元素，在高铁联调联试、动态检测等验证性试验阶段增加科研试验。第三，自2008年京津城际通车起，中国高铁装备研发人员即创造性地对所有投入运营的新车型开展全生命周期的跟踪试验和数据采集。西南交大牵引动力国家重点实验室的一位教授解释说，"列车性能会蜕变，而且每列车在每条线上的表现都不一样。跟踪运营列车，从一级检修到四级检修，[2] 性能变化规律掌握得一清二楚，不但对养护有好处，对指导设计更有作用"。

（4）有力的试验组织、清晰的试验规范和相应的组织惯例，使中国高铁装备试验体系能以极高的试验密度有序运转。作为后发竞争者，中国高铁装备产业在追赶过程中面对着试验量更大、时间更紧的挑战，只有加大试验密度，才能使研发人员尽早"认识到产品设计表征出来的特征"，加快正向设计进度。这一期望得以实现，最初得益于铁道部集中管理的组织安排。曾全程参与CRH380系列研制工作的四方技术中心受访人员回忆说，"当时做试验，不需要层层审批，而是报到动联办，马上安排"。此外，早在CRH380上线试验之时，中国高铁装备产业即以确立试验规范为要务。一位受访的原动联办成员、后工作于中国铁路通信信号上海工程局集团有限公司的专家回忆说，"武广线试验有四项要求，第二项就是建立联调联试机制和整套标准，将

---

[1] 沈志云:《我的高铁情缘——沈志云口述自传》，湖南教育出版社，2014。
[2] 目前中国动车组修程分为一级检修到五级检修5个等级。每次运行结束（一般1—2日）后执行一次一级检修，每运行3万公里（或每月）执行一次二级检修，每运行45万公里（或每年）执行一次三级检修，每运行90万公里（或每三年）执行一次四级检修，每运行180万公里（或每六年）执行一次五级检修。

来为其他线所用"。由此，中国高铁及早确立了涵盖科研试验、型式试验、产品检验、联调联试、运行考核、跟踪试验的详细试验规范，非正式协同惯例也逐渐生成。虽然动联办于2011年撤销，但试验规范与相关惯例仍然延续下来，成为协调高密度试验的主要机制。

（四）学习机制：密集试验、批量应用的高强度技术学习

面对日、德、法三国差异化的高速动车组设计，中国高铁装备研发、设计、制造、试验各参与单位以深刻理解不同车型运行原理、融会形成自主设计思想为目标，开展高强度并行学习，在试验效率、问题识别、工作逻辑、设计工具、标准确立等方面快速改善，在短时间内引致了正向设计能力的突变。

（1）通过基于高密度并行试验的"试验中学"，[1] 中国高铁装备研发人员迅速增强了试验技术，提高了试验效率，为产品改进和正向设计提供了适时、优质的数据支持。试验效率是整个试验周期（设计、实施、分析）所获信息的价值与成本比，[2] 虽与试验速度有关，但绝不等同于此。如果试验设计或操作不合理，试验速度反而有损试验效率。在铁科院国家铁道试验中心工作的一位专家举例说，"现在的测试系统都很先进，采数据、出报告好像很容易。但实际上影响因素很多，包括机械、安装、研判，等等。即使是摩擦系数这么简单的参数，如果把握不当，做一天试验，测出来的数据根本是错的"。由此可见，试验效率取决于试验技术，后者则与经验学习紧密相关。

同时引进多国高速动车组并辅之以大范围的产学研合作，使中国高铁装

---

1 Thomke, S.H., *Experimentation Matters: Unlocking the Potential of New Technologies for Innovation*, Boston: Harvard Business School Press, 2003; Thomke, S.H. and D.Reinertsen, "Unlocking Innovation Through Business Experimentation", *Harvard Business Review*, 90（5），2012.

2 Thomke, S.H., "Managing Experimentation in the Design of New Products", *Management Science*, 44（6），1998.

备产业得以兼具并行试验速度较快和串行试验促进学习的优点。[1] 组建多个项目团队、分别攻关指定型号，这属于典型的并行安排，有利于在短期内完成大量试验，但不同团队难以获取其他团队的同期经验，容易造成各团队"背对背"试错的冗余试验，影响学习效果和试验技术改进。若采取减少单轮试验量、增加试验轮次的串行安排，则难免降低试验速度。与此相比，前述的产学研合作机制，尤其是科研人员的跨团队活动，增强了中国高铁装备试验团队之间的实时信息交流，在保证并行试验速度和密度的同时，获得了原本在串行试验中才能达到的学习效果。就试验设计而言，据西南交大一位教授介绍，"中国标准动车组共有16个速度档，161个工况，2000多个组合。虽然不是每个组合都做了试验，但也做了上千个组合"。研发人员并非不计成本地做加法，而其增删取舍试验设计的基础就是前期积累的试验技巧和相关知识。就试验操作而言，负责中国标准动车组线路试验的大西高铁试验指挥部受访人员表示，"试验大纲比较粗，通过现场优化才能将互不干扰的试验内容并行安排，不至于因某项试验出现问题而荒废整天的试验时间。而在并行安排中如何进行试验穿插，就取决于长期练出来的经验"。

（2）通过工程实践与设计实践反复迭代的"干中学"，[2] 中国高铁装备研发人员在设计输入和设计工具上取得了大量突破，形成了具有鲜明中国特征的自主化正向设计平台。在访谈过程中，不少技术专家指出，"车辆设计知识是高度依赖经验积累的，很难从书上或者国外学到"。从2004年前的自主研发到大规模、多源头的技术引进和消化吸收，经验知识积累大大加速，主要体现在三个方面。

一是识别核心问题。影响高速动车组性能的因素极其庞杂，不可能也不

---

[1] Thomke, S.H., E.von Hippel and R.Franke, "Modes of Experimentation: An Innovation Process and Competitive Variable", *Research Policy*, 27（3），1998.

[2] Arrow, K.J., "The Economic Implications of Learning by Doing", *The Review of Economic Studies*, 29（3），1962.

必要全部纳入模型。确认核心问题及其影响因素是合理简化设计模型的先决条件，而不同问题和要素的相对重要性往往在产品开发和工程实践中才能显现。例如，尽管文献广泛提及空气动力学问题，但中国高铁装备研发人员却是在广深线提速过程中才真正认识到这一问题的重要性。铁科院一位首席研究员回忆，"广深线提速前，我们看过国外文献，知道空气动力学研究是基本要求，但从上到下都不重视。没想到，在160—200公里的时速下已经出现很多问题。准高速列车和老式客车交会，把对面的木头窗子都吸过来了。我们意识到空气动力学的确是高速情况下的大问题，铁道部才会支持相关研究，为后来的高速动车组打下了基础"。中国高铁装备研发人员对气密强度的认识则是在武广线试验中得到深化的。铁科院一位受访的原副院长介绍说，"当时我在四方的车上，过隧道时能感觉到晃动很大。后来用传感器测，侧墙板最大内移达到12毫米，疲劳问题严重"。针对这一问题，四方技术中心一位副主任表示："从日本引进的CRH2A时速只有250公里，根本没发现气密强度的问题，日本人当然也不会主动提醒。所以，在研发CRH380A的前身CRH2C-350时，车体气密强度的要求就沿用了之前的4000帕。结果，CRH2C-350在武广线上过隧道后，车体和门窗全都变形。我们在排查后发现，气密强度是造成此情况的主要指标。"认识到这一问题后，四方投入大量研究资源，"在车体重量仅增加4%的情况下"，将CRH380A的"气密强度从4000帕提高到6000帕"。[1] 得益于经验性的问题识别和定义，中国高铁装备产业才能在迫切的追赶要求下，最大限度地减少过冗余、过试验、过设计造成的浪费，将有限资源聚焦于"真正的问题"。

二是构建工作逻辑。高速动车组的架构高度模块化，[2] 其性能提升需要同

---

[1] 矫阳：《"中国面孔"是这样雕塑的》，《科技日报》2011年10月22日。
[2] Baldwin, C. and K. Clark, *Design Rules（Volume 1）：The Power of Modularity*, Cambridge：The MIT Press, 2000.

级组件的优化匹配和自下而上的有效集成。正向设计能否形成符合用户期望的整车工作系统，实现这一设计的生产成本是否合乎预期，取决于研发人员对各级组件之间静态依赖关系和特定场景下动态调用关系的定义。这些关系的结构化表达，就是车辆工作逻辑，也是正向设计的精华所在。[1] 由"中华之星"等早期型号到CRH380系列和中国标准动车组，中国高速动车组工作逻辑急趋复杂。以信息传输为例，前文提及的铁科院首席研究员介绍说，"'大白鲨'的信息传递量和机车拉客车差不多，主要是一条开门线和两个司机室的控制线需要全列贯通。CRH型号则是每条信息都要传到主控车和其他列车"。中国高铁装备研发人员通过反复调试不同应用条件下的引进车型故障逻辑，逐步加深了对高速动车组工作逻辑的认识，随后根据实际运行条件自行设置逻辑或改写原有逻辑。[2] 在密集的"试错—改错"过程中，中国高铁装备研发人员掌握了部件级、产品级、系统级等各层次硬件和嵌入软件、应用软件的联通、控制、监测、诊断等关系。目前，中国标准动车组已经达到了"长客造和四方造车辆均能接收、执行、反馈对方主控车指令"这一"从未有过的信息传递和处理水平"。考虑到车速越高，"需要及时观察、判断的情况越多，对可靠性和实时性的要求越高，软件接口越多"，不同厂家车辆之间互联互通的事实反映出中国高铁装备研发队伍已具备自主开发全套车辆工作逻辑的能力。

三是发展设计工具。高速动车组是众多组件交互形成的大型装配体，结构复杂、关联量大、参数繁多是其设计模型的固有特征。在明确关键变量及其关联关系的基础上，内置了逐层级关联关系的设计工具可固化产品工作逻

---

[1] 沈志云：《我的高铁情缘——沈志云口述自传》，湖南教育出版社，2014。
[2] 长客一位受访技术人员表示，"CRH5A故障很多，阿尔斯通解决不了，只能和长客分享控制程序，但这些程序本身就有缺陷。比如列车关门时，不管哪扇门，只要最后关，就关不上。反复排查，发现关门时空调还在打新风，车内有正压。我们增加一条新逻辑，设定关最后一扇门的瞬间空调停止，问题消失。5型车的类似问题几百上千件，我们一点点解决。掌握逻辑，用了整整7年。现在，至少在中国条件下，我们对5型车逻辑的理解比阿尔斯通好"。

辑、实现组件协同变形，帮助研发人员根据特定用户需求自顶向下地生成设计模型，减少设计工作量，丰富产品多样性。而要发展出正确传递并表达设计信息的优质工具，并保证其可读性、稳定性、后续开发与维护便利性，则有赖于研发人员在建模方法、设计参数、程序结构、实现方法上的实践经验。就建模方法和设计参数而言，西南交大一位受访教授表示，高校实验室的"支撑作用之一，就是确定设计用参数。我们根据基础理论和实验室数据建立模型，在大系统动力学的基础上做一个设计平台，为工厂提供动力学参数。工厂拿到这些参数，就能设计车辆"。就程序结构和实现方法而言，不少设计软件和设计环境"都是通过搞动车组，一点点摸索、一点点琢磨、一点点建立起来的"。例如，长客一位副总工程师反映，"2006年底，长客派队去唐车参与CRH3A的消化吸收，了解到西门子用的是ELCAD三维设计软件，就联系软件公司，咨询设计步骤，再按照步骤自己摸索着搭建设计平台。为了测试平台是否有效，就把西门子给的生产图纸拿来，看能不能生成一样的图纸。如果不行，根据两头的结构和结果，继续推测、调整。2007年我们完全复原了西门子的车体设计。这就证明，我们有了自主的设计平台，而且和西门子的平台至少在工程化上是等效的。中国标准动车组设计的所有分析计算模块，都是这样建立起来的"。

（3）通过运行、维护技术来源各异的多种动车组型号的"用中学",[1] 中国高铁装备研发人员对各种设计理念在特定条件下的具象差异有了更为深入、直接的认识，提升了依据应用环境确立设计标准的水平。研究表明,[2] 新装备有80%的问题都是出乎设计人员预料、在投入使用后才首次发现的，而解决这些问题所需的信息也隐藏在使用环境中。在访谈过程中，来自不同机构

---

[1] Mukoyama, T., "Rosenberg's 'Learning by Using' and Technology Diffusion", *Journal of Economic Behavior and Organization*, 61（1），2006.

[2] von Hippel, E. and M.J.Tyre, "How Learning by Doing is Done: Problem Identification in Novel Process Equipment", *Research Policy*, 24（1），1995.

的中国标准动车组研发人员均表示，他们是在"融合国内现有4个平台的设计理念的基础上，综合对实际应用情况和应用需求的了解，确定了适合国内环境的设计要求"。中国标准动车组网络控制系统中的监测设置就是应用现实推动设计变化的典型。受访的中国标准动车组线路试验人员介绍说，"日系车强调人的作用，很多监测项目由人工完成，不包含在监测系统内，因此，对管理精细程度要求高，检修频率高。德系车强调硬件的作用，监测事无巨细，需要的检修人员少，但操作复杂，容易报故障"。这两种理念本无高下之分，也各自延伸出了适用的配套模式。[1] 然而，一旦落实到中国环境中，管理者或操作者对这些问题响应和处置方式的态度却可能截然不同。"有些铁路局不喜欢欧洲车型，因为报警、停车太频繁；但是，有些铁路局认为小问题都报警也没关系，心里踏实。"为摸清用户偏好与成因，中国标准动车组研发团队广泛调研国内装备应用单位，最终在一线经验的基础上建立起全新的适用性自主标准。"在体系架构上，我们比德国车更强调监测，安全监测点从引进车型的1000多个增加到中国标准动车组的3000多个。但在信息展示上，我们把监测信息分成了给司机、给随车机械师和给段上检修人员的部分。司机不会被频繁的报警打扰，随车机械师则能全面掌握车辆状态。"

第六节 研究结论与政策启示

（一）研究结论

本章运用基于技术学习的技术追赶分析框架，考察中国高铁装备研发由逆向工程转为正向设计的全过程，得出了如下结论：（1）从战略导向看，扭

---

[1] 以轴温监测处置为例，受访的中国标准动车组研发人员表示，"日本车轴温再高也不停车，只是加个熔断器，因为日本线路短，轴温再高，也能很快到站。欧洲车详细监测轴温和两轴温差，结果不对立刻报警、停车，启动预案"。

转既往以探索实验和产品示范为主的研发导向，将批量生产自主研发、性能成熟的商业产品作为根本宗旨，是中国高铁装备产业形成正向设计能力的前提。(2) 从资源配置看，数十年传承有序的人力资源积累和协调有效的长期合作机制，是中国高铁装备产业形成正向设计能力的基础。(3) 从活动系统看，根据科研与工程需要持续完善的试验体系，特别是同步提升的试验理念和组织水平，是中国高铁装备产业形成正向设计能力的重要支撑。(4) 从学习机制看，同时引进多国技术促成的"干中学""用中学""试验中学"等高强度并行学习，是中国高铁装备产业形成正向设计能力的主要途径。

中国高铁装备产业技术追赶经验的借鉴意义，在于明确四类关键因素的作用以及如何营造具备这些促进因素的制度与产业环境，而不在于对政府主导型技术追赶模式的简单复制。尽管"统一招标、单头对外、指定承接方和转让方"的顶层设计被视为中国高铁装备产业避开引进依赖陷阱的关键制度安排，但只有在同时满足市场规模、引进来源、技术周期、吸收能力等多种条件的前提下，这类安排才可能达成目标。(1) 中国是高铁装备的最大市场，具有整合国内需求、提高买方谈判能力的天然优势。相比之下，石油装备、大飞机等产品的国际买家数量多、份额大，中国无法通过掌控最终市场附加技术转让条款。(2) 拥有高铁装备技术的国际供应商较多，愿为争取订单接受技术转让要求。而很多装备制造部门或是面临长期、严格的国外技术封锁（如航空发动机），绝无技术引进的可能性；或是国内需求逼近国际技术前沿面（如特高压成套设备），缺少可供借鉴的成熟技术。(3) 高铁装备是产品架构相对稳定的长生命周期产品，引进当代或前代产品可为国内企业赢得技术追赶必要（尽管依旧紧迫）的窗口时间。大规模集成电路等短生命周期产品部门则很难寻觅到类似机会，如没有持续稳定的大规模产业投资，难以通过技术引进在产品换代前完成从逆向工程到正向设计的转变。(4) 高铁装备技术引进的成功离不开已有的知识基础。20 世纪 80 年代铁道部也曾两次组织机车技术引进,但当时铁路系统整体"技术水平还比较低下,要将引进技术大面积国产化的难度极大"。[1] 若没有20世纪90年代的知识积累,高速动车组研发人员不可能将嵌入在引进装备中的缄默知识迅速内化为正向设计能力。

(二) 政策启示

针对中国装备制造业技术追赶在战略思路、资源配置、活动系统等方面的需求与缺陷,政府应通过引导和服务的方式,持续参与装备制造业正向设计能力发展促进因素的积累中。

(1) 破除大量装备研发项目停留于首台(套)示范的现象,从扩大国内需求、分散用户风险的角度出发,加快自主设计装备的规模化商业应用。对大飞机、航空发动机等难以从资本市场获得足量产业投资的重大技术装备制造部门,长期维持甚至加强结构性支持政策,既要通过持续性的财政补贴、首台(套)保险等手段将自主设计装备"扶上马",更要运用阶段性的销售保护、政府采购、出口信贷等手段"送一程",增强自主设计装备的市场预期,甚至如铁道部在高铁动车组招标中所做的那样,直接为国内后发企业创造初期市场。对产业资本门槛较低但市场不确定性同样很高的其他装备制造部门,以强化质量保证体系和风险规避机制为目标,尽快出台普惠性支持政策。相关政策不必制订支持目录,而应将引导装备制造企业通过市场手段将自主设计新产品推向商业化为主旨。

(2) 加大装备制造业专用性人力资本投资,预防复杂装备及其关联部门的专用性人才流失与断层,避免个人层次的激励不足影响产业层次的正向设计能力发展。受历史原因影响,国有企业无疑是目前中国复杂装备制造业专用性人

---

[1] 赵小刚:《与速度同行——亲历中国铁路工业40年》,中信出版社,2014。

力资本的蓄水池。近年来，中国装备制造业用人规模持续增长，但国有企业员工激励水平却有逐步下滑的趋势，人才流失特别是青年骨干流失加剧。针对这一现象，政府应加快推进国有企业考核体系和薪酬体系改革。短期来看，在保留工资总额限制的前提下，一方面应根据企业的实际效益和战略地位，为关键企业配备具有市场竞争力的工资总额；另一方面应在企业内部健全员工绩效动态考核机制，切实根据考核结果分配工资总额，以务实的态度最大化绩效薪酬的激励作用。长期来看，必须全面建立起基于硬预算约束的国有企业治理机制和管理体系，给予国有企业自行调整薪酬总额的权力，彻底消除员工收入和激励水平之间的矛盾。需要注意的是，政府不应出于对国有企业人才流失的担忧而设置违背市场原则的流动障碍，致使装备制造业的人才吸引力下降，自主研发后继乏力。同时，政府也应以加强人力资本供给为目标，提高学科教育质量、激发青年人投身装备制造类专业和相关高校培养更高素质新生力量的动力，在产业层次上保证人才梯队的完整性和自主研发的可持续性。

（3）建设行业试验平台与数据库，重塑共性技术供给体系，加强装备制造业跃升到正向设计所必需的试验数据与共性技术的积累和扩散。中国装备制造业的部门创新体系正由政府主导转向企业主导。这在总体上有利于提高创新效率，但也给硬件投资大、组织成本高的正向研发试验和溢出效应强、直接收益低的共性技术研究带来了投入不足的隐忧。政府应充分利用当前资金相对充裕和全球高素质人才快速流动的有利条件，尽快夯实公共性的行业试验体系与共性技术研发体系。首先，将各级公共性试验资源整合到行业试验平台之中，提供无利或微利的试验服务。其次，建设行业试验数据库，运用试验平台补贴附加要求（如部分数据公开要求）等措施，鼓励参试机构共享试验设计、试验数据、试验规范和试验技术，在全行业范围内增强知识积累和学习效应。最后，前瞻性地推进装备制造业共性技术供给体制改革，保证共性技术研发、扩散和共享过程中公共性和效率性的平衡。

第七章
面向未来的中国高铁创新体系与政策

第一节　引言

中国高铁用十余年的时间实现了技术赶超的奇迹，成为中国产业后发赶超的标杆。然而，随着政府企业间关系、市场竞争结构、微观主体治理机制的变化，以及伴随着新一代高铁人成长而出现的社会关系的深刻变化，那些曾经促成中国高铁创新发展的成功因素，其积极效应可能弱化甚至成为负面制约。未来中国高铁在更高水平的创新发展，在自生发展能力培育、微观激励机制建设和创新主体功能定位等方面，将面临一系列深层次的新问题和制约。面对这些不确定性，可行的路径是通过构建更加有利于创新的制度环境，以更加"制度化"的微观激励结构和产业组织结构，促进中国高铁持续创新发展。由技术创新的标杆到制度改革的标杆，是中国高铁在更高水平创新发展需要完成的新的历史使命。

在前面各章实证分析的基础上，本章拟在规范和诊断的意义上，针对以上问题进行探索性的讨论和分析。同时将基于对中国高铁技术创新成功经验及其在新的发展阶段面临的潜在问题的理解，提炼中国高铁创新成功对中国工业创新发展的政策含义和启示。

第二节 "从并跑到领先" 面临的挑战与问题

在坚持商业化应用导向的自主创新战略的驱动下，在充分利用中国独特的市场优势和制度优势的基础上，在长期积累的技术能力的支撑和相对完整的创新体系的保障下，中国高铁无论在工程建设、装备制造还是运营组织管理等各个领域都取得了令世界瞩目的成就。中国高铁以较短的时间成为中国技术追赶最为成功的产业之一，成为国家领导人对中国产业进行国际"营销"的名片。然而，在充分肯定中国高铁技术赶超成就的同时，也应当看到，中国高铁在进一步提升原始创新能力、可持续发展能力和国际竞争能力等方面仍然面临一系列严峻的挑战，中国高铁技术创新水平提升和技术创新体系建设在更好满足国民经济社会发展需求、以更强实力得到国际市场认可等方面仍然有巨大的潜力。虽然在引进消化吸收再创新的基础上，中国高铁产业已经掌握了系统层面的正向设计能力，但在新一代技术标准完善、基础软件开发、核心零部件设计制造和国际市场知识产权布局等方面，与日本、德国等高铁强国仍然存在不同程度的差距。根据截至2015年10月的动车组专利申请数据，虽然中国在国内申请的专利数量达到7590项，占国内动车组专利的比重达到86%，但在美国、日本、德国、法国的专利申请量仅为159项，占中国申请主体专利申请量的比重仅为2%；相比之下，德国和日本申请主体在海外四国的专利申请量则分别达到3642项和1640项，分别占到其专利申请量的18%和20%。[1]

当中国高铁产业基本完成具备自主创新能力、掌握完全自主知识产权的历史任务，在以往支撑中国高铁创新的动力机制、创新体系和产业组织方式

---

[1] 杨铁军：《产业专利分析报告——高速动车组和高铁安全监控技术》，知识产权出版社，2016。

已经发生深刻的变化，而新的更加有效的激励机制、创新体系和市场结构又没有完全形成的情况下，以更加务实、灵活和更具战略性的方式加快推进铁路体制改革和高铁创新体系建设，促进中国高铁在更高水平创新发展，具有必要性和紧迫性。基于这样的思考，以下拟从经济学基本理论和我们所观察到的中国高铁发展的基本事实出发，对如何促进中国高铁取得更大的创新发展成就进行探索性的讨论。

我们的研究强调制度层面的探讨。我们认为，企业家精神和政治决心在中国高铁技术赶超中发挥了重要的作用，但不断把企业家精神和政治决心制度化为正式的激励结构，才是中国高铁形成持续的技术能力提升机制的根本保证。需要强调的是，我们对中国高铁发展面临的问题和挑战的诊断性分析，绝不是对中国高铁人和中国高铁成就的否定，相反，我们坚持认为，在下一步的制度改革和政策设计中要充分肯定中国高铁人的历史贡献和应得的物质回报；但与此同时，尊重历史贡献不能作为无视问题、固步不前的理由。应当突破中国高铁技术成功的"光环效应"，从经济学研究者的视角、以探索性讨论的方式，激起学术界、中国高铁当事人和有关政府部门对中国高铁改革发展深层次问题的关注和讨论。

第三节　构建创新导向的制度激励结构

中国高铁之所以能够取得今天的技术成就，最根本的原因是在特定的制度、文化、技术环境下形成了激励创新的经济性机制。虽然企业家精神和政治决心对于形成初始的制度条件和战略方向起到了决定性的作用，但中国高铁的持续创新却是在越来越正式化的竞争规则和微观制度变革的基础上、在不断强化的经济激励的作用下展开的。中国高铁发展的实践也证明，那些制度突破和改革步伐越大的企业和机构，也是高铁创新系统中技术能力和管理现代化水平最高的企业和机构。在微观层面，是株洲所、四方、西南交大牵引动力国家重点实验室[1]等一批企业和研究机构在体制内不断寻求治理机制和管理方式的突破，是铁道部（铁总）有意识地构建"有控制的竞争"的市场结构，并不断创造新的市场机会和技术机会，从而激励高铁装备、通信信号、工程建设等领域的供应商和研究机构在创新导向的竞争机制和选择机制驱动下不断提升技术创新能力。在宏观层面，铁道部和现在实际上仍然以政府身份决定系统内资源配置的铁总，出于"自主可控"的社会合法性和及时响应、降低成本等理性考虑，形成了不断推动装备、子系统和零部件国产化的内在激励，从而促成并大大加速了中国高铁的自主创新和技术赶超进程。

但是，随着政企关系以及基于此的铁路投资、建设、运营体制的改革，随着铁总和高铁产业链上的供应商企业的战略定位、竞争能力和业务范围的调整，更随着铁路人及与之相伴的个人社会关系和组织间关系的变迁，传统的激励中国高铁创新发展的价值观、激励结构以及组织间的市场和非市场关系都在发生潜移默化而又深刻的变革。以往一些激励中国高铁创新发展的积极因素的作用在弱化，甚至逐渐产生负面制约作用，并与其他因素一起放大了中国高铁在更高水平创新发展的不确定性。

首先，传统的创新发展的资源保障模式将面临挑战。随着中国经济增速由高速向中高速的回落，中央政府和地方政府的财政压力将不断加大，高铁建设的投融资体制必将随之变化。而随着盈利约束的逐步强化，铁总是否仍然能够以"合理的利润"为供应商技术创新提供利润保障必须画一个问号。在面临的盈利硬约束不断加强，同时高铁技术水平已经能够基本满足运营要求的情况下，铁总是否仍然有积极性构建技术机会来引导和驱动上游企业技

---

[1] 例如，我们在西南交大调研时，牵引动力国家重点实验室一位教授就提到，实验室在对外合作中，从来都是实验室整体（而不是教授个人）与企业多个项目打包（而不是单个项目）进行合作，这样能够避免研究人员过度商业化的行为，从而保证实验室的基础研究定位和功能。反观国内不少高校，由于对研究人员个人施加了太强的商业化激励，而对大学的基础研究功能形成了负面影响甚至破坏作用。

术能力的提升？高铁部门是否会像其他行业一样出现有市场机会而缺乏技术机会的情况？这些可能出现的新问题都需要关注。其次，传统激励创新的产业组织结构有可能发生重大的调整。此前，由于铁道部（铁总）可以行政命令或以市场资源为谈判筹码，影响高铁装备供应商的创新活动。但是，随着中车集团的内部整合，特别是集团层面战略管控能力的加强，随着以四方、株洲所为代表的一批高铁装备企业的海外高铁业务、国内非高铁业务和路外业务规模、比重的扩大，随着国内高铁建设高峰的逐渐过去，即随着铁总掌握的高铁市场筹码的弱化和中车集团层面协调能力的强化，以往"铁总单边垄断+整车厂和关键零部件厂商有控制的竞争"的产业组织格局可能会被打破。在这种情况下，铁总以市场来影响高铁装备供应商创新活动的地位和能力有可能弱化。最后，各级公司在不触动产权的情况下在体制内继续进行治理机制和管理突破的难度越来越大。虽然中车集团已经实现整体上市，但中车系统内的四方、长客、唐车等整车厂商以及中车系统内、外的主要零部件供应商仍主要是国有或国有绝对控股企业。产权结构单一、治理机制不完善、核心管理人员和研发人员的薪酬机制落后的问题，在骨干高铁装备企业中较为普遍存在。高速增长的高铁市场，相对较高的技术性进入壁垒，一定程度上掩盖了这些企业的产权和治理问题。但如果想要以更高的效率和更强的活力参与全球市场竞争，包括迎接未来可能的来自国内新进入民营企业的竞争，这些问题就必须得到有效解决。此外，由于中车集团整体上市，株洲所、四方等企业通过发行上市改变所有制结构的难度越来越大，而随着这些二级公司下属业务范围和规模的快速扩张，集团、二级公司与三四级公司的高层管理者的"激励倒挂"问题将变得越来越突出，各级公司在体制内通过治理机制和管理突破提升创新积极性的难度越来越大。

　　破解制约中国高铁在更高水平创新发展障碍的关键，是系统推进铁路体制和高铁创新体系改革。从有利于创新发展的角度看，改革既要充分考虑当前社会各界广为关注的效率性和公益性原则，也要充分考虑改革后的铁路体制要有利于高铁技术创新和竞争力提升的战略性原则。在改革路径的选取方面，在综合平衡效率性、公益性和战略性的基础上，既要考虑到改革方案的可行性和最优性，也要考虑改革方案是否具有足够的柔性和灵活性，即是否有利于各类资产和创新资源在市场竞争过程中流动和重新优化组合。具体来说，推进中国高铁在更高水平创新发展，需要在以下方面有所突破。

一是完善投融资体制，逐步解决债务包袱问题，让铁路发展轻装上阵，提升高铁和整个铁路的可持续创新发展能力。一方面，考虑借鉴日本经验，成立铁路债务清偿公司，解决历史债务问题。在综合评估债务形成原因和铁路运输企业等市场主体当前和未来偿债能力的基础上，合理确定铁路市场主体应当承担的债务比重，剩余债务由新设立的专门负责偿还债务、处理资产、安排剩余员工的铁路债务清偿公司进行承担。在解决历史问题的同时，面向未来的建设问题，应合理确定政府投资铁路建设的规模和领域。可以预期，未来五年到十年中国铁路建设仍将处于快速发展期，铁路运营回收的资金仍难以支持大规模的铁路建设投资。因此，需要在合理确定盈利性业务和公益性业务的基础上科学确定政府的出资比例和规模，为深化铁路体制改革、塑造财务上能够独立运营的铁路市场主体打开大门。另一方面，以优化资本结构和融资结构为目标，在铁路资产重组的基础上，积极推动包括铁路运输企业在内的新形成的各类铁路市场主体上市，通过资本市场融资优化铁路资产结构，大幅降低铁路的债权融资比重。加强综合运输体系和高铁站科学规划，推进铁路水路联运、铁路公路联运、高铁地铁无缝接驳建设，实现铁路沿线周边和站点的土地综合开发，通过提升铁路市场主体盈利能力从根本上遏制形成新的债务包袱。

二是按照政企分开、运输综合优化和权力制衡的原则，完善有利于铁路创新发展的公共治理体系。第一，在交通运输部下设独立的综合交通规划局，负责铁路、公路、水路的统一规划，从根本上打破目前不同运输方式各自独立规划的组织形式，形成有利于综合交通运输体系发展的组织保障，进一步提升高铁运营的效率和效益。第二，在进一步完善国家铁路局目前的质量、安全监管、技术标准职能的基础上，通过引进高端专业人才、设立专业委员会等方式，重点提升其针对行业重组后新的市场结构和竞争行为，特别是接入定价的管制水平和能力。铁路投融资体制和运营体制的选择和设计，既取决于方案本身的成本和收益，也内生于管制者的管制能力。

三是按照兼顾效率性、灵活性和监管成本的原则选定铁路重组方案，尽快启动新一轮的铁路业务重组和产权改革，通过培育竞争性的市场主体，以运营市场的竞争带动高铁装备创新。在"铁道部时代"，中国高铁装备创新的源动力主要来自铁道部层层下达的政绩压力、南北车集团内外部的激烈竞争以及高铁装备企业显著改善盈利能力、大幅提升社会地位的期望和抱负。当前随着政企分离、南北车合并以及高铁装备企业逐渐进入技术水平和经营状况的平台期，中国高铁装备创新的源动力更多来自铁总不断扩大铁路建设规模的目标和中车系统内部的竞争。一方面，过去政府主导驱动的创新体系被削弱；另一方面，竞争性的市场驱动型创新机制没有建立起来。解决高铁在更高水平创新发展的动力问题，构筑新时期中国高铁创新的源动力，关键是根据中国高铁技术发展进入新阶段的客观要求，按照市场化改革的大方向，既肯定历史成绩又面向未来，打破垄断，通过塑造竞争性的市场结构和市场主体，形成自下而上的经济目标驱动型的创新体制。从各国的铁路改革实践看，并不存在完美的铁路体制改革方案；而中国的电信、石油体制改革也表明，只要打破垄断，市场在竞争过程中存在朝着更加有效的市场结构演化的内在力量。因此，当务之急不是找到实际上并不存在的完美改革方案，而是要在综合考虑效率性、灵活性和能力要求等因素的情况下，以更加务实的态度坚定地推进改革。目前中国铁路改革争论的焦点主要在铁路资产究竟是以网运分离的方式拆分还是按区域拆分。按照效率的原则，两种模式各有优缺点，但如果考虑改革方案的灵活性，则网运分离模式一定程度上优于区域性一体化铁路公司的模式，因为前者转化为后者的难度相对较小，而后者一旦改革不成功再转向网运分离模式则较为困难。此外，网运一体的区域拆分模式对于政府制定公平合理的接入价格或清算价格的监管能力要求也更高。更重要的是，区域性一体化公司的区域垄断性特点，并不利于高铁装备的创新发展。考虑到以上因素，将网运分离作为中国铁路体制改革的初步方案更具合理性。在网运分离和债务合理剥离的基础上，逐步放开铁路建设、铁路运营和铁路装备市场，形成产权多元、能力多元的竞争主体，通过多层次的竞争，才有可能实现中国高铁在更高水平的创新发展。

四是根据中国高铁由技术追赶向技术领先阶段转换的现实需求，进一步调整和优化产业政策和科技政策。过去十多年，中国高铁技术创新的主要任务是完成引进消化吸收，技术进步的路线和方向相对明确，在这种情况下政府大规模投入企业工程化开发和研发体系建设具有合理性。但随着中国高铁技术水平由后发追赶向前沿水平的逼近，随着企业研发体系、试验检测体系的基本完善，一方面企业对基础研发的需求不断增大；另一方面企业在应用技术研发方面的不确定性日益增强。针对这种状况，科技政策的重点应当逐步由过去针对企业研发投入的补贴转向对基础研究的支持和对高技术产品需求侧的引导，即逐渐由中间向基础研发和市场需求两端转移。需求侧科技政策的重点，一方面是加强知识产权保护，鼓励企业（即便是隶属同一集团的企业）以知识产权许可而不是无偿转让的方式形成知识流动和共享，促使整车企业和核心零部件企业间的技术创新更多由合作向竞争转变、由非市场合作向市场化合作转变；另一方面则对于建设当期不具有经济合理性但出于战略性考虑应当进行超前部署的高铁线路在建设、运营等方面给予补贴，形成战略性需求带动前沿设计和工艺创新的格局。

五是积极把握中国高铁市场快速增长所创造的改革机会窗口，未雨绸缪、战略性地推进骨干装备企业的混合所有制，特别是管理层持股改革，并配套推进国有企业的人事制度改革，通过进一步调动核心管理人员和研发人员的创新积极性，更充分地释放这些企业的创新活力。一方面面向历史，充分肯定过去几十年高铁研发人员、管理人员和技术骨干对实现技术赶超做出的巨大贡献，给予相关人员必要的股权奖励；另一方面面向未来，积极引入多元投资主体，并给予对企业未来发展起关键作用的管理层和研发人员股权激励。在产权改革中，吸取国内部分国有企业管理层持股失败的教训，建立管理层、研发人员能上能下、能进能出的市场化人事制度，与管理层持股制度共同构成高铁创新发展的微观制度保障。具体管理层持股方案的设计要突出战略性，避免过度纠缠于定价细节，更多通过透明公开的披露制度保障国有资产定价的相对合理性，为推进管理层持股扫清障碍。

第四节 避免企业过度多元化陷阱

合作是中国高铁创新体系的一个重要特征，也是中国高铁实现技术赶超的重要条件。中国高铁创新体系中各类创新主体之间的紧密合作，是铁道部（铁总）以项目为平台统一协调科学技术资源的结果，是企业间竞争的理性反应，也有校友关系所形成的社会资本的作用。除了这些正式制度和非正式制度的影响外，中国高铁创新主体紧密合作的一个重要前提是各类创新主体的业务和知识是相对专业化的。在计划经济时代，铁道部就已经形成了由 30 多家专业化的机车车辆、机械、电机工程企业和 4 个专业化的机车车辆研究所构成的工业体系。2000 年，虽然中国铁路机车车辆工业总公司与铁道部脱钩，并分拆改组为南车和北车两个机车车辆集团，但每个集团下属的 20 多个子公司仍然是高度专业化的。分工是合作的前提，合作是分工的结果。因为创新主体之间是专业化的分工关系，在市场竞争、经济激励和商业化应用政策导向的驱动下，拥有专业化知识的创新主体才有积极性进行合作，原因是只有合作才能形成可以商业化应用的最终产品。

然而，2004年以后高铁建设提速以来，创新主体的业务多元化逐渐成为趋势，创新主体之间"错位"，甚至"越位"的现象日益突出。一是企业的业务更加多元化，主要表现为下游集成企业向上游零部件（系统）的业务延伸。如目前四方和长客的业务范围除了动车组，其产品线还覆盖了动车组牵引控制系统、钩缓装置、空气弹簧、制动系统等核心零部件（系统）；同时，零部件企业（系统）也向其他零部件（系统）领域进行业务延伸。二是科研院所和高校不断向商业化领域延伸，也呈现多元化的趋势。例如，目前铁科院下属的北京纵横机电技术开发公司研发制造制动系统、牵引系统、网络控制系统、减震系统等诸多关键零部件（系统），2015年公司的销售收入已经达到75亿元；又如西南交大产业（集团）公司参控股企业达到30余家，从业人员2700多人，年营业额约10亿元。

中国高铁装备产业组织结构由专业化向多元化和一体化转变的原因，根本上是企业和科研院所的体制问题，由于中国高铁装备企业基本上都是国有企业，而国有企业的规模偏好促使整车企业和零部件厂商都不断通过水平多元化和垂直多元化扩大规模；对于科研院所和高校来说，由于科研人员从科研机构直接获得的收入，特别是固定收入水平较低，科研人员和所在机构的创新成果主要是无形的知识和技术，[1] 在弱知识产权保护的情况下，这些机构和科研人员只能通过将自己掌握的知识和技术进行产业化，而不是通过中间技术市场，来实现自己应得的经济回报。同时，外部市场条件和技术条件的变化又大大加速了企业多元化和科研机构产业化的趋势和进程。一是在过

---

[1] 我们在调研某科研机构时，一位负责人就表达了对无形知识产权没有得到应得的物质回报的不满。

去十多年中国高铁快速发展的过程中,各个细分市场的市场机会被打开,诱使企业纷纷进入自己之前并未涉足的领域;二是随着国产化和本土企业技术能力的提升,在本土领先企业完成技术吸收和进口替代以后,技术人员流动和逆向工程的成本和难度大大下降,之前对国内企业来说居于前沿的技术逐渐成为成熟技术,技术扩散的速度加快,技术壁垒降低,后发企业开始相互进入对方的领域,而作为一种策略性的反应,企业之间的业务扩张又存在相互强化的效应。在这种情况下,一些创新主体逐渐衍生出了超越主体基本功能的衍生功能,如铁科院和高校的产业化规模和力度不断加大。这些商业性的活动虽然为研发人员获得合理、合规的报酬提供了渠道,但也在一定程度上损害了铁科院和高校的基本功能。

针对企业的业务错位和越位问题,我们的基本观点是,企业的多元化和一体化本身并不必然导致效率损失,但由于企业的过度多元化和一体化,下游企业和上游零部件企业之间的创新合作有可能被抑制,科研机构和高校的过度产业化有可能破坏科技成果转化的渠道和机制,而紧密的产业链合作和产学研合作恰恰是过去十多年中国高铁部门创新发展的重要特征和驱动因素。企业业务扩张和科研机构创新活动的过度商业化是在特定的市场条件和制度条件下的理性选择,因此,我们的政策建议,并不是对企业和科研机构的正常业务活动进行行政干预或强制剥离,而是要逐步改革那些引致企业过度业务扩张和科研机构过度产业化的制度性因素。具体包括,加强知识产权保护,提高技术模仿的门槛和成本,切实保护创新企业和企业创新,使技术创新可以获得应得的市场回报,以知识产权保护来避免可能形成的过度竞争。同时,承认科研机构和科研人员的合理经济诉求,激励铁科院和高校的科研人员将精力集中于共性技术、基础技术和前沿技术研究领域。

第五节 重构产业共性技术研发机构

随着未来中国高铁装备企业技术水平的不断提升,其对下一代技术和共性技术的需求将不断增强,加快铁科院的科研体制改革,增强其面向全行业的竞争前技术服务功能,将是进一步完善中国高铁创新体系的重要内容。

铁路行业实行政企分开改革并组建中国铁路总公司后,中国高铁市场结构进入了从政府主导向市场主导转换的新阶段,行业创新体系也随之从政府行政协调型向市场交易关系型转变。尽管这一转变总体上有利于中国高铁技术创新体系在市场竞争的过程中不断完善,但也需要前瞻性地看到,正确处理高铁领域政府和市场的关系实际上包含两方面的内容,一方面,要改变过去政府"大包大揽"的资源配置方式,把政府失败的成本降到最低;另一方面,也要针对竞争性市场自身的缺陷,加强政府的引导和服务功能。其中,一项重要的任务就是重塑中国高铁共性技术研发机构,加强支撑中国高铁由技术学习向技术引领跃升所必需的前瞻性共性技术开发与扩散。在改革的基础上,进一步明确和突出铁科院在共性技术供给中的主体地位,解决共性技术公共服务与市场化激励机制的错配问题,建立与改革中的铁路和高铁行业相匹配的、能够有效激励高质量共性技术研发的治理与运营机制,增强中国高铁技术占领世界高铁技术前沿的能力,提升中国高铁技术标准的国际话语权。

作为中国铁路行业唯一的多学科、多专业综合性科研机构,铁科院自成立之日就天然承担着集成性强、复杂度高、学科跨度广的前瞻性共性技术开发、储备与扩散任务。2004年以来,在铁道部的高强度行政组织和资源支持下,铁科院在无砟轨道、控制系统、牵引制动、联调联试等领域为高铁引进技术消化吸收做出了重要贡献。然而,过去为了在最短的时间内实现技术赶超，为了高效率地完成政府下达和企业委托的各类课题，铁科院应有的共性技术与下一代技术开发储备功能也因过度专注于攻克当前的技术问题而逐渐被削弱。我们认为，未来随着政企分开和竞争性机制的逐步形成，共性技术创新主体和公共服务机制的缺失对中国高铁技术发展和国际竞争的不利影响将会逐渐显现。

国家科研院所的企业化改制和铁道部实用为主的研发组织体系造成的功能错位是铁科院共性技术供给能力下降的根本原因。一方面，2002年开始的企业化转制要求铁科院成为科技型企业并允许其介入生产制造领域，促使其大幅转向短期经济效益更为确定的专有技术和产品开发研究，以满足组织自负盈亏和员工改善薪酬的需要；另一方面，2004年以来的多数时间内，各级铁路科研院所均按照铁道部部署，在技术学习任务层层分解的体系下，基于其自身潜力而非其原本的功能定位进入或强化细分领域的专业能力。铁科院也由此衍生出各种超越共性技术研发边界的商业活动。这两项安排符合当时中国铁路行业加快学习效率、提升产业化速度以实现技术追赶的现实需要，但也客观上模糊了铁科院作为行业共性技术研发与公共服务机构的定位，使其在功能上泯然于一般的高科技企业和企业研发机构。

自负盈亏和过度市场化的个人薪酬机制安排是阻碍铁科院改善共性技术供给现状的直接原因。由于国家并未根据"既办企业、又搞科研"的要求调整其转制后的企业考核标准和税收政策，该院虽在原则上应兼顾市场与公益目标，但在组织属性上其实并无从事共性技术研发的较强动机。近年来，铁科院的体量与实力不断增长，但主要发生在生产制造领域而非共性技术和行业服务领域。例如，铁科院机车车辆研究所的下属企业北京纵横机电技术开发公司2014年利润增长达170%；但与2000年生产制造部门划归该所时相比，全所科研人员占比已由50%降至不足30%。提振商业活动固然可以反哺共性技术研发，但难以避免"一肩双担"的研究人员将决定企业效益和个人收入的产品与工程技术置于共性技术开发之前，另外还可能因院属生产企业与行业内企业的直接竞争而妨碍共性技术扩散。

未来一段时间内，铁道部改革造成的铁路技术研发行政协调机制缺位将会进一步凸显上述问题对中国高铁共性技术开发与储备的负面作用。在"铁道部时代"政府主导的创新体系下，铁科院共性技术研发能力与动力的缺失并未对中国高铁的系统性创新构成严重损害。铁道部可根据技术发展的阶段性需要，通过行政指令促使铁科院全力投入对技术体系、技术标准、产品平台建设至关重要的共性技术开发活动；也可以用行政命令的方式协调铁科院、装备企业、运营企业、行业高校等各类主体，集中优势研发资源，提高整个铁路行业以竞争前合作形式开发行业共性技术的效率和效果。而在未来行政性协调机制逐步退出的情况下，铁科院和其他大院大所继续承担竞争前技术研发项目的动力将因政绩压力减小而减弱，其在共性技术研发领域中的公共性导向、风险承担能力和外部协作程度也很可能随之骤降。在政企分开、全行业市场化改革的趋势下，如果配套的共性研发机构体制不能跟上，铁科院可能最终逐渐转变为事实上的"商业性企业+研发服务公司"。这不但会影响中国高铁近期整体技术进步所需的共性技术供给，而且会降低中国高铁长期发展和应对国际竞争必需的前瞻性、指向性的下一代技术储备质量。从长远看，对铁科院自身，特别是研发人员的职业发展也并非益事。

针对以上问题，我们建议在未来的改革中，应突出铁科院作为竞争前技术供给主体的角色和功能，从治理机制、运营机制和激励机制上保障其功能定位和有效运作，是预防和解决铁道部政企分开之后、创新资源自发流动并形成以市场为导向的相对优化配置之前，原有高铁共性技术供给体系严重失灵的必要举措，对中国高铁技术争取全球领先地位、实现技术和标准主导、完成应对未来技术路线变化的下一代技术储备均至关重要。在市场化改革的大方向下，借鉴国际发展经验和教训，同时充分吸收共性技术和部门创新体系领域的相关学术研究成果，可以考虑从以下方面入手，围绕铁科院建立既符合当前高铁技术创新体系和创新要求阶段性变化需要，又体现中国高铁行业前期发展既有特点的共性技术供给体系。

一是明确铁科院在中国高铁共性技术供给方面的非营利性主体地位。从多国经验来看，无论是铁路运输企业完全民营化的日本，还是维持铁路运输国有国营状态的德国和法国，目前具有较强高铁技术能力的国家无一例外地持续设有定位清晰、无盈利压力的共性技术研发机构，如日本铁道综合技术研究所；或协调各界开展共性技术研发的管理服务机构，如法国国铁技术研究服务局、德国国铁铁路系统创新局等，并以准公共事业体制支持其投入研发风险高的超前研究。与此形成对照的是，英国在1989年将主导高速铁路计划研究的铁路技术中心转为自负盈亏机构，继而在1996年将其分拆出售。这个曾经的"全球最大铁路研究综合体"快速丧失了一流铁路共性技术研究中心的地位，既往的庞大试验、测试设施目前仅空气动力模式测试装置仍用于铁路研究。英国也不得不先后洽购法、德、日的高铁装备以满足"欧洲之星"的运营需要。相比之下，中国高铁市场规模远超上述国家，尽管有激发企业在市场化改革中发展出竞争前共性技术供给机制的可能性，但在当前阶段，鉴于铁科院转制后共性技术研发能力与动力下降的现实情况、铁路行业行政性研发协调机制退位带来的共性技术供给困难，以及中国高铁技术体系由追赶转向引领的迫切需要，同时缺少像西门子、阿尔斯通、日立等企业能够将前沿技术应用于多元化业务领域的预期与由此而来的共性技术投入动机，比较恰当的安排应是将铁科院清晰定位为公共性质的共性技术供给主体，推进完善中国高铁的部门创新体系。

二是在组织结构和治理机制上保障铁科院以共性技术研发与供给为绝对重心。就组织设计而言，法、德两国的铁路共性技术研发服务机构隶属国有铁路公司，其部门设置明显体现出发展先进及未来铁路技术的非营利目标，是不包含任何商业化或带有企业性质的部门。日本铁道综合技术研究所在 1987 年独立为财团法人后，虽曾多次调整内部结构，如 1995 年分离基础研究部门和负责铁路运输公司窗口业务与合同委托项目的技术开发部门，但始终以隔离短期和长期研发活动、保证共性技术研发不受短期导向影响为宗旨。综合考虑铁科院已发展为优质大型科技企业的事实和未来一段时间内共性技术研发投入不断增加的需要，我们建议适当参考国外经验，采用两步走的思路将铁科院的组织结构调整到更适宜提升共性技术供给水平的方向。首先，在大幅提高公共财政投入力度和研发人员固定收入水平的前提下，隔离共性技术研发业务与经营性业务，如新设产业集团对此类业务进行统一管理，同时推进配套的人事制度改革；之后，根据铁路行业市场化推进情况和内部隔离机制运作效果，考虑是否将经营性业务剥离铁科院。就治理机制而言，应借鉴发达国家成熟的共性技术研发机构治理经验，在明确以共性技术开发等公共服务职能为基本使命的前提下，在铁科院设立包括院内、院外与社会人士在内的管理委员会、监事会等机构，要求其定期向社会披露财务信息和运行报告，保证高铁共性技术研发、扩散和共享过程中公共性和效率性的平衡。

三是改革铁科院的经费来源和薪酬体制，在微观层面激发其自主投入共性技术研发的动力。从 20 世纪 80 年代以来多国铁路系统改革后的研发投入机制来看，数额稳定且可预期的固定经费来源是保持共性技术研发（或研发服务）机构坚持前沿性和长期性导向的必要条件。具体而言，以自筹经费为主的投入机制造成北美铁道协会运输技术中心在共性技术供给方面乏善可陈，更促使私有化后的英国铁路技术中心快速退出共性技术和下一代技术研发，即使是 2002 年英国路网公司的再度国有化也未能扭转这一局面。法国国铁技术研究服务局与德国国铁铁路系统创新局同属国有国营，经费全部来自行政拨款、国铁营收和相关企业资助，数量充足且相对稳定，使二者得以在项目设置与资助方向上保证对共性技术开发和未来技术储备的投入水平。日本铁道综合技术研究所目前已属财团法人，但其经费主要来自私有铁路运输公司从营业收入中按规定比例无偿拨付的资金（2007—2014年均在1.3亿美元以上，占该所年收入的70%—80%），因此，可从容投入中长期的尖端技术与共性技术研发。从其2014年经费支出来看，研发项目耗资是合同项目支出的3倍有余。综合借鉴上述国家的改革经验，建议在铁科院部分或全部转为非营利性机构、隔离经营性业务的基础上，一方面建立以政府直接拨款以及从新设产业集团和院外相关企业营收中提取固定比例经费为主的收入机制，在组织层面上减轻自筹经费、自负盈亏的压力，确保其研发活动的公益性和长期导向；另一方面消除员工同时承担基础研发与短期合同项目的多任务导向，在部门和岗位设置上清晰区分研究人员与经营性人员，大幅提高研究人员固定收入的数额和比重，在保证研究人员获得有竞争力的固定收入的同时，控制其从合同项目中获得的可变报酬，并配合完善职称评审制度，在个人层面上激励研究人员将更多精力投向共性技术和下一代技术研发。

第六节　强化高校基础研究功能

高校在创新体系中的基本功能是基础研究。在我们对高铁装备企业的调研中，多数企业都表达了高校应当进一步加强基础研究以更好支撑中国高铁创新发展的诉求。而高校中的有识之士也已经认识到，随着中国高铁企业技术能力的提升，高校在创新体系中的角色应当及时进行调整。"作为研究型大学，在重视工程和项目中的关键技术和共性技术研究的同时，必须高度重视基础研究和前瞻性研究，必须面向世界科技前沿和学科前沿。目前学校基础研究相对薄弱，从事学科主流的基础研究人才还非常稀缺。工科做得好，必须有理科的支撑，牵引动力国家重点实验室从沈志云院士、曾京教授、金学松教授、张继业教授、赵永翔教授、罗世辉教授、肖守讷教授以及张卫华本人，都有力学学科培养或工作的经历，正是有良好的基础理论功底，都迅速成为实验室的核心骨干。"[1]

为了更好地迎接基于更高技术水平的新一轮全球轨道交通竞争，在掌握高速铁路正向设计能力和完全自主知识产权的基础上，借高速铁路技术成功赶超之势，居安思危、未雨绸缪地战略性部署下一代轨道交通技术，加强基础研究和前沿技术研究，抢占新兴轨道交通技术的制高点，应当成为中国轨道交通发展新的战略使命。而推动中国轨道交通更高水平的创新发展需要解决的一个根本性问题，就是针对面向未来的全球新一轮轨道交通科技竞争和产业竞争，怎样清晰界定大学、科研院所、设计制造单位、建设单位、运营企业和各级政府在中国轨道交通创新体系中的不同功能和定位，理顺科技资源配置机制、使用机制和评价机制，促进各类创新主体在"归位"的基础上协同创新，形成更加有效的轨道交通技术创新体系，构建支撑中国轨道交通创新发展的能力体系。

之所以在取得通过CRH380研制掌握了正向设计能力、通过中国标准动车组开发掌握了完全自主知识产权等一系列重大技术成就的同时，仍然要讨论中国轨道交通技术创新体系的建设和完善问题，是因为根据轨道交通技术发展的新情况和国家间轨道交通技术竞争的新变化，中国轨道交通技术创新主体的定位和功能需要做出进一步调整和优化。2004年以后，中国高铁技术创新战略由过去的自主开发转到"引进—消化—吸收—再创新"的轨道上来。由于在过去相当长的时期内，中国高铁创新体系与国外竞争对手的技术差距较大，同时国内的总体技术能力又相对薄弱、技术资源相对缺乏，为了尽快摆脱关键技术和装备受制于人的局面，能够在尽可能短的时间内形成支撑中国高铁大规模建设发展的技术能力，提高技术引进消化吸收和后发追赶的效

---

[1] 张卫华：《用好人才比引进本身更重要》，《西南交通大学新闻网》2013年12月31日。

率，无论是铁道部还是铁总，作为资源和任务配置的主导者，基本上都是按照"能者多劳"，即谁有能力谁就承担相应的研发任务的原则来组织科技项目攻关和分配任务。另外，西南交大等行业特色高校由于长期的技术积累又具有较强的研发能力和较为雄厚的技术储备，在需求和供给两方面因素的作用下，大量应用研究和开发研究类的科研项目落到了西南交大等高校的身上。以西南交大为例，根据该校科研项目统计，2010年以来，累计立项科研项目5100项，其中基础研究项目占比仅为20%，80%的项目为应用研究和开发研究类项目；从科技成果获奖情况看，2010年以来，学校累计获得国家科技进步奖12项，也全部集中在应用研究领域。

在后发追赶阶段，以更加实用主义的方式分配科研任务、组织创新体系具有其合理性。事实也证明，在西南交大、北京交大、中南大学等高校以及铁科院等科研院所和高铁装备企业的通力合作和配合下，中国高铁技术在最短的时间内站到了全球高铁技术的前沿。尽管西南交大等高校在前沿技术储备、轮轨蠕滑、车线耦合以及高速列车耦合大系统动力学等理论建设和科学试验方面对中国高铁技术跨越发展发挥了不可替代的作用，但从各类创新主体的基本定位和功能的角度看，高校和科研院所"越位"、研究机构和企业之间"错位"的问题也日益突出。高校和科研院所不仅承担了大量本应由企业承担的应用研究和开发研究，甚至由于基础研究的导向、激励和支持不足，直接通过校办企业和院办企业进入到生产领域，在一定程度上破坏了基础研究和共性技术研究的公共性。正如西南交大校长所言："大学……做了大量本该由设计院、工研院、产研院和企业研发机构做的工作，导致基础研究薄弱、原始创新能力不强。"随着中车集团以及其他轨道交通相关企业自身研发体系的日渐完善、技术开发能力的快速提升，无论从实然还是应然的角度看，高校在轨道交通创新体系中的分工都应更加向基础研究和前沿技术领域聚焦。

轨道交通创新主体的功能定位、创新体系的最优结构和运转机制，应当紧密服从于中国轨道交通事业发展的战略需要。无论是中国日新月异的经济社会发展对更高速度等级轨道交通的要求,还是新一轮面向未来的国家间轨道交通技术竞争形成的新挑战,都要求未来中国的轨道交通技术创新体系在服从于当前研发效率的同时,更加着眼于面向未来的战略性需求,大幅提升西南交大等行业特色高校在创新体系中的基础研究和前沿技术研究功能。中国高铁下一步发展对更高速、更安全、更节能的要求,"一带一路"倡议指导下实现中国高铁标准、技术、装备的全面"走出去",都必然面临有关时速 400 公里,甚至时速 500 公里的高速铁路成套技术研发、不同轨距和不同制式的基础设施与装备的互联互通、极端气候条件下基础设施与装备的适应性和可靠性、复杂地质结构区域和强震带的工程建设,以及安全运营与防灾减灾等一系列重大难题的基础性研究课题。例如,在时速 500 公里运营环境下的基础理论研究是当今世界高速铁路界尚未深入探索的领域,依托轨道交通国家实验室建设,对该速度等级下的力学现象和行为极限状态开展基础研究,将对中国高铁技术实现从"比肩"到"领先"的二次跨越构筑强有力的理论支撑和巨大的学科优势。

在高铁技术领域成功跻身世界强国行列,并不意味着中国在国家间轨道交通技术竞争中已经取得了最终胜利。以美国、日本、德国等为代表的工业发达国家正依靠自身储备的科技优势加快推进轨道交通技术进入"后高铁时代"。2016 年 5 月 11 日,由美国企业家伊隆·马斯克提出的"超级高铁"(Hyperloop)运输系统在美国内华达州拉斯维加斯郊区的沙漠测试场进行首次"推进系统户外测试"并取得成功。"超级高铁"是一种远距离运输方式,可达到以时速 1200 公里的速度旅行,并且使用太阳能作为能源,比传统高铁更加节能。而根据国外的估算,"超级高铁"的建设成本也较传统高铁更有优势。"超级高铁"不仅在技术理念上超前,更胜在其领先的商业模式,从而蕴藏了巨大的市场生命力。"超级高铁"项目通过众筹平台融资,而且采用"开源设计"的方式,可以通过社会化创新的方式快速集聚高端研发资源。由于"超级高铁"的技术先进性、经济性和商业模式的开放性,尽管其还处于试验阶段,就已经得到一些国家的青睐。2016年5月,法国国营铁路公司SNCF就宣布,将投资8000万欧元(约5.97亿元人民币)发展"超级高铁"。作为高速铁路技术的开拓者和传统强国,日本也在加快推进下一代轨道交通技术的开发和商业化部署。2015年4月,在日本山梨磁悬浮试验线上,东海铁路的磁悬浮列车创造了时速603公里的新世界纪录;规划中的日本磁悬浮中央新干线全长286公里,设计最高时速将达到505公里。针对美、日等国在下一代轨道交通技术的超前部署,中国轨道交通技术面临不进则退的竞争压力,亟须加大在时速600公里及以上超高速真空管道磁悬浮交通系统等领域的基础研究和前沿技术研究。面对新的挑战,以西南交大为代表的为中国轨道交通事业做出卓越贡献的行业特色高校,应该而且完全有能力在基础研究和前沿技术研究领域发挥更加积极的作用。

最后需要指出的是,我们强调应当突出高校的基础研究和前沿技术研究功能,并不是否定西南交大等行业特色高校应该坚持应用导向的研究,应用导向的基础研究和直接开展应用研究是两个不同的概念。应用基础研究,尤其是铁路工程技术基础研究,从理论源头到知识应用,都必须与实际工程紧密结合。事实上,过去几十年里,西南交大等行业特色高校的基础研究成果和实验设施之所以能够为中国轨道交通事业做出不可替代的贡献,一个重要的原因是其基础研究很好地坚持了应用导向。以滚动振动台架试验为例,20世纪英国德比研究所认为试验与实际运行差别太大,试验价值不大,逐渐取消了台架试验;德国慕尼黑试验台虽然认为台架试验结果有参考价值,但仅定位于试验工具,只为试验客户提供试验数据而不提供数据分析,使试验台的科学价值和应用价值都大打折扣。西南交大的牵引动力国家重点实验室则不同,实验室作为科学研究平台,同时为试验单位提供试验结果分析,给出解决方案和建议，使实验室的科学价值和应用价值得到了很好的结合。基础研究和应用研究的区别，不在于事先人为划定的知识领域，而主要在于研究所基于的不同的导向、治理和评价机制：基础研究的基本导向是拓展知识前沿，应用研究的基本导向是完成明确的研究开发任务；基础研究的评价主体主要是学术同行，而应用研究的评价主体主要是项目委托方和技术应用方；基础研究的主要评价维度是学术成果所体现的知识的新颖性，应用研究价值的主要考量指标是可预见时期技术成果创造的经济社会效益；基础研究的基本属性是公共性的，应用研究的基本属性是私人性、商业性的；基础研究的资金来源应该主要是政府，而应用研究的资金来源应当主要是企业。

将高校在轨道交通创新体系中的核心功能由直接开展应用研究向应用导向的基础研究和前沿技术研究调整，需要从理念、资金投入结构和机制等各个方面推进改革。从国家层面看，需要从战略的层面更加明确各类创新主体的定位、功能和任务，需要对资金投入的规模、结构和机制进行相应的优化；从高校自身看，需要有利于基础研究和前沿技术研究的人才选、聘、用机制配套跟进。

一是以国家中长期战略规划的形式制度化对基础研究和前沿技术研究的扶持，保证重大科研项目的持续性。由科技部、教育部和铁总牵头，研究制定立足当前、面向2050年、分阶段推进的《轨道交通技术中长期发展战略规划》，一方面从创新体系建设的角度，进一步明确和加强西南交大、北京交大等行业特色鲜明的研究型大学的基础研究和前沿技术研究的定位与功能，进一步明确和加强铁科院作为中国轨道交通共性技术研发机构的定位与作用，形成高校、铁科院、企业中央研究院和其他研发部门、技术部门等各类创新主体错位发展的局面。另一方面从加强基础研究和应用研究、优化研发投入结构的角度，加大对复杂环境下轨道交通基础设施科学问题、高速及超高速移动装备基础科学问题、轨道交通牵引供电基础科学问题、轨道交通通信信号与信息系统基础科学问题、轨道交通运输组织科学基础理论、轨道交通材料基础科学问题、轨道交通能力保持与安全保障等基础理论问题以及具有环境友好、线路友好、技术友好、乘坐友好、运维友好和经济友好的时速400公里及以上高速铁路、高温超导磁悬浮、超高速真空管道交通系统等面向未来的前沿技术研究的资金扶持力度。尽快明确轨道交通国家实验室建设的时间表和里程碑，依托轨道交通国家实验室建设，进一步完善中国轨道交通技术的研发体系、学科体系和试验体系。依托国家层面的顶层设计，为中国抢占下一轮轨道交通技术竞争制高点奠定坚实的组织、治理和资源保障体系。

二是优化轨道交通技术研发资金的扶持方式，促进国家自然科学基金委、教育部、科技部和铁总等各类科研项目立项管理机构在轨道交通基础研究、应用研究和开发研究中的分工、衔接与合作。鼓励科研项目管理单位加大基础研究和前沿技术研究的资金扶持规模和比例，重点加大国家自然科学基金对轨道交通领域基础研究的支持力度。突出国家自然科学基金委和教育部的基础研究支持功能，突出科技部的前沿技术研发支持功能，突出铁总的开发研究支持功能。在基础研究项目的选题和评估工作中，突出中外轨道交通领域内科学家的作用；在开发研究项目的选题和评估中，突出企业的选题和评估作用；在前沿技术项目的选题和评估中，着重构建科学家和技术专家相互交流讨论和共同治理的机制，鼓励大学和企业在前沿技术领域开展合作研究。建立国家财政直接支持的科技项目和技术联盟的统一信息平台，同时鼓励非财政支持项目主体自愿通过平台披露有关的科研信息，避免科技投入的重复投资，促进信息和知识共享。

三是完善高校自身的学术评价体制，积极引导基础研究，正确处理学术研究与科技成果转化的关系。一方面大幅提高基础研究序列研发人员的固定收入水平和比例，增加基础研究的资金扶持力度，鼓励研发人员将更多的资源和精力投入基础研究，学校对从事基础研究的研发人员实行长周期考核甚至免考核的政策;加强科研项目的同行评价和学术成果评价。另一方面构建起基础研究和应用研究之间的界面,尽量减少商业性活动对教师基础研究的干扰。学习借鉴国外研究型大学成熟的科技成果转化管理方式,建立学校统一的科技成果转化管理机构,对专利的申请、管理和授权许可进行统一管理,并综合参考国外研究型大学的一般做法和中国高校的实际情况,在学校和教师之间对专利许可授权获得的收益确定合理的分配比例,对教授在商业组织中的任职和提供商业服务的时间做出明确的规定(MIT和斯坦福大学对教授提供商业性服务的时间规定为每周不能超过一个工作日),从而在积极引导高校科研成果向产业部门转移和转化的同时,确保高校的基础研究和前沿技术研究核心功能。

四是依托国家实验室建设和学科建设,加强轨道交通人才体系建设。国家间的轨道交通科技竞争本质上是轨道交通科技人才的竞争。正如中国科学院院士翟婉明所言,"在国家知识创新体系和技术创新体系建设中,高校的定位是不同的。科技创新的基础和支撑是人才创新。国家创新体系建设不仅仅要求高校有一流的科研成果,更要培养一流的人才。国家创新体系建设的核心是人才创新体系建设,只有明确了这个问题,才能改变目前这种认为只有通过取得更多更好更大的科研成果,才能真正体现大学在国家创新体系中的存在价值的片面认识"。教育部、科技部、铁总以及西南交大等高校自身,应着眼于高校和中国轨道交通事业的长远发展,以轨道交通国家实验室建设为抓手,进一步完善中国轨道交通技术的学科体系和人才体系,建立更加与国际规范接轨的激励机制和评价机制,引导教师教研结合,为西南交大等行业特色型研究型大学能够招收到、培养出一流的轨道交通科研后备人才创造有利的资金条件和科研教学环境。

附　　录

附录1　中国准高速和高速列车研制的主要阶段

（1）1990—1997年：研究论证阶段，围绕京沪高铁建设论证和广深线改造提速项目探索准高速轮轨技术，但尚未有中国企业参与设计或制造的准高速或高速动车组问世。20世纪80年代末，中国铁路客运严重超员，铁路行业内部科研人员开始关注并追踪国外高铁技术的最新进展。国家将发展高铁运输定为提高客运运力的主要手段，并选取了客运压力最大的京沪铁路[1]作为重点解决对象。自1990年起，铁道部积极组织力量完成了《京沪高速铁路方案构想》《京沪高速铁路可行性研究报告》等工作。1993年，京沪高铁前期研究课题组[2]成立，次年即向国务院报送了论证京沪高铁建设必要性的书面材料。然而，各方在以新建线路还是以电气化改造提高京沪客运速度、采用磁悬浮技术还是轮轨技术新建京沪高铁线路等方向性问题上展开了长时间争论，直到2003年投入运营的上海磁悬浮项目暴露出较多技术经济问题后才基本达成共识。尽管京沪高铁新建项目论证屡有变化，但铁道部始终以务实的态度不断推进广深线提速改造，在实践中探索了时速160公里及以上条件下的车辆运行经验。1990年，《广深线准高速铁路科研攻关及试验计划》启

---

[1] 据1989年统计，京沪线仅占全国铁路营业里程的2.7%，承担了全国旅客周转量的14.3%；其中沪宁段平均客运密度为2971.3万人/公里，是全国客运密度的5.6倍。
[2] 该课题组由国家科委、国家计委、国家经贸委、国家体改委和铁道部联合组织成立。

动，依托"八五"国家科技攻关计划，陆续研制成功了东风 11 型内燃机车、韶山 8 型电力机车[1]等准高速机车和 25Z 型准高速客车。虽然这一阶段的准高速车辆研发没有突破"机车+客车"路线，但新车型在广深准高速和 1997 年全国铁路首次大提速中的应用，从车辆运行、信号系统、高速轨道等方面为此后的高速动车组研制提供了最初的实践经验。

（2）1997—2003 年：独立研发阶段，围绕众多铁路局的"自主经营、自负盈亏"商业项目以及铁道部或国家计委立项支持的五大研发项目，尝试了内燃、摆式[2]、电动（动力集中或动力分散）等所有可能的技术路线。铁道部在 1995 年下发《关于扩大铁路局更新改造投资决策权的规定》，又在 1998 年下放部分采购权。铁路局在市场竞争机制和技术示范效应的驱动下，纷纷向整车厂订制用于短途旅游或城际线路的高速动车组，催生出"庐山号""九江号""神州号""金轮号"等新型内燃动车组与"春城号""中原之星""蓝箭号""长白山号"等新型电力动车组，其中以 2000 年在广深线上实现公交化运营的"蓝箭号"最为成功。在更高层面上，自 1997 年起，铁道部在京沪高铁建设思路悬而不决的情况下先行先动，依托部级重点科研攻关专案、"九五"国家科技攻关计划、国家高新技术产业化发展计划等项目，组织采用各类技术路线的第一代高速动车组[3]研发落地。这些新型号既包括设计时速 180 公里的准高速内燃动车组"新曙光号"，也包括试验临界时速[4] 220 公里的"普天号"，还包括三个更受瞩目的电力动车组型号，即设计时速 200 公

1　1997 年 1 月，韶山 8 型电力机车在铁科院北京环形试验线上跑出了 212 公里的时速，这是中国轨道交通试验速度首次超过时速 200 公里的"高铁"门槛。

2　摆式列车又称倾斜式列车，因其车体转弯时可以左右倾斜摆动，通过普通路轨的弯曲路段无须减速，是 20 世纪 90 年代末中国既有线提速研发的一个重要方向。

3　中国第一列内燃动车组是 1958 年研制成功的时速 120 公里 NMI 型 2 动 4 拖动车组，第一列电力动车组是 1978 年立项、1988 年研制成功的时速 140 公里 2 动 2 拖 KDZ1 型电力动车组。二者最高时速均未达到 160 公里，不属于准高速或高速动车组范畴。

4　"普天号"于 2004 年完成编组试验后即搁置在唐车，没有运营时速记录。

里的动力集中型动车组"大白鲨"[1]和动力分散型动车组"先锋号"[2]，以及设计时速270公里的动力集中型电力动车组"中华之星"[3]。其中，集中了铁路行业内四家整车厂（长客厂、四方厂、大同厂、株机厂）、四家研究院所（铁科院、株洲所、戚墅堰所、四方所）和两大高校（西南交大、中南大学）研发力量的"中华之星"在冲速试验中创造了"中国铁路第一速"（时速321.5公里），体现了当时中国高速列车研发的最高水平。技术路线各异的众多新型动车组使中国研发人员得以体会不同路线之间的差异，为此后中国高速列车向已成国际发展主流的动力分散型电动路线收敛提供了重要决策依据，储备了大量可直接应用于新车型研发的技术和人才。

（3）2003—2008年：引进学习阶段，围绕时速200公里动车组和时速300公里动车组采购项目，全面引进日本、德国、法国动力分散型电力动车组技术，在消化吸收的基础上形成CRH动车组系列。早在20世纪90年代初，铁道部即属意于"引进技术与科研攻关相结合"，[4]但由于京沪高铁项目长时间没有实际进展，一直没有确定具体的引进计划。2003年3月，由于

---

[1] "大白鲨"由"九五"国家科技攻关计划"时速200公里电力动车组"项目支持，1999年完成组装，为1动6拖编组。
[2] "先锋号"由"九五"国家科技攻关计划"时速200公里电力动车组"项目支持，2000年完成组装，为4动2拖编组。
[3] "中华之星"由国家高新技术产业化发展计划"时速270公里高速列车"项目支持，2002年完成组装，为2动9拖编组。
[4] 早在1994年京沪高铁预可行性研究阶段，动车组技术引进已成为重要议题之一。1994年底，铁道部联合国家科委、国家计委、国家经贸委和国家体改委（"四委一部"）提交的《京沪高速铁路重大技术经济问题前期研究报告》指出，"高速铁路技术，尤其是其中的高新技术装备，在中国基本上还是空白"，"关于京沪高速铁路建设的技术路线为引进技术与科研攻关相结合，国内外和铁路内外技术合作相结合。"此后，尽管京沪高铁建设长期没有实际进展，但铁道部又多次组团前往欧洲和日本做进一步考察，以了解各国技术特点和销售价格。随着时间推移和技术发展方向的变化，技术引进倾向也在法国TGV和德国ICE的动力集中型技术（后增加了动力分散型技术）和日本新干线的动力分散型技术之间多次摇摆。其过程可详见王强、罗率《京沪高铁十年一觉》，《商务周刊》2004年第17期。

"中华之星"等独立研发车型关键技术不成熟[1]、可靠性不高[2]，推动高铁技术发展战略由事实上的"自主研发为主，适度引进为辅"全面转为"引进—消化—吸收—再创新"[3]。为集中力量完成前所未有的大规模技术引进，"先锋号""蓝箭号""中华之星"等部委支持的自主研发项目全部下马，1998年下放到各铁路局的车辆采购权一律收回，铁路局和国内车辆生产企业已经签订的国产动车组采购合同基本叫停[4]。2004年和2005年，铁道部分两次对时速200公里和时速300公里动车组招标。第一次招标确定由四方与日本川崎重工联合设计CRH2A（E2-1000的缩编降速版），由长客与法国阿尔斯通联合设计CRH5A（ETR600摆式列车的改造版）；第二次招标确定由唐车与德国西门子联合设计生产CRH3C（西门子ICE3为原型车），由四方在川崎重工的技术支持下独立设计生产CRH2C（CRH2A的升级改进版）[5]。2006年和2007年，四方和长客分别开始批量生产CRH2A和CRH5A，使二者及时应用

1　国家发展改革委2005年253号文中对"中华之星"的评价。

2　"中华之星"在2002年的铁科院环形试验线试验和2003年的秦沈客运专线正线试验中曾多次出现A级重大故障（各类列车故障中最严重的级别）。最常被提及的一次是在2002年11月18日的空载试验中发生的。当天时任铁道部部长及几位副部长计划在铁科院环形试验线上体验"中华之星"。车辆预先上线试跑，在即将完成试跑时，因一根法国进口轴承温度高达109摄氏度（一般运行中轴承正常升温不应超过30摄氏度，轴承实际温度普遍在50—60摄氏度），触发了车载轴温报警系统，当天的后续试验全部取消。事后很快查明原因，安装轴承的轴箱孔精度采用了传统标准，但不适用于高速运行条件。2003年1月起，"中华之星"在秦沈客运专线上开始正线试验，此后半年内也发生了数十起A级故障。

3　有必要厘清的是，时任铁道部部长因在"蓝箭号"和"中华之星"即将产业化时全盘否定前期自主研发动车组型号而被大量铁路业内、业外人士诟病，其放弃早期研发平台，斥巨资全面引进动车组、电力机车、内燃机车的决策也的确值得商榷；但在此之前，铁道部领导层和不少高层技术人员已有了需要适度引进国外动车组技术的共识。1999年，中国工程院在报送国务院的中工发〔1999〕026号文中就明确指出，"不论何时修建京沪高速铁路，都必须尽快引进轮轨高速列车技术和磁悬浮高速列车技术，并在引进的基础上组织消化吸收，直到发展、创新"。2003年，考虑到"中华之星"性能尚不稳定，可能难以完全担负起2003年秦沈客运专线运营任务，前任铁道部部长也曾提出从日本采购少量E2-1000动车组，通过技贸结合的方式引进技术。可以说，异议方和铁道部新一任领导团队的主要分歧，在于高铁技术引进的范围和程度，而不在于中国高铁装备发展是否需要技术引进。

4　沈阳铁路局曾与株机、四方、长客签订了4列"中华之星"采购合同，合同终止后，企业采购的零部件损失达到2000多万元。

5　在两次投标中，与四方、唐车、长客同时中标的还有四方—庞巴迪—鲍尔铁路运输设备有限公司（BSP），其开发了CRH1系列动车组。由于BSP是中外合资企业，且以庞巴迪为主，这一型号对国内企业技术引进与消化吸收的影响很小，这里不作讨论。

于 2007 年的第六次全国铁路大提速。首列国产化 CRH3C 则于 2008 年完成，在当年 6 月 24 日的京津线试验中跑出了 394.3 公里的时速，打破 "中华之星"的速度纪录。值得一提的是，中国首列时速 300 公里动车组并不是引进的 CRH3C，而是 2007 年四方生产的 CRH2C-1。该车型在 2008 年先于 CRH3C 作为主力车型用于京津线运营，直到 CRH3C 产能释放后才逐渐转用于其他高铁线路。两轮技术引进彻底改变了中国高速列车产品线，确立了动力分散型电力动车组的研发路线。中国企业也在前期独立研发和吸收引进技术的基础上，根据线路界限或环境特点对引进车型进行了必要的适应性改进[1]并略有提升，为自主研发超越引进车型性能的全新动车组做好了准备。

（4）2008 年之后：正向设计阶段，围绕 CRH380 系列和中国标准动车组等研发项目，持续强化正向设计能力，在时速 160—400 公里的不同速度上形成了具有鲜明中国特色的产品序列。2008 年，京沪高铁开工建设。为支撑京沪高铁未来运营，铁道部和科技部在当年签署了《中国高速列车自主创新联合行动计划合作协议》，以"十一五"国家科技支撑计划"中国高速列车关键技术及装备研制"项目为依托，共同支持研制"具有自主知识产权、时速 350 公里及以上"[2]的高速动车组。以四方为整车厂的南车研发团队对时速 300 公里的 CRH2C-1 进行重新设计，扩容牵引系统，增加气密强度，改善转向架振动问题，首先形成了时速 350 公里的 CRH2C-2，继而研制完成了时速 380 公里并且头型[3]、转向架、车体断面、牵引制动等关键设计全部自主化的 CRH380A。以长客和唐车为整车厂的北车研发团队从 CRH3C 出发，首先研制时速 350 公里的 CRH3-350，再继之以时速 380 公里的 CRH3-380，后改称

---

[1] 如在 CRH2A 基础上改进的时速 250 公里长大编组动车组 CRH2B，时速 250 公里长大编组卧铺动车组 CRH2E。

[2] 摘自《中国高速列车自主创新联合行动计划合作协议》。

[3] 2010 年 4 月下线的最后一列 CRH2C-091C 已采用 CRH380A 的自主设计头型，以便为 CRH380A 头型设计积累空气动力效能和实车试验数据。

CRH380B。长客还另行开发了25列新头型的长编组CRH3-380，后改称CRH380CL。首批次CRH380动车组在2010年前后陆续下线，自此广泛应用于长距离高铁运营。四方、长客、唐车继续扩展产品线，由CRH380A、CRH380B和CRH380C衍生出多种长大编组、高寒环境、强风沙环境的新车型，同时运用新生自主技术，向上开发出时速400公里的CIT400B综合检测车与时速500公里的CRH380AM试验列车，向下持续改进时速160公里至200公里的CRH系列产品，并推出了全新的CRH6城际动车组系列。由于大规模技术引进并未遵守"标准化"准则，[1] 混合了日标与欧标的各类高速动车组增加了使用成本和维护难度，CRH系列和CRH380系列的统型工作也在新产品研发过程中同步展开。2012年，出于统一技术标准、便利运用维护、适应复杂环境、兼容多种技术、保证装备出口知识产权的全方位需要，中国标准动车组研制项目正式启动。2015年6月，两列中国标准动车组CRH-0503（长客版）和CRH-0207（四方版）下线，在一年时间内完成了静态试验和型式试验。2016年7月15日，正在郑徐高铁上进行运用考核的CRH-0503和CRH-0207以约843公里/时的速度交会，既创造了动车交会时速的世界纪录，更是中国高速动车组技术全面自主化的重要标志。2016年8月15日，CRH-0207率先在沈大线载客运行。中国标准动车组为中国高速动车组"走出去"搭建了重要的技术平台，已成为担当中国高铁运营的主力车型。

---

[1] 赵小刚：《与速度同行——亲历中国铁路工业40年》，中信出版社，2014。

附录2　中国准高速和高速列车主要型号

时间	车辆类型	车辆型号
1990—1998 年	准高速机车	DFF11 型准高速内燃机车（东风 11 型） SS8 型准高速电力机车（韶山 8 型）
	准高速客车	25Z 型准高速客车
1998—2004 年	电力动车组　动力集中	DDJ1 型高速电动车组（"大白鲨"） DJJ1 型高速电动车组（"蓝箭号"） DJJ2 型高速电动车组（"中华之星"）
	电力动车组　动力分散	KDZ1A 型准高速电动车组（"春城号"[1]） DJF1 型准高速电动车组（"中原之星"） DJF2 型高速电动车组（"先锋号"） DJF3 型高速电动车组（"长白山号"）
	内燃动车组	NZJ 型双层电传动内燃动车组（"庐山号"） NYJ1 型内燃动车组（"九江号""罕露号""晋龙号""北海号""神华号"） NZJ1 型准高速内燃动车组（"新曙光号"） NZJ2 型内燃动车组（"神州号""金轮号"）
	摆式动车组	高速摆式柴油动车组（"普天号"）
2004—2008 年	时速 200 公里级动力分散型电力动车组	CRH2A 时速 250 公里动车组 CRH2B 时速 250 公里长大编组动车组 CRH2E 时速 250 公里长大编组卧铺动车组 CRH5A 时速 250 公里动车组
	时速 300 公里级动力分散型电力动车组	CRH2C-1 时速 300 公里动车组 CRH3C 时速 350 公里动车组

1　"春城号"前身是 1978 年立项、1988 年研制成功的时速 140 公里 KDZ1 型电力动车组。

续表

时间	车辆类型	车辆型号
2008年至今	时速200公里级动力分散型电力动车组	CRH2G 高寒动车组 CRH3A 多速度等级动车组 CRH5E 时速250公里卧铺动车组 CRH5G 高寒防风沙动车组 CRH5J 时速250公里综合检测车（CIT001） CRH6A 时速200公里城际动车组 CRH6F 时速160公里城际动车组
	时速300公里级动力分散型电力动车组	CRH2C-2 时速350公里动车组 CRH380A 时速380公里动车组 CRH380AL 时速380公里长大编组动车组 CRH380B 时速380公里动车组 CRH380BG 时速380公里高寒动车组 CRH380BK（CRH380BG 的非高寒版本） CRH380BL 时速380公里长大编组动车组 CRH380CL 时速380公里长大编组动车组 CRH380CJ 城际动车组 时速350公里中国标准动车组
	时速400公里及更高等级动力分散型电力动车组	CRH380AM-0204 更高速度等级试验列车 CIT400B（CRH380B-002）时速400公里检测车

附录 3 中国三大高速动车组整车企业研制的主要动车组型号

企业	1997年4月至2004年6月	2004年6月至2008年2月	2008年2月至2013年6月	2013年6月至2016年8月
四方	**内燃动车组** NYJ1 "九江号" "罕露号" "晋龙号" "北海号" "神华号"（自行研制） NZJ2 "神州号"（与长客厂、大连厂共同研制，负责客车一辆） 25DT "金轮号"（与大连厂共同研制，负责客车研制） "天安号" 002（自行研制） **动力集中型电力动车组** DDJ1 "大白鲨"（与株机厂、株洲所、长客厂、唐车厂、浦镇厂共同研制，负责研制单层二等座车一辆） DJJ2 "中华之星"（自行研制 5 节拖车） **动力分散型电力动车组** DJF1 "中原之星"（与株机厂、株洲所共同研制，负责客车研制）	CRH2A-250（与日本大联合体共同研制） CRH2B/2E-250（在 CRH2A 基础上优化设计） CRH2C-300（在 CRH2A 基础上优化设计） CRH2C-350（自行研制）	CRH2G（自行研制） CRH380A/380AL（在 CRH2C-350 基础上自行研制） CRH400A（自行研制）	CR400AF "蓝海豚"（接口统一，自行研制） CRH6A-200（自行研制）

续表

企业	1997年4月至2004年6月	2004年6月至2008年2月	2008年2月至2013年6月	2013年6月至2016年8月
长客	**内燃动车组** NZJ2"神州号"（与四方厂、大连厂共同研制，负责客车研制） **动力集中型电力动车组** DDJ1"大白鲨"（与株机厂、株洲所、四方厂、唐车厂、浦镇厂共同研制，负责动车组总体研究并研制单层一等座车、单层二等座车、带司机室的单层二等座车（控制车）各一辆） DJJ1"蓝箭号"（与株洲所、株机厂等单位共同研制） DJJ2"中华之星"（自行研制4节拖车） **动力分散型电力动车组** KDZ1A"春城号"（与株机厂等单位联合研制） DJF3"长白山号"（与庞巴迪公司联合研制）	CRH5A-250（与阿尔斯通联合设计）	CRH380B/380BL（在CRH3C-350基础上与唐车共同研制） CRH380BG（自行研制） CRH380C/380CL（在CRH380B基础上自行研制）	CR400BF"金凤凰"（接口统一，自行研制） CRH3A（与唐车共同研制） CRH5E/5G/5J-250（自行研制）

续表

企业	1997年4月至2004年6月	2004年6月至2008年2月	2008年2月至2013年6月	2013年6月至2016年8月
唐车	**内燃动车组** NZJ"庐山号"(自行研制) **摆式动车组** 高速摆式柴油动车组"普天号"(与大连厂、浦镇厂、铁科院、西南交大共同研制,负责研制拖车) TSD09型动力分散摆式柴油动车组(独立研制) 动力集中型电力动车组 DDJ1"大白鲨"(与株机厂、株洲所、长客厂、四方厂、浦镇厂共同研制,长客负责研制单层二等座车一辆) **动力分散型电力动车组**	CRH3C-350(与西门子联合设计)	CRH3C-350(与西门子联合设计CRH3C-350基础上与长客共同研制) CRH380BJ(原编号CIT400B,CRH380B-002,自行研制)	CRH380B/380BL(在CRH3C-CR400BF(技术上由长客负责1) CRH3A(与长客共同研制)

注:CRH系列中,A表示普通动车组(8节编组),B表示长大动车组(16节编组),C表示标准时速250公里及以上的高级组或中心组,E表示卧铺客组,G表示高寒动车组。

资料来源:作者整理。

1 前两列中国标准动车组(CEMU)由四方和长客分别研制。在前两列CEMU进入运行考核阶段后,铁总安排四方、长客、唐车再研制三列。其中,四方和长客各自独立负责一列,由唐车负责研制的CEMU在"技术上由长客股份负责,并保持与长客股份的第一列型号一致"。(D.1)

附录 4 系统集成能力的多种定义与维度划分

文献	能力定义	维度划分
基于组织边界的分类		
Iansiti and Clark (1994)	集成创新能力：对企业内部和外部的基础研究与关联技术可能展开搜寻、评估与提炼，最终将其集成为与关联环境相匹配的产品概念并实施该产品概念的能力	• 内部集成能力：专注于管理内部资源，实现对外部变化行可回应的能力，重点在于管理内部技能、协调内部组织单元，为组件确定发展方向并聚焦的能力 • 外部集成能力：超越组织边界探索对外部变化行可回应的问题解决能力，重点在于选取外部信息来源、深入分析各类信息与可能可能成后集成后评估各类选择的能力 — 顾客集成能力：在拥有关未来客户及其产品使用情况的信息与知识基础开发过程、工程细节之间建立联系的能力 — 技术集成能力：在不断演化的（企业内部和外部）技术知识基础和企业内部现有能力基础之间建立联系的能力
Henderson (1994) Henderson (1995)	系统集成能力	• 内部集成能力：在企业内部跨越不同科学领域的边界有效交换信息的能力 • 外部集成能力：跨越企业边界快速移动信息的能力
基于动态特征的分类		
Prencipe (1997)	系统集成能力	技术新产品开发与维广所需的静态技术能力与组织能力，即在给定的技术集内构建产品概念、分解产品概念、协调供应商网络生产新产品的能力
Brusoni and Prencipe (2001)	系统集成能力：保证产品整体一致性，在产品设计生产各阶段协调相关企业网络的知识协同与组织协同能力	• 静态集成能力：在成熟的产品架构下实现技术与组织同步的能力 • 动态集成能力：搜寻、探索新产品与过程组合（技术可能性）的能力

续表

文献	能力定义	维度划分
基于动态特征的分类		
Hobday, Davies and Prencipe (2005)	系统集成能力：企业与其他行动者共同组合高技术组件、子系统、软件、知识、技能、工程师、管理人员、技术人员等要素以提供与其他供应商竞争的产品的能力	• 静态集成能力：在给定的技术集内构建产品概念、分解产品概念、协调供应商网络生产新产品的能力 • 动态集成能力：设想、设计、评价、识别、设计全新的产品架构与产品架构与产品集成的技术可能性并根据技术需求识别，实现跨多个技术领域的技术可能性的能力 • 在产业价值链上正确定位的能力，即选择与谁竞争、与谁合作以及如何竞争与合作（如对特定外包环节的参与度）的能力
Jaspers and Van Den Ende (2010)	系统集成能力：保证产品整体一致性，在产品设计与生产各阶段协调相关企业网络的知识协同与组织协同能力	• 静态集成能力：在既有产品架构下协同组件创新的能力 • 动态集成能力：更新产品架构的能力
基于集成过程的分类		
余志良、张平和区毅勇 (2003)	技术整合：在新产品/技术开发过程中，根据项目要求和自身技术基础及其他资源条件，通过系统集成方法评估、选择适宜的新技术，并将新技术与企业现有技术有机地融合在一起，从而推出新产品和新工艺的创新方法	• 探讨问题解决方法 • 明确问题，制订解决问题的标准规范 • 组织解决问题的实施

续表

文献	能力定义	维度划分
基于集成过程的分类		
魏江和王铜安（2007）	技术集成：基于特定的外部市场环境，为实现产品和工艺创新，对来自企业内外部的各类技术资源进行甄选、转移、重构的动态循环过程	·技术甄选：技术预见，技术甄别，技术获取 ·技术转移：技术结构，技术转移，技术吸收 ·技术重构：技术应用，技术重构，技术评价
赵建华和焦晗（2007）	技术集成能力：企业通过评估各种技术选项内含的领域知识对内部生产系统、外部市场网络的影响，形成产品建构并由此做出技术选择；通过实验整合和员工的经验积累有效整合企业内外技术资源，从而产生能应用于下一个创新周期的系统知识的能力	·产品建构能力：有效识别客户需求，对技术系统进行层次建构，正确选择产品开发的技术知识，重视供应商的作用 ·技术获取能力：产品技术知识与外部知识的外部获取 ·技术整合能力：内部与外部技术知识的有效融合，形成自有核心技术 ·实验能力：先进的试验设备，实验反复时间短，集成团队项目经验丰富 ·技术监测能力：了解技术和市场的最新动态，关注行业技术发展趋势
朱建忠（2009）	技术集成能力：内含于技术集成过程（包括产品建构，技术选择，融合开发三个核心环节），支持技术集成有效实现的综合能力	·产品建构能力：企业获取市场知识并与相应的技术知识整合，形成可开发的产品雏形的能力 ·技术监测能力：企业跟踪、观察、寻求和选取外部先进技术信息的能力 ·技术融合能力：企业消化吸收获取的技术并应用于产品开发的能力

续表

文献	能力定义	维度划分
基于集成过程的分类		
林向义（2010）	知识集成能力	• 识别能力　• 获取能力　• 共享能力　• 系统化能力 • 合作能力　• 社会化能力　• 发展能力
郭亮、于渤和郝生宾（2012） 郭亮和于渤（2013） 郭亮、崔嵩和于渤（2014）	技术集成能力：识别选择企业外部的技术知识，与企业现有技术基础加以整合并运用，以适应不断变化的市场环境，满足企业技术系统需求的动态能力	• 技术监测能力：企业通过运用各种技术监测的手段和方法，寻求、选择并获取外部先进技术和信息的能力 • 技术学习能力：为了开发与挖掘组织潜在所需技术资源，通过对内外技术的获取，吸收与利用来开发技术知识，以提高组织与环境相适应的能力 • 技术系统整合能力：为了实现技术集成，将企业内外部各分支技术整合后，使其相互匹配，满足技术系统需求的能力
基于集成领域的分类		
Davies and Brady（2000）	企业集成能力：复杂产品系统供应商成功进入新业务领域所需的能力	• 职能能力：企业在研发、产品设计、生产、分销、采购、财务和一般管理方面的能力 • 项目能力：企业在项目招标、设计、执行和任务分解方面的能力 • 战略能力：企业快速进入成长中的市场，有效退出衰退中的市场的能力
王毅（2002）	企业整合能力：企业整合各种技术单元的知识与技能的能力	• 战略整合能力：企业对外部环境网络中知识与技能的整合能力，包括政策整合能力，竞争环境整合能力，技术环境整合能力，战略营销能力，战略预测能力，战略领导能力 • 组织整合能力：企业对内部网络的整合能力，包括职能能力，子公司/事业部能力，功能之间的界面整合能力，子公司/事业部之间的界面整合能力，内部管理意识，核心人才管理能力 • 技术整合能力：企业整合各种技术单元的知识与技能的整合能力，包括学科整合能力，单元技术整合能力，产品整合能力，产品子系统整合能力

续表

文献	能力定义	维度划分
基于集成领域的分类		
陈劲（2002）	企业集成创新	• 战略集成：企业创新与企业家精神的集成，技术创新战略与企业经营战略的集成，市场需求与技术方向的集成，对世界领先方向产品的战略性技术的集成 • 组织集成：内部组织集成（跨职能集成，充分沟通、协商合作），外部组织集成（与用户交流程度，与供应商交流程度，与高校和研究所交流程度） • 知识集成：T型人才充足度，技术文档充足度，技术文档使用程度，项目正式研讨的频次
史宪睿（2006） 史宪睿等（2006）	集成创新能力：企业通过集成创新模式提高竞争力的能力，是由各种能力要素按照一定关系连接而成的能力系统	• 战略集成能力：创新战略的选择能力，包括技术创新战略与经营战略的集成，企业家精神与技术创新实现的集成，战略决策主体的沟通的能力，包括团队建设能力，战略内容及创新方法的集成 • 组织集成能力：通过组织创新实现不同创新主体的沟通的能力，组织沟通能力，界面管理能力，组织沟通能力 • 知识集成能力：企业在集成创新过程中对技术创新所需知识的收集、使用、共享，实现知识创新，并包括实际的技术集成创新，实现企业技术集成创新及知识管理的能力，包括知识管理能力，知识创新及技术创新的实现机制，快速推出新产品的能力

续表

文献	能力定义	维度划分
基于集成领域的分类		
张方华和吴剑（2011）	中小企业集成能力	•战略集成能力：企业在全面分析外部环境与自身能力的基础上，明确未来的技术发展方向以及与此方向相符合的资源分配方案，并将企业的研发与技术发展战略与总体发展战略相整合的能力 •组织集成能力：企业通过对组织内部的研究、实现不同创新主体的沟通和交流，保证各项资源之间的密切配合 •信息集成能力：企业通过掌握市场和客户多样性需求，获取最新的技术发展信息和政府政策变化信息，最后将这些信息与企业自身条件结合起来，整合出对企业有用信息的能力 •知识集成能力：企业在集成创新过程中对技术创新所需的所有方面知识的收集、使用和共享，实现知识创新，并将知识应用于实际的技术集成创新能力 •技术集成能力：企业根据自己掌握的技术和产品的市场信息，引进外部的成熟技术，然后根据产品的特性，使各项分散的技术在产品中高度融合，在短时间内进行集成创新，开发出适合市场需求的新产品，以最快的时间领先进入市场，获取经济效益的能力
Kiamehr, Hobday and Kermanshahy (2014)	系统集成能力：使企业得以将知识、组件、子系统、软件等输入组合为复杂资本品并开展相关设计与技术改进活动的特征的集合	•职能集成能力：提供整体解决方案所需的系统工程、设计工程、服务（如培训、维护、金融）等核心技术领域的能力 •项目集成能力：与设计、采购、安装、测试、试运行相关的项目管理技能 •战略集成能力：与产业价值链定位、外包决定、技术选择、合作伙伴选择、市场退出、进入新市场等战略性决策相关的特征的集合

续表

文献	能力定义	维度划分
知识集成能力的分类		
De Boer, Van den Bosch and Volberda（1999）	知识集成能力	• 系统化能力：生产作业遵循标准化的程度，以及按照事前规定的工作程序和作业规则使用信息设备的操作能力 • 合作化能力：通过构建共同文化、价值、信念与默会行动规则将隐性知识集成为新知识的能力 • 社会化能力：组织内成员与内外部单位或团体通过互动、沟通了解、彼此支持将显性知识复杂化或隐性化或支持将现有复杂或隐性知识整合成为新知识的能力
谢洪明和吴隆增（2006）	知识集成能力：集成知识的能力	• 系统化能力：生产作业遵循标准化的程度 • 合作化能力：企业文化、价值和信念的推动将隐性知识整合为新知识的能力 • 社会化能力：组织内成员与内外部单位或团体彼此支持将现有复杂或隐性知识整合为新知识的能力
王娟茹和杨瑾（2005） 赵嵩正和王娟茹（2007）	知识集成能力：保证知识资产有效整合、发挥作用的一种关键动态能力	• 关系资本：信任程度、互惠程度、关系强弱 • 知识共享：组织培训能力、个体学习能力、组织学习能力 • 吸收能力：共享知识、研发投入、组织网络性、先验知识
王娟茹和杨瑾（2009） 王娟茹和杨瑾（2010）	知识集成能力：集成和应用组织知识的能力	• 学习能力：团队成员不断学习的能力 • 吸收能力：团队搜索、吸收外部知识通过共享手段为团队中其他成员共享并最终应用于产品研发的能力 • 共享能力：个体知识通过各种共享手段为团队中其他成员共同分享的能力 • 协作能力：促进不同文化、不同知识领域的团队成员间相互协调活动的能力 • 领导能力：组织、决策、管理，促进上述活动的能力

附　录　253

续表

文献	能力定义	维度划分
知识集成能力的分类		
张小娣、赵嵩正和王娟茹（2011）	知识集成能力：集成和应用组织知识的能力	• 系统化能力：工作标准化程度、知识库完善程度 • 合作能力：员工合作意愿、部门间协调程度、与外部企业的合作 • 社会化能力：企业文化认同度、知识共享、集体决策
张小娣（2011）	知识集成能力：为适应外部环境，共享内部、提炼、吸收并获取、创造价值，吸收外部知识，经由组织内外不同主体的互动，将个人知识上升到组织知识并提升、利用已有知识产生新知识的能力	• 内部知识集成能力：企业获取组织内部各类专业人员的知识并实现知识的转化和传播，形成新的可利用的知识体系的能力 　-知识的内化能力：显性知识隐性化的集成能力 　-知识的综合化能力：显性知识之间的集成能力 　-知识的外化能力：隐性知识显性化的集成能力 　-知识的社会化能力：隐性知识之间的集成能力 • 外部知识集成能力：通过建立企业与外部供应商、顾客之间战略合作伙伴关系等方式进行外部知识的识别、获取和吸收利用的能力 　-知识识别能力：企业对外部知识进行的监测能力，即跟踪、搜索和评价，选择外部先进技术的能力 　-知识获取能力：企业从客户、供应商和战略联盟等外部知识源获得企业发展所需知识的能力 　-知识利用能力：对企业中的知识进行广泛的应用、改造和创新的能力
曹文静（2012）	知识集成能力：从吸收外部知识开始，通过知识交流与知识系统化，直到实现知识创新的全过程	• 知识吸收能力　• 企业文化　• 知识创新能力 • 知识集成平台　• 知识整合能力　• 知识共享平台

附录5 访谈数据、实地调查与二手数据来源编号

访谈编号	访谈日期	受访者	受访者职位	访谈时长（分钟）
I.1	2015.7.8	黄蓉	中车时代电气股份有限公司半导体事业部IGBT制造中心副总经理	75
I.2	2015.7.23	孙学军	中车工业研究院有限公司党委书记、副院长	70
		田刚	中车工业研究院有限公司经济研究部战略研究室主任	
		许思思	中车工业研究院有限公司经济研究部政策研究室	
I.3	2015.8.24	梁建英	中车青岛四方机车车辆股份有限公司副总经理、总工程师	167
I.4	2015.8.25	孙彦	中车青岛四方机车车辆股份有限公司技术中心副主任、副总工程师	154
		王学亮	中车青岛四方机车车辆股份有限公司技术中心项目总体部高级主任设计师	
		邓桂美	中车青岛四方机车车辆股份有限公司技术中心电气开发部高级主任设计师	
		赵士忠	中车青岛四方机车车辆股份有限公司技术中心电气开发部	
I.5	2015.8.25	李树典	中车青岛四方机车车辆股份有限公司技术中心项目总体部高级主任设计师	148
		冯永华	中车青岛四方机车车辆股份有限公司技术中心转向架开发部主管设计师	
I.6	2015.8.26	刘彩	中车青岛四方机车车辆股份有限公司副总经济师，规划发展部部长	
		崔向东	中车青岛四方机车车辆股份有限公司规划发展部副部长	
		万里	中车青岛四方机车车辆股份有限公司技术工程部车体组工艺师	
		张凤东	中车青岛四方机车车辆股份有限公司技术工程部总装组工艺师	

续表

访谈编号	访谈日期	受访者	受访者职位	访谈时长（分钟）
I.6	2015.8.26	端木伟	中车青岛四方机车车辆股份有限公司技术工程部转向架组工艺师	178
		姚喜龙	中车青岛四方机车车辆股份有限公司总装分厂	
I.7	2015.8.26	王万静	中车青岛四方机车车辆股份有限公司工程中心、国家工程实验室高级主任设计师	195
		金泰木	中车青岛四方机车车辆股份有限公司科技发展部副部长	
		王学亮	中车青岛四方机车车辆股份有限公司技术中心项目总体部高级主任设计师	
I.8	2015.10.27	康熊	中国铁道科学研究院原副院长	159
		孟葳	中国铁道科学研究院机车车辆研究所副所长（主管科研）	
		王悦明	中国铁道科学研究院机车车辆研究所首席专家（负责中国标准动车组）	
		韩通新	中国铁道科学研究院机车车辆研究所副总工程师	
I.9	2015.11.3	王都	中国铁道科学研究院东郊分院（国家铁道试验中心）院长	63
		常崇义	中国铁道科学研究院东郊分院（国家铁道试验中心）高速轮轨关系试验室副主任	
		焦标强	中国铁道科学研究院东郊分院（国家铁道试验中心）制动试验室	
I.10	2015.11.19	张骥翼	京福铁路客运专线安徽有限责任公司总经理兼中国铁路总公司上海铁路局副局长（曾任铁道部运输局客运专线技术部副主任）	
		唐抗尼	曾任铁道部运输局客运专线技术部基础技术处处长	
		董安平	中国铁路总公司电气化局集团有限公司总经理助理、系统集成事业部总经理	
		宋晓风	中国铁路通信信号上海工程局集团有限公司总经理（曾任中国铁路通信信号集团系统集成部主任，武广高铁与京沪高铁列车控制系统项目经理）	

续表

访谈编号	访谈日期	受访者	受访者职位	访谈时长（分钟）
I.10	2015.11.19	马永儒	中国铁路总公司电气化局集团有限公司市场开发部主任（曾任铁道部电气化铁道工程局系统集成部副主任，参与牵引供电系统技术引进谈判）	197（上午）221（下午）
		李达高	京福铁路客运专线安徽有限责任公司现场指挥部指挥长	
		陈胜利	京福铁路客运专线安徽有限责任公司会计师	
I.11	2015.12.8	李军	中车长春轨道客车股份有限公司副总工程师	151
		孔凤	中车长春轨道客车股份有限公司总体研发部副部长	
		王雷	中车长春轨道客车股份有限公司总体研发部	
		邓海	中车长春轨道客车股份有限公司总体研发部	
		王庆斌	中车长春轨道客车股份有限公司车体研发部	
		陆海英	中车长春轨道客车股份有限公司转向架研发部	
		李晓明	中车长春轨道客车股份有限公司电气研发部	
I.12	2016.2.24	封凯栋	北京大学政府管理学院副教授	120
		孙喜	首都经济贸易大学工商管理学院副教授	
I.13	2016.3.14	杨中平	北京交通大学电气工程学院教授	152
I.14	2016.3.18	卢春房	中国铁路总公司副总经理	110
		何华武	中国铁路总公司总工程师	
I.15	2016.3.18	王同军	中国铁道科学研究院院长	58
		周黎	中国铁路总公司科技管理部主任	
		齐延辉	中国铁路总公司科技管理部副主任	
		钱振宇	中国铁路总公司科技管理部副主任	
		郭树东	中国铁路总公司科技管理部综合处长	
		胡华锋	中国铁路总公司科技管理部技术协调处处长	
		朱亮	中国铁路总公司科技管理部工程师	
		王悦明	中国铁道科学研究院首席研究员	
		孟葳	中国铁道科学研究院机车车辆研究所副所长	
		邵军	中国铁道科学研究院机车车辆研究所副研究员	
I.16	2016.3.22	李果	中国铁道科学研究院东郊分院（国家铁道试验中心）轮轨关系试验室	

续表

访谈编号	访谈日期	受访者	受访者职位	访谈时长（分钟）
I.16	2016.3.22	陈立明	中国铁道科学研究院东郊分院（国家铁道试验中心）高速弓网关系试验室	111
		丁福焰	中国铁道科学研究院东郊分院（国家铁道试验中心）制动系统试验室	
		阮铮	中国铁道科学研究院东郊分院（国家铁道试验中心）交流传动试验室	
		刁晓明	中国铁道科学研究院东郊分院（国家铁道试验中心）机车车辆研究所副所长、机车车辆检查站副站长	
I.17	2016.3.23	王悦明	中国铁道科学研究院机车车辆研究所首席专家（负责中国标准动车组）	113
I.18	2016.3.24	王悦明	中国铁道科学研究院机车车辆研究所首席专家（负责中国标准动车组）	140
		孟葳	中国铁道科学研究院机车车辆研究所副所长（主管科研）	
		邵军	中国铁道科学研究院机车车辆研究所副研究员	
I.19	2016.3.24	梁君海	中车青岛四方机车车辆股份有限公司技术中心副主任	164
I.20	2016.3.25	高春明	大西高铁原平西至太原高速综合试验段指挥部副总工程师兼指挥长	111
		刘卫新	大西高铁原平西至太原高速综合试验段副指挥长	
I.21	2016.3.25	袁德强	中车长春轨道客车股份有限公司技术中心电气研发部副部长	128
		赵恩东	中车长春轨道客车股份有限公司（负责电气网络）	
		马晓明	中车长春轨道客车股份有限公司（负责电气网络）	
I.22	2016.3.26	赵春雷	太原铁路局局长	180
		刘枫	太原铁路局副局长	
		邢东	太原铁路局总工程师	
		马志强	太原铁路局总调度长兼调度所主任	
		艾文凯	太原铁路局办公室（党办）主任	
		陈富强	太原铁路局总工程师室主任	
		白沛锋	太原铁路局计划统计处处长	

续表

访谈编号	访谈日期	受访者	受访者职位	访谈时长（分钟）
I.23	2016.3.31	周黎	中国铁路总公司科技管理部主任	120
I.24	2016.4.18	刘建新	西南交通大学科学技术发展研究院副院长、轨道交通国家实验室科技管理部部长	107
		郭进	西南交通大学信息科学与技术学院副院长	
		闫连山	西南交通大学信息科学与技术学院教授	
		廖海黎	西南交通大学土木工程学院教授、风工程实验研究中心主任	
		王平	西南交通大学土木工程学院教授	
		吕红霞	西南交通大学交通运输与物流学院教授	
I.25	2016.4.18	何川	西南交通大学校长助理、科学技术发展研究院院长	129
		张文桂	西南交通大学副校长	
		张卫华	轨道交通国家实验室副主任	
		刘建新	西南交通大学科学技术发展研究院副院长、轨道交通国家实验室科技管理部部长	
		康国政	轨道交通国家实验室副主任、牵引动力国家重点实验室主任	
		于龙	西南交通大学电气工程学院院长助理	
		徐志根	轨道交通国家实验室副主任	
		朱旻昊	西南交通大学材料科学与工程学院院长	
		董石羽	西南交通大学建筑与设计学院教授	
I.26	2016.4.19	孙路	成都运达科技股份有限公司总经理	140
		朱金陵	成都运达科技股份有限公司常务副总经理	
		岳云才	成都运达科技股份有限公司总经理助理	
		赵廷龙	成都运达科技股份有限公司检测与控制系统事业部总经理	
		曾理	成都运达科技股份有限公司仿真系统事业部总经理	
		陈溉泉	成都运达科技股份有限公司车载第二系统事业部副总经理	
		崔恒斌	成都运达科技股份有限公司技术中心	
		王世权	成都运达科技股份有限公司车载第一系统事业部工程师	

续表

访谈编号	访谈日期	受访者	受访者职位	访谈时长（分钟）
I.27	2016.4.20	邓爱民	中铁二局股份有限公司副总经理	131
		刘学力	中铁二局股份有限公司科技部部长	
		张国士	中铁二局股份有限公司设计院副总经理、总工程师	
		蒲伟	中铁二局股份有限公司工程部副总工程师	
		姚道雄	中铁二局股份有限公司物设部设备管理科科长	
		胡建	中铁二局股份有限公司专家	
		刘世杰	中铁二局股份有限公司专家	
		吴建和	中铁二局股份有限公司专家	
I.28	2016.4.20	朱颖	中铁二院工程集团有限责任公司总经理	123
		魏德勇	中铁二院工程集团有限责任公司副总经理	
		高建强	中铁二院工程集团有限责任公司副总工程师	
		王建	中铁二院工程集团有限责任公司副总工程师	
		魏永幸	中铁二院工程集团有限责任公司技术中心主任	
		龙旭	中铁二院工程集团有限责任公司产业部部长	
		徐增新	中铁二院工程集团有限责任公司海外部部长	
		杨捷	中铁二院工程集团有限责任公司科研院副院长	
		沈健	中铁二院工程集团有限责任公司科研院战略研究所所长	
		王淞北	中铁二院工程集团有限责任公司专家	
I.29	2016.6.13	冯江华	中车株洲电力机车研究所有限公司副总经理、总工程师	176
		荣智林	中车株洲电力机车研究所有限公司电气技术与材料工程研究院副院长	
		刘军	中车株洲电力机车研究所有限公司技术管理部部长	
		许峻峰	中车株洲电力机车研究所有限公司电气技术与材料工程研究院主任	
I.30	2016.6.14	冯江华	中车株洲电力机车研究所有限公司总工程师	119
		刘国友	中车时代电气股份有限公司副总工程师（负责IGBT）	
		刘军	中车株洲电力机车研究所有限公司	

续表

访谈编号	访谈日期	受访者	受访者职位	访谈时长（分钟）
I.31	2016.6.14	张良荣	中车株洲电力机车研究所有限公司纪委副书记、党群工作部部长	176
		王卫安	中车株洲电力机车研究所有限公司战略发展部部长、香港子公司总经理	
		唐主任	中车株洲电力机车研究所有限公司人力资源部	
I.32	2016.6.15	廖洪涛	中车株洲电力机车有限公司副总经理	100
		唐微	中车株洲电力机车有限公司科技与新产品部副部长	
		林文君	中车株洲电力机车有限公司	
		李希宁	中车株洲电力机车有限公司	
		魏虹	中车株洲电力机车有限公司	
		叶彪	中车株洲电力机车有限公司	
		周安德	中车株洲电力机车有限公司	
		毛如香	中车株洲电力机车有限公司	
		康明明	中车株洲电力机车有限公司	
		蒋忠城	中车株洲电力机车有限公司	
		陶功安	中车株洲电力机车有限公司	
I.33	2016.6.15	王全生	中国铁建重工集团有限公司副总经理、巡视员	135
		郑大桥	中国铁建重工集团有限公司中央研究院院长、总机械师	
		罗建利	中国铁建重工集团有限公司中央研究院副院长、科技办主任	
		麻成标	中国铁建重工集团有限公司项目申报部部长	
		余明军	中国铁建重工集团有限公司办公室副主任	
		邹今检	中国铁建重工集团有限公司中央研究院电气分院院长	
		肖前龙	中国铁建重工集团有限公司中央研究院液压分院副院长	
		梅勇兵	中国铁建重工集团有限公司掘进机研发设计部工程师	
		苏翠侠	中国铁建重工集团有限公司掘进机研发设计部博士	
I.34	2016.6.16	谢友军	中南大学土木工程学院院长	
		高广军	中南大学交通运输工程学院院长	

续表

访谈编号	访谈日期	受访者	受访者职位	访谈时长（分钟）
I.34	2016.6.16	何旭辉	中南大学土木工程学院副院长、高速铁路建造技术国家工程实验室风洞实验室主任	111
		蒋继忠	中南大学	
		梁习锋	中南大学交通轨道安全教育部重点实验室主任	
		鲁寨军	中南大学交通轨道安全教育部重点实验室书记	
I.35	2016.7.25	周军年	中车唐山机车车辆有限公司总经理	183
		陈亮	中车唐山机车车辆有限公司党委副书记、纪委书记	
		安超	中车唐山机车车辆有限公司副总工程师	
		王广明	中车唐山机车车辆有限公司科技管理部部长	
		张雷	中车唐山机车车辆有限公司产品研发中心一部部长	
		王克强	中车唐山机车车辆有限公司综合办公室副主任	
		蒋大旺	中车唐山机车车辆有限公司科技管理部副部长	
		李斌	中车唐山机车车辆有限公司国际事业部业务三部副部长	
I.36	2016.7.26	梁建英	中车青岛四方机车车辆股份有限公司副总经理、总工程师	177
		曹志伟	中车青岛四方机车车辆股份有限公司技术本部总经理	
		丁叁叁	中车青岛四方机车车辆股份有限公司技术中心主任	
		敬俊娥	中车青岛四方机车车辆股份有限公司技术工程部副部长	
		崔洪举	中车青岛四方机车车辆股份有限公司国家实验室副主任	
I.37	2016.7.27	王文虎	中车戚墅堰机车车辆工艺研究所有限公司总经理	
		王有虹	中车戚墅堰机车车辆工艺研究所有限公司副总工程师、技术研发中心主任	
		王文涛	中车戚墅堰机车车辆工艺研究所有限公司机车产品营销部总经理	
		徐罗平	中车戚墅堰机车车辆工艺研究所有限公司试验检测中心副主任	
		关云辉	中车戚墅堰机车车辆工艺研究所有限公司技术研发中心传动技术研发部副部长	

续表

访谈编号	访谈日期	受访者	受访者职位	访谈时长（分钟）
I.37	2016.7.27	李银娟	中车戚墅堰机车车辆工艺研究所有限公司科技管理部副部长	125（上午） 145（下午）
		段战国	中车戚墅堰机车车辆工艺研究所有限公司科技管理部主管	
		金文伟	中车戚墅堰机车车辆工艺研究所有限公司技术研发中心钩缓制动技术研发部主管	
		陈炳伟	中车戚墅堰机车车辆工艺研究所有限公司技术研发中心钩缓制动技术研发部主管	

实地参观编号	参观日期	参观场所
V.1	2015.7.8	中车时代电气股份有限公司公司陈列室、制造中心、半导体生产车间
V.2	2015.8.24	中车青岛四方机车车辆股份有限公司总装车间、高速列车系统集成国家工程实验室
V.3	2015.11.3	中国铁道科学研究院东郊分院（国家铁道试验中心）调度室、各实验室
V.4	2015.12.8	中车长春轨道客车股份有限公司总装车间
V.5	2016.3.22	中国铁道科学研究院东郊分院（国家铁道试验中心）调度室、各试验室
V.6	2016.3.25 2016.3.26	大西高铁原平西至太原高速综合试验段（添乘中国标准动车组）
V.7	2016.4.18	西南交通大学牵引动力国家重点实验室
V.8	2016.7.25	中车唐山机车车辆有限公司总装车间

二手资料编号	二手数据名称
D.1	《也谈"中华之星"的下马》（https://www.cchere.com/article/2905992）
D.2	《解放思想成就高铁领跑者——聚焦中国北车长客股份自主创新发展路径之一（战略升级篇）》（中国经济时报"东北振兴吉林行"采访组，2013，载《中国经济时报》）
D.3	《与速度同行：亲历中国铁路工业40年》（赵小刚，2014，中信出版社）
D.4	《中国铁路机车车辆工业发展之路的思考》（傅志寰，2002，载《中国铁路》）
D.5	《我的高铁情缘——沈志云口述自传》（沈志云口述，张天明整理，2014，湖南教育出版社）
D.6	《青岛四方高层领导到访丛林》（http://www.conglin.com.cn/history_detail/newsId=62.html）

续表

访谈编号	访谈日期	受访者	受访者职位	访谈时长（分钟）
二手资料编号	二手数据名称			
D.7	《南车四方：引领中国高速动车组技术潮流》（刘曼，2007，载《中国科技投资》）			
D.8	《大国速度：中国高铁崛起之路》（高铁见闻，2017，湖南科学技术出版社）			
D.9	《四方机车车辆厂志 1900—1993》（四方机车车辆厂史志编纂委员会，1996，山东画报出版社）			
D.10	《新世纪、新动力——记中国首列动力分散式内燃动车组诞生》（王宇，2002，载《交通世界》）			
D.11	《中国高铁创新体系研究》（高柏、李国武、甄志宏等，2016，社会科学文献出版社）			
D.12	《基于并行工程的机车车辆制造企业集成供应链模式研究》（周泽，2004，北京交通大学硕士学位论文）			
D.13	《国际化管理体系的魅力——聚焦中国北车长客股份自主创新发展路径之四（管理创新篇）》（中国经济时报"东北振兴吉林行"采访组，2013，载《中国经济时报》）			
D.14	《青岛：互联网工业不走寻常路》（刘静、张轶群，2015，载《中国电子报》）			
D.15	《唐车：平台上的先进制造》（孙杰贤，2013，载《中国信息化》）			
D.16	《时速350km高速动车组工装设计制造技术研究》（王林，2016，载《中国机械》）			
D.17	《中车长客危机：管理层多效率低下 艰难求突围》（郭朝飞，2016，载《中国企业家》）			
D.18	《项目管理在高速动车组制造中的应用》（杨金海，2008，载《河北企业》）			
D.19	《中国北车集团唐山分公司供应链管理研究》（吉智慧，2013，河北工业大学硕士学位论文）			
D.20	《制度塑人人才兴企——聚焦中国北车长客股份自主创新发展路径之五（人才支撑篇）》（中国经济时报"东北振兴吉林行"采访组，2013，载《中国经济时报》）			
D.21	《大国时速 百年唐车》（宋文芳、魏晓文，2013，载《科技创新与品牌》）			
D.22	《追踪中国高铁技术核心来源》（路风，2013，载《瞭望》）			
D.23	《除非我离职，就不得不搞精益管理》（郑昌泓，http://sanwen.net/a/tjlusbo.html）			
D.24	《精益制造》（http://www.crrcgc.cc/sfgf/g2207.aspx）			
D.25	《12V180ZJC柴油机调速性能研究》（杨兴清、蒋欣，2004，载《山东内燃机》）			
D.26	《长客研制中国首列混合动力动车组》（张晓黎、崔中侠，2016，载《长春日报》）			
D.27	《"中华之星"动车组铝质拖车车体的设计》（牛得田、单巍，2003，载《机车电传动》）			
D.28	《"中华之星"高速列车钢质拖车的设计》（林东，2003，载《机车电传动》）			

续表

访谈编号	访谈日期	受访者	受访者职位	访谈时长（分钟）
二手资料编号	二手数据名称			
D.29	《致敬！国家工程师》系列报道之一："高铁大脑"创造者（徐颖）			
D.30	《"中国面孔"是这样雕塑的——CRH380A高速列车头型及车体研制纪实》（矫阳，2011，载《科技日报》）			
D.31	《中国第一代高铁工人优秀精神探秘（三）》（2014，载《工人日报》）			
D.32	《新干线纵横谈——日本高速铁路技术》（杨中平，2012，中国铁道出版社）			
D.33	《唐车首批米轨内燃动车组出口孟加拉》（2014，载《河北日报》）			
D.34	《混合动力动车组需求分析及关键技术研究》（尹华，2014，载《山东工业技术》）			
D.35	《中国第一代高铁工人优秀精神探秘（二）》（2014，载《工人日报》）			
D.36	《铁路局实行资产经营责任制后经营模式的探讨》（彭开宙，1999，载《铁道经济研究》）			
D.37	《中国标准动车组完成难度最大的互联互通试验》（http://business.sohu.com/20160219/n437909205.sthml）			

参考文献

一 英文著作

Amsden, A. H., *Asia's Next Giant: South Korea and Late Industrialization*, Oxford: Oxford University Press, 1989.

Baldwin, C. and K.Clark, *Design Rules (Volume 1): The Power of Modularity*, Cambridge: The MIT Press, 2000.

Breznitz, D., *Innovation and the State: Political Choice and Strategies for Growth in Israel, Taiwan and Ireland*, New Haven: Yale University Press, 2007.

Chandler, A.D., *Scale and Scope: The Dynamics of Industrial Capitalism*, Cambridge: Belknap Press, 1990.

Christensen, C.M., *The Innovator's Dilemma: When New Technologies Cause Great Firms to Fail*, Boston: Harvard Business School Press, 1997.

Chudnovsky, D., M.Nagao, S.Jacobsson and F.Pinter, *Capital Goods Production in the Third World*, London: Palgrave Macmillan, 1983.

Cimoli, M., G.Dosi and J.E.Stiglitz, *Industrial Policy and Development: The Political Economy of Capabilities Accumulation*, Oxford: Oxford University Press, 2009.

Dobbin, F., *Forging Industrial Policy: The United States, Britain and France in the Railway Age*, Cambridge: Cambridge University Press, 1994.

Durham, W. H., *Coevolution: Genes, Culture and Human Diversity*, Stanford: Stanford University Press, 1991.

Fagerberg, J. and D.C.Mowery, *The Oxford Handbook of Innovation*, Oxford: Oxford University Press, 2006.

Fransman, M., *Machinery and Economic Development*, Hong Kong: Macmillan Press, 1986.

Fujimoto, T., *Competing to Be Really, Really Good: The Behind-The-Scenes Drama of Capability-Building Competition in the Automobile Industry*, Tokyo: International House of Japan, 2007.

Gerschenkron, A., *Economic Backwardness in Historical Perspective: A Book of Essays*, Cambridge: Belknap Press of Harvard University Press, 1962.

Glaser, B.G. and A.Strauss, *The Discovery of Grounded Theory: Strategies for Qualitative Research*, New Brunswick: Aldine Transaction, 2009.

Grossman, G.M. and E.Helpman, *Innovation and Growth in the Global Economy*, Cambridge: The MIT Press, 1991.

Hobday, M., *Innovation in East Asia: The challenge to Japan*, Aldershot: Elgar, 1995.

Hughes, T., *Networks of Power: Electrification in Western Society, 1880-1930*, Baltimore: Johns Hopkins University Press, 1983.

Johnson, C.A., *MITI and the Japanese Miracle: The Growth of Industrial Policy, 1925-1975*, Stanford, California: Stanford University Press, 1982.

Kamien, M.I. and N.L.Schwartz, *Market Structure and Innovation*, Cambridge: Cambridge University Press, 1982.

Kim, L., *Imitation to Innovation: The Dynamics of Korea's Technological Learning*, Boston: Harvard Business School Press, 1997.

Malerba, F., *Sectoral Systems of Innovation: Concepts, Issues and Analyses of Six Major Sectors in Europe*, Cambridge: Cambridge University Press, 2004.

Mann, H. and F. Scherer, *Industrial Market Structure and Economic Performance*, Chicago: Rand McNally, 1980.

Mowery, D. C. and R. R. Nelson, *Sources of Industrial Leadership*, Cambridge: Cambridge University Press, 1999.

Murmann, J. P., *Knowledge and Competitive Advantage*, Cambridge: Cambridge University Press, 2003.

Nelson, R. R. and S. G. Winter, *An Evolutionary Theory of Economic Change*, Cambridge: Harvard University Press, 1982.

Nitecki, M. H., *Coevolution*, Chicago: University of Chicago Press, 1983.

North, D. C., *Institutions, Institutional Change and Economic Performance*, Cambridge: Cambridge University Press, 1990.

Olson, M., *The Logic of Collective Action: Public Goods and the Theory of Groups*, Cambridge: Harvard University Press, 1956.

Painter, M. and J. Pierre, *Challenges to State Policy Capacity: Global Trends and Comparative Perspectives*, Basingstoke: Palgrave Macmillan, 2004.

Perez, C., *Technological Revolutions and Financial Capital: The Dynamics of Bubbles and Golden Ages*, Cheltenham: Edward Elgar Pub, 2002.

Rosenberg, N., *Exploring the Black Box: Technology, Economics and History*, Cambridge: Cambridge University Press, 1994.

Rosenzweig, P., *The Halo Effect*, Cambridge: Free Press, 2009.

Scherer, F., *Industrial Market Structure and Economic Performance*, Chicago: Rand McNally, 1980.

Scholz, R. W. and O. Tietje, *Embedded Case Study Methods: Integrating

Quantitative and Qualitative Knowledge, Calif: Sage Publications, 2002.

Shapiro, C. and H.R.Varian, *Information Rules: A Strategic Guide to the Network Economy*, Boston: Harvard Business School Press, 1999.

Thomke, S. H., *Experimentation Matters: Unlocking the Potential of New Technologies for Innovation*, Boston: Harvard Business School Press, 2003.

Tirole, J., *The Theory of Industrial Organization*, Cambridge: The MIT Press, 1988.

Veblen, T., *Imperial Germany and The Industrial Revolution*, Kitchener: Batoche Books, 2003.

von Hippel, E., *Democratizing Innovation*, Cambridge: The MIT Press, 2005.

von Hippel, E., *The Sources of Innovation*, Cambridge: Cambridge University Press, 1988.

Wade, R., *Governing the Market: Economic Theory and the Role of Government in East Asian Industrialization*, Princeton: Princeton University Press, 1990.

Weick, K.E., *Sensemaking in Organizations*, Calif: Sage Publications, 1995.

Williamson, O., *The Economic Institutions of Capitalism: Firms, Markets, Relational Contracting*, New York: Free Press, 1985.

Yin, R.K., *Case Study Research, Design and Methods*, 3rd Edition, Calif: Sage Publications, 2003.

二　英文期刊论文

Abramovitz, M., "Catching Up, Forging Ahead and Falling Behind", *Journal of Economic History*, 46 (2), 1986.

Aghion, P. and P.Hewitt, "A Model of Growth through Creative Destruction",

Econometrica, 60 (2), 1992.

Amsden, A.H., "The Division of Labour is Limited by the Rate of Growth of the Market: The Taiwan Machine Tool Industry in the 1970s", *Cambridge Journal of Economics*, 9 (3), 1985.

Arrow, K.J., "The Economic Implications of Learning by Doing", *The Review of Economic Studies*, 29 (3), 1962.

Arthur, W.B., "Complexity and the Economy", *Science*, 284 (5411), 1999.

Baker, G., R.Gibbons and K.J.Murphy, "Relational Contracts and the Theory of the Firm", *The Quarterly Journal of Economics*, 117 (1), 2002.

Baskaran, A., "Competence Building in Complex Systems in the Developing Countries: The Case of Satellite Building in India", *Technovation*, 21 (2), 2001.

Baumol, W.J. and R.D.Willig, "Fixed Costs, Sunk Costs, Entry Barriers and Sustainability of Monopoly", *The Quarterly Journal of Economics*, 96 (3), 1981.

Block, F., "Swimming against the Current: The Rise of a Hidden Developmental State in the United States", *Politics & Society*, 36 (2), 2008.

Blomstrom, M. and F.Sjoholm, "Technology Transfer and Spillovers: Does Local Participation with Multinationals Matter?", *European Economic Review*, 43 (4-6), 1999.

Bonaccorsi, A., F.Pammolli, M.Paoxli and S.Tani, "Nature of Innovation and Technology Management in System Companies", *R&D Management*, 29 (1), 1999.

Borenztein, E., J.D.Gregorio and J.W.Lee, "How does Foreign Investment Affect Economic Growth?", *Journal of International Economics*, 45 (2), 1998.

Breschi, S., F. Malerba and L. Orsenigo, "Technological Regimes and

Schumpeterian Patterns of Innovation", *Economic Journal*, 110 (463), 2000.

Breznitz, D., "Development, Flexibility and R&D Performance in the Taiwanese IT Industry: Capability Creation and the Effects of State-Industry Coevolution", *Industrial and Corporate Change*, 14 (1), 2005.

Brusoni, S. and A. Prencipe, "Unpacking the Black Box of Modularity: Technologies, Products and Organizations", *Industrial and Corporate Change*, 10 (1), 2001.

Brusoni, S., "The limits to Specialization: Problem Solving and Coordination in 'Modular Networks'", *Organization Studies*, 26 (12), 2005.

Campbell, D.T., "Degree of Freedom and the Case Study", *Comparative Political Studies*, 8 (2), 1975.

Cho, H.D. and J.K. Lee, "The Developmental Path of Networking Capability of Catch-up Players in Korea's Semiconductor Industry", *R&D Management*, 33 (4), 2003.

Choung, J.Y. and H.R. Hwang, "Developing the Complex System in Korea: The Case Study of TDX and CDMA Telecom System", *International Journal of Technological Learning, Innovation and Development*, 1 (2), 2007.

Clark, K.B. and M. Iansiti, "Integration and Dynamic Capability: Evidence from Product Development in Automobiles and Mainframe Computers", *Industrial and Corporate Change*, 3 (3), 1994.

Coase, R.H., "The Nature of the Firm", *Economica*, 4 (16), 1937.

Cohen, W.M. and S. Klepper, "Firm Size and the Nature of Innovation Within Industries: the Case of Process and Product R&D", *Review of Economics and Statistics*, 78 (2), 1996.

Colfer, L.J. and C.Y. Baldwin, "The Mirroring Hypothesis: Theory, Evidence and Exceptions", *Industrial and Corporate Change*, 25 (5), 2016.

David, P. A., "Clio and the Economics of Qwerty", *The American Economic Review*, 75 (2), 1985.

Davies, A. and T. Brady, "Organisational Capabilities and Learning in Complex Product Systems: Towards Repeatable Solutions", *Research Policy*, 29 (7), 2000.

Davies, A., "The Life Cycle of a Complex Product System", *International Journal of Innovation Management*, 1 (3), 1997.

Dosi, G., C. Freeman and S. Fabiani, "The Process of Economic Development: Introducing Some Stylized Facts and Theories on Technologies, Firms and Institutions", *Industrial and Corporate Change*, 3 (1), 1994.

Dosi, G., "Sources, Procedures and Microeconomic Effects of Innovation", *Journal of Economic Literature*, 26 (3), 1988.

Dutrenit, G., "Building Technological Capabilities in Latecomer Firms: A Review Essay", *Science Technology & Society*, 9 (2), 2004.

Eisenhardt, K. M. and M. E. Graebner, "Theory Building from Cases: Opportunities and Challenges", *Academy of Management Journal*, 50 (1), 2007.

Eisenhardt, K. M., "Making Fast Strategic Decisions in High-Velocity Environments", *Academy of Management Journal*, 21 (3), 1989.

Etgar, M. A., "A Descriptive Model of the Consumer Co-Production Process", *Journal of the Academy of Marketing Science*, 36 (1), 2008.

Evans, P. B. and J. E. Rauch, "Bureaucracy and Growth: A Cross-National Analysis of the Effects of 'Weberian' State Structures on Economic Growth", *American Sociological Review*, 64, 1999.

Evans, P. B., "Predatory, Development, and Other Apparatuses: A Comparative Political Economy Perspective on the Third World State", *Sociological Forum*, 4 (4), 1989.

Evered, R. and M. R. Louis, "Alternative Perspectives in the Organizational Sciences: 'Inquiry from the Inside' and 'Inquiry from the Outside' ", *Academy of Management Review*, 6 (3), 1981.

Fagerberg, J., "Schumpeter and the Revival of Evolutionary Economics: An Appraisal of the Literature", *Journal of Evolutionary Economics*, 13 (2), 2003.

Fagerberg, J., "Technology and International Differences in Growth Rates", *Journal of Economic Literature*, 32 (3), 1994.

Fama, E. F., "Agency Problems and the Theory of the Firm", *Journal of Political Economy*, 88 (2), 1980.

Freeman, C., "Continental, National and Sub-National Innovation System: Complementarity and Economic Growth", *Research Policy*, 31 (2), 2002.

Freeman, C., "The Economics of Technical Change", *Cambridge Journal of Economics*, 18 (5), 1994.

Freeman, C., "The 'National System of Innovation' in Historical Perspective", *Cambridge Journal of Economics*, 19 (1), 1995.

Fujimoto, T., "Architecture-Based Comparative Advantage: A Design Information View of Manufacturing", *Evolutionary and Institutional Economic Review*, 4 (1), 2007.

Gioia, D. A, K. N. Price, A. L. Hamilton and J. B. Thomas, "Forging an Identity: An Insider-Outsider Study of Processes Involved in the Formation of Organizational Identity", *Administrative Science Quarterly*, 55 (1), 2010.

Grossman, G. M. and E. Helpman, "Endogenous Innovation in the Theory of

Growth", *Journal of Economic Perspective*, 8 (1), 1994.

Grossman, S.J. and O.D.Hart, "The Costs and Benefits of Ownership: A Theory of Vertical and Lateral Integration", *Journal of Political Economy*, 94 (4), 1986.

Guennif, S. and S.V.Ramani, "Explaining Divergence in Catching-Up in Pharma between India and Brazil Using the NSI Framework", *Research Policy*, 41 (2), 2012.

Halac, M., "Rational Contracts and the Value of Relationships", *The American Economic Review*, 102 (2), 2012.

Hansen, U.E. and D.Ockwell, "Learning and Technological Capability Building in Emerging Economies: The Case of the Biomass Power Equipment Industry in Malaysia", *Technovation*, 34 (10), 2014.

Hansen, U.E., N.Fold and T.Hansen, "Upgrading to Lead Firm Position via International Acquisition: Learning from the Global Biomass Power Plant Industry", *Journal of Economic Geography*, 16 (1), 2016.

Hart, O.D. and J.Moore, "Property Rights and Nature of the Firm", *Journal of Political Economy*, 98 (6), 1990.

Henderson, R.M. and K.B.Clark, "Architectural Innovation: The Reconfiguration of Existing Product Technologies and the Failure of Established Firms", *Administrative Science Quarterly*, 35, 1990.

Hobday, M., A.Davies and A.Prencipe, "Systems Integration: A Core Capability of the Modern Corporation", *Industrial and Corporate Change*, 14 (6), 2005.

Hobday, M., "Product Complexity, Innovation and Industrial Organisation", *Research Policy*, 26 (6), 1998.

Holmstrom, B., "Moral Hazard in Teams", *Bell Journal of Economics*, 13

(2), 1982.

Iansiti, M. and J. West, "Technology Integration: Turning Great Research into Great Products", *Harvard Business Review*, 75 (3), 1997.

Iansiti, M., "Technology Integration: Managing Technological Evolution in a Complex Environment", *Research Policy*, 24 (4), 1995.

Jacobides, M.G. and S.G. Winter, "Capabilities: Structure, Agency and Evolution", *Organization Science*, 23 (5), 2012.

Jaspers, F. and J. Van den Ende, "Open Innovation and Systems Integration: How and Why Firms Know More than They Make", *International Journal of Technology Management*, 52 (3/4), 2010.

Kattel, R. and E. Karo, "The Copying Paradox: Why Converging Policies but Diverging Capacities for Development in Eastern European Innovation Systems?", *The International Journal of Institutions and Economies*, 2, 2010.

Kiamehr, M., M. Hobday and A. Kermanshah, "Latecomer Systems Integration Capability in Complex Capital Goods: The Case of Iran's Electricity Generation Systems", *Industrial and Corporate Change*, 23 (3), 2013.

Kiamehr, M., "Paths of Technological Capability Building in Complex Capital Goods: The Case of Hydro Electricity Generation Systems", *Technological Forecasting and Social Change*, 122, 2017.

Kim, L. and H. Lee, "Patterns of Technological Change in a Rapidly Developing Country: A Synthesis", *Technovation*, 6 (4), 1987.

Kim, L. and J. Lee, "Korea Entry into the Computer Industry and Its Acquisition of Technological Capability", *Technovation*, 6 (3), 1987.

Kim, L., "Stages of Development of Industrial Technology in a Developing Country: A Model", *Research Policy*, 9 (3), 1980.

Klein, B., R.G. Crawford and A.A. Alchian, "Vertical Integration, Appropriable Rents and the Competitive Contracting Process", *Journal of Law and Economics*, 21 (1), 1978.

Kornai, J., "The Soft Budget Constraint", *Kyklos*, 39 (1), 1986.

Koufteros, X., M. Vonderembse and J. Jayanth, "Internal and External Integration for Product Development: The Effects of Uncertainty, Equivocality and Platform Strategy", *Decision Sciences*, 36 (1), 2005.

Kydland, F.E. and E.C. Prescott, "Time to Build and Aggregate Fluctuations", *Econometrica*, 50 (6), 1982.

Lall, S., "Exports of Technology by Newly-Industrializing Countries: An Overview", *World Development*, 12 (5-6), 1984.

Lall, S., "Technological Capabilities and Industrialization", *World Development*, 20 (2), 1992.

Langley, A., "Strategies for Theorizing from Process Data", Academy of Management Review, 24 (4), 1999.

Lee, J., Z.T. Bae and D.K. Choi, "Technology Development Processes: A Model for a Developing Country with a Global Perspective", *R&D Management*, 18 (3), 1988.

Lee, J.J. and H. Yoon, "A Comparative Study of Technological Learning and Organizational Capability Development in Complex Products Systems: Distinctive Paths of Three Latecomers in Military Aircraft Industry", *Research Policy*, 44 (7), 2015.

Lee, K. and C. Lim, "Technological Regimes, Catching-Up and Leapfrogging: Findings from Korea Industries", *Research Policy*, 30 (3), 2001.

Lee, K. and F. Malerba, "Catch-up Cycles and Changes in Industrial Leadership:

Windows of Opportunity and Responses of Firms and Countries in the Evolution of Sectoral Systems", *Research Policy*, 46 (2), 2017.

Lee, K., M.Jee and J.K.Eun, "Assessing China's Economic Catch-up at the Firm Level and Beyond: Washington Consensus, East Asian Consensus and the Beijing Model", *Industry and Innovation*, 18 (5), 2011.

Lee, K., T.Y.Park and R.Krishnan, "Catching-Up or Leapfrogging in the Indian IT Service Sector: Windows of Opportunity, Path-Creating and Moving Up the Value Chain", *Development Policy Review*, 32 (4), 2014.

Lema, R. and A.Lema, "Technology Transfer? The Rise of China and India in Green Technology Sectors", *Innovation and Development*, 2 (1), 2012.

Levin, J., "Relational Incentive Contracts", *The American Economic Review*, 93 (3), 2003.

Lewin, A.Y. and H.W.Volberda, "Prolegomenaon Coevolution: A Framework for Research on Strategy and New Organizational Forms", *Organization Science*, 10 (5), 1999.

Lucas, R., "On the Mechanics of Economic Development", *Journal of Monetary Economics*, 22 (1), 1988.

Majidpour, M., "Technological Catch-up in Complex Product Systems", *Journal of Engineering and Technology Management*, 41, 2016.

Malerba, F. and L.Orsenigo, "Schumpeterian Patterns of Innovation are Technology-Specific", *Research Policy*, 25 (3), 1996.

Malerba, F. and L.Orsenigo, "Technological Regimes and Sectoral Patterns of Innovative Activities", *Industrial and Corporate Change*, 6 (1), 1997.

Malerba, F., R.Nelson, L.Orsenigo and S.Winter, "Demand, Innovation and the Dynamics of Market Structure: The Role of Experimental Users and Diverse Preferences", *Journal of Evolutionary Economics*, 17 (4), 2007.

Maskin, E., Y. Qian and C. Xu, "Incentives, Information and Organizational Form", *The Review of Economic Studies*, 67 (2), 2000.

Mathews, J.A., "Dragon Multinationals: New Players in 21st Century Globalization", *Asia Pacific Journal of Management*, 23 (1), 2006.

Mathews, J.A., "Strategy and the Crystal Cycle", *California Management Review*, 47 (1), 2005.

Mazzoleni, R. and R.R. Nelson, "Public Research Institutions and Economic Catch-up", *Research Policy*, 36 (10), 2007.

Montinola, G., Y.Qian and B.R.Weingast, "Federalism, Chinese Style: the Political Basis for Economic Success in China", *World Politics*, 48 (1), 1995.

Mukoyama, T., "Rosenberg's 'Learning by Using' and Technology Diffusion", *Journal of Economic Behavior and Organization*, 61 (1), 2006.

Nellore, R. and R. Balachandra, "Factors Influencing Success in Integrated Product Development (IPD) Projects", *IEEE Transactions on Engineering Management*, 48 (2), 2001.

Nishikawa, H., M.Schreier and S.Ogawa, "User-Generated versus Designer-Generated Products: A Performance Assessment at Muji", *International Journal of Research in Marketing*, 30 (2), 2013.

Norgaard, R.B., "Environmental Economics: An Evolutionary Critique and Plea for Pluralism", *Journal of Environmental Economics and Management*, 12 (4), 1985.

O'Hern, M.S. and A.Rindfleisch, "Customer Co-Creation: A Typology and Research Agenda", *Review of Marketing Research*, 6, 2009.

Pajunen, K. and M.Maunula, "Internationalisation: A Co-Evolutionary Perspective", *Scandinavian Journal of Management*, 24 (3), 2008.

Park, T.Y., "How a Latecomer Succeeded in a Complex Product System Industry: Three Case Studies in the Korean Telecommunication Systems", *Industrial and Corporate Change*, 22 (2), 2013.

Pettigrew, A., "Longitudinal Field Research on Change: Theory and Practice", *Organization Science*, 1 (3), 1990.

Qian, Y. and B.R.Weingast, "Federalism as a Commitment to Preserving Market Incentives", *Journal of Economic Perspectives*, 11 (4), 1997.

Romer, P.M., "Endogenous Technological Change", *Journal of Political Economy*, 98 (5), 1990.

Romer, P.M., "Increasing Returns and Long-Run Growth", *Journal of Political Economy*, 94 (5), 1986.

Schweisfurth, T.G., "Comparing Internal and External Lead Users as Sources of Innovation", *Research Policy*, 46 (1), 2017.

Sherman, J.D., W.E.Souder and S.A.Jenssen, "Differential Effects of the Primary Forms of Cross-Functional Integration on Product Development Cycle Time", *Journal of Product Innovation Management*, 17 (4), 2000.

Soete, L., "International Diffusion of Technology, Industrial Development and Technological Leapfrogging", *World Development*, 13 (3), 1985.

Takeishi, A., "Knowledge Partitioning in the Interfirm Division of Labor: The Case of Automotive Product Development", *Organization Science*, 13 (3), 2002.

Teubal, M., "The Role of Technological Learning in the Exports of Manufactured Goods: The Case of Selected Capital Goods in Brazil", *World Development*, 12 (8), 1984.

Thomke, S.H. and D.Reinertsen, "Unlocking Innovation Through Business Experimentation", *Harvard Business Review*, 90 (5), 2012.

Thomke, S.H., E.von Hippel and R.Franke, "Modes of Experimentation: An Innovation Process and Competitive Variable", *Research Policy*, 27 (3), 1998.

Thomke, S.H., "Managing Experimentation in the Design of New Products", *Management Science*, 44 (6), 1998.

Tzabbar, D., B.S.Aharonson and T.L.Amburgey, "When does Tapping External Sources of Knowledge Result in Knowledge Integration?", *Research Policy*, 42 (2), 2013.

Utterback, J.M. and W.J.Abernathy, "A Dynamic Model of Process and Product Innovation", *OMEGA*, 3 (6), 1975.

von Hippel, E. and M.J.Tyre, "How Learning by Doing is Done: Problem Identification in Novel Process Equipment", *Research Policy*, 24 (1), 1995.

von Hippel, E., "Lead Users: A Source of Novel Product Concepts", *Management Science*, 32 (7), 1986.

von Hippel, E., "The Dominant Role of Users in the Scientific Instrument Innovation Process", *Research Policy*, 5 (3), 1976.

Wang, J.H. and C.J.Tsai, "National Model of Technological Catching Up and Innovation: Comparing Patents of Taiwan and South Korea", *Journal of Development Studies*, 46 (8), 2010.

Williamson, O. E., "Strategy Research: Governance and Competence Perspectives", *Strategic Management Journal*, 20 (12), 1999.

Williamson, O.E., "The Economics of Organization: The Transaction Cost Approach", *American Journal of Sociology*, 87 (3), 1981.

Woiceshyn, J. and U.Daellenbach, "Integrative Capability and Technology Adoption: Evidence from Oil Firms", *Industrial and Corporate Change*, 14

(2), 2005.

Xiao, Y., A.Tylecote and J.Liu, "Why not Greater Catch-up by Chinese Firms? The Impact of IPR, Corporate Governance and Technology Intensity on Late-Comer Strategies", *Research Policy*, 42 (3), 2013.

Xu, C., "The Fundamental Institutions of China's Reforms and Development", *Journal of Economic Literature*, 49 (3), 2011.

Yates, J., "Coevolution of Information Processing Technology and Use: Interaction between the Life Insurance and Tabulating Industries", *Business History Review*, 67 (1), 1993.

Zahra, S. A. and A. P. Nielsen, "Sources of Capabilities, Integration and Technology Commercialization", *Strategic Management Journal*, 23 (5), 2002.

Zhang, W. and I.Barbara, "Managing the Product Development of China's SPC Switch Industry as an Example of CoPS", *Technovation*, 21 (6), 2001.

三 英文析出文献

Breschi, S., F.Malerba and L.Orsenigo, "Sectoral Systems of Innovation: Technological Regimes, Schumpeterian Dynamics and Spatial Boundaries", in Edquist, C. (eds.), *Systems of Innovation*, London: Frances Pinter, 1997.

Chandle, A. F. Jr. and T. Hikino, "The Large Industrial Enterprise and the Dynamics of Modern Economic Growth", in Chandler, A.F.Jr., F.Amatori and T. Hikino (eds.), *Big Business and the Wealth of Nations*, New York: Cambridge University Press, 1999.

Chesbrough, H. and K.Kusunoki, "The Modularity Trap: Innovation, Technology Phase Shifts and the Resulting Limits of Virtual Organizations", in Nonaka, I.

and D.Teece (eds.), *Managing Industrial Knowledge*, London: Sage, 2001.

Cohen, W.M. and R.C.Levin, "Empirical Studies of Innovation and Market Structure", in Schmalensee, R. and R.Willig (eds.), *Handbook of Industrial Organization*, New York: North-Holland, 1989.

Cohen, W.M., "Fifty Years of Empirical Studies of Innovative Activity and Performance", in Hall, B. and N.Rosenberg (eds.), *Handbook of the Economics of Innovation*, Oxford: Elsevier, 2010.

Guba, E.G. and Y.S.Lincoln, "Competing Paradigms in Qualitative Research", in Denzin, N. and Y.S.Lincoln (eds.), *Handbook of Qualitative Research*, SAGE Publications, 1994.

Im, T., "Bureaucratic Power and Government Competitiveness", in Kwon, H. and M.G.Koo (eds.), *The Korean Government and Public Policies in a Development Nexus*, Springer, 2014.

Lazonick, W., "The Innovative Firm", in Fagerberg, J., D.Mowery and R.Nelson (eds.), *The Oxford Handbook of Innovation*, Oxford: Oxford University Press, 2006.

Malerba, F., "Sectoral Systems of Innovation: Basic Concepts", in Malerba, F. (eds.), *Sectoral Systems of Innovation: Concepts, Issues and Analyses of Six Major Sectors in Europe*, Cambridge: Cambridge University Press, 2004.

Matsuyama, K., "Economic Development as Coordination Problems", in Aoki, M., H.K.Kim and M.Okuno-Fujiwara (eds.), *The Role of Government in East Asian Economic Development: Comparative Institutional Analysis*, Clarendon Press, 1996.

Metcalfe, J.S., "Evolutionary Concepts in Relation to Evolutionary Economics", in Dopfer, K. (eds.), *The Evolutionary Foundations of Economics*, Cambridge University Press, 2005.

Mowery, D.C. and N.Rosenberg, "Government Policy and Innovation in the Commercial Aircraft Industry, 1925 – 75", in Nelson, R.R. (eds.), *Government and Technical Change: A Cross-Industry Analysis*, New York: Pergamon Press, 1982.

Nelson, N., "Building Effective Innovation System versus Dealing with Market Failure as Ways of Thinking about Technology Policy", in Foray, D. (eds.), *The New Economics of Technology Policy*, Edward Elgar, 2009.

Pavitt, K., "Specialization and Systems Integration: Where Manufacture and Services still Meet", in Prencipe, A., A. Davies and M. Hobday (eds.), *The Business of Systems Integration*, Oxford University Press, 2005.

Perez, C. and L. Soete, "Catching – Up in Technology: Entry Barriers and Windows of Opportunity", in Dosi, G. (eds.), *Technical Change and Economic Theory*, London: Pinter Publishers, 1988.

四 英文工作论文及会议论文

Methe, D.T., "Moving into the Technological Fast Lane: From Reverse to Forward Engineering Through the Establishment of Innovation Communities in Korea", Proceedings for Operating Research and the Management Sciences, 1995.

Razavi, H. and N.Jamali, "Comparison of Final Costs and Undervalues between Reverse and Forward Engineering Products", The 2nd International Conference on Engineering System Management and Applications, 2010.

五　中文著作

《习近平关于网络强国论述摘编》，中央文献出版社，2021。

高柏、李国武、甄志宏等：《中国高铁创新体系研究》，社会科学文献出版社，2016。

贾根良：《演化经济学导论》，中国人民大学出版社，2015。

江小涓：《经济转轨时期的产业政策：对中国经验的实证分析与前景展望》，上海三联书店、上海人民出版社，1996。

江小涓：《体制转轨中的增长、绩效与产业组织变化》，上海三联书店、上海人民出版社，1999。

路风：《光变：一个企业及其工业史》，当代中国出版社，2016。

路风：《走向自主创新：寻求中国力量的源泉》，广西师范大学出版社，2006。

路风、封凯栋：《发展我国自主知识产权汽车工业的政策选择》，北京大学出版社，2005。

马泉山：《新中国工业经济史（1966—1978）》，经济管理出版社，1998。

聂辉华：《声誉、契约与组织》，中国人民大学出版社，2009。

沈志云：《我的高铁情缘——沈志云口述自传》，湖南教育出版社，2014。

宋磊：《追赶型工业战略的比较政治经济学》，北京大学出版社，2016。

汪海波：《新中国工业经济史》，经济管理出版社，1994。

王晓冰、于宁、王晨：《大道无行——铁道部：政企合一的失败样本》，南方日报出版社，2013。

王雄：《中国速度：中国高速铁路发展纪实》，外文出版社，2016。

杨铁军：《产业专利分析报告——高速动车组和高铁安全监控技术》，知识产权出版社，2016。

杨中平：《新干线纵横谈——日本高速铁路技术》，中国铁道出版社，2012。

张五常：《中国的经济制度》，中信出版社，2012。

赵小刚：《与速度同行——亲历中国铁路工业40年》，中信出版社，2014。

六　中文译著

［美］赫伯特·J.鲁宾、艾琳·S.鲁宾：《质性访谈方法：聆听与提问的艺术》，卢晖临、连佳佳、李丁译，重庆大学出版社，2010。

［美］托马斯·W.李：《组织与管理研究的定性方法》，吕力译，北京大学出版社，2014。

［美］约瑟夫·熊彼特：《经济发展理论》，郭武军、吕阳译，华夏出版社，2015。

［美］约瑟夫·熊彼特：《资本主义、社会主义与民主》，吴良健译，商务印书馆，1999。

七　中文期刊论文

陈劲：《从技术引进到自主创新的学习模式》，《科研管理》1994年第2期。

陈劲：《集成创新的理论模式》，《中国软科学》2002年第12期。

傅志寰：《关于我国高铁引进与创新的思考》，《中国铁路》2016年第10期。

龚刚、魏熙晔、杨先明、赵亮亮：《建设中国特色国家创新体系跨越中等收入陷阱》，《中国社会科学》2017年第8期。

顾卫东：《我国汽车产业技术赶超的进入成本》，《经济管理》2008年第1期。

贺俊：《产业政策批判之再批判与"设计得当"的产业政策》，《学习与探索》2017年第1期。

贺俊、吕铁、黄阳华、江鸿：《技术赶超的激励结构与能力积累：中国高铁经验及其政策启示》，《管理世界》2018 年第 10 期。

胡海晨、林汉川、方巍：《中国高铁发展：一种创新发展模式的典型案例及启示》，《管理现代化》2016 年第 2 期。

黄江明、赵宁：《资源与决策逻辑：北汽集团汽车技术追赶的路径演化研究》，《管理世界》2014 年第 9 期。

黄群慧、黄阳华、贺俊、江飞涛：《面向中上等收入阶段的工业化战略研究》，《中国社会科学》2017 年第 12 期。

黄阳华、吕铁：《市场需求与新兴产业演进——用户创新的微观经济分析与展望》，《中国人民大学学报》2013 年第 3 期。

贾根良：《第三次工业革命与新型工业化道路的新思维——来自演化经济学和经济史的视角》，《中国人民大学学报》2013 年第 2 期。

贾根良：《迎接第三次工业革命的关键在于发展模式的革命——我国光伏产业和机器人产业的案例研究与反思》，《经济理论与经济管理》2013 年第 5 期。

江鸿、吕铁：《政企能力共演化与复杂产品系统集成能力提升——中国高速列车产业技术追赶的纵向案例研究》，《管理世界》2019 年第 5 期。

江辉、陈劲：《集成创新：一类新的创新模式》，《科研管理》2000 年第 5 期。

江小涓：《理解科技全球化——资源重组、优势集成和自主创新能力的提升》，《管理世界》2004 年第 6 期。

李政、任妍：《中国高铁产业赶超型自主创新模式与成功因素》，《社会科学辑刊》2015 年第 2 期。

林善波：《动态比较优势与复杂产品系统的技术追赶——以我国高铁技术为例》，《科技进步与对策》2011 年第 14 期。

林毅夫：《产业政策与我国经济的发展：新结构经济学的视角》，《复旦学报》

（社会科学版）2017 年第 2 期。

林毅夫：《后发优势与后发劣势——与杨小凯教授商榷》，《经济学》（季刊）2003 年第 4 期。

林毅夫、张鹏飞：《后发优势、技术引进和落后国家的经济增长》，《经济学》（季刊）2005 年第 1 期。

刘宏程、葛沪飞、仝允桓：《创新网络演化与企业技术追赶：中国"山寨机"的启示》，《科学学研究》2009 年第 10 期。

卢显文、王毅达：《产品开发集成创新的过程与机制研究》，《科研管理》2006 年第 5 期。

陆晓春、李栋、孙昭：《企业集成创新的动因及框架体系研究》，《科学管理研究》2006 年增刊。

路风：《冲破迷雾——揭开中国高铁技术进步之源》，《管理世界》2019 年第 9 期。

路风：《论产品开发平台》，《管理世界》2018 年第 8 期。

路风、蔡莹莹：《中国经济转型和产业升级挑战政府能力——从产业政策的角度看中国 TFT-LCD 工业的发展》，《国际经济评论》2010 年第 5 期。

路风、封凯栋：《为什么自主开发是学习外国技术的最佳途径？——以日韩两国汽车工业发展经验为例》，《中国软科学》2004 年第 4 期。

路风、慕玲：《本土创新、能力发展和竞争优势——中国激光视盘播放机工业的发展及其对政府作用的政策含义》，《管理世界》2004 年第 1 期。

吕铁、贺俊：《从中国高铁经验看产业政策和部门创新体系的动态有效性》，《学习与探索》2018 年第 1 期。

吕铁、贺俊：《如何理解中国高铁技术赶超与主流经济学基本命题的"反差"》，《学术月刊》2017 年第 11 期。

吕铁、贺俊：《战略性新兴产业的技术经济特征与产业政策重构》，《学术月刊》2013 年第 7 期。

吕铁、江鸿：《从逆向工程到正向设计——中国高铁对装备制造业技术追赶与自主创新的启示》，《经济管理》2017 年第 10 期。

彭开宙：《铁路局实行资产经营责任制后经营管理模式的探讨》，《铁道经济研究》1999 年第 2 期。

史宪睿、金丽、孔伟：《企业集成创新能力的概念及其基本模型》，《科技管理研究》2006 年第 11 期。

汪建成、毛蕴诗：《技术改进、消化吸收与自主创新机制》，《经济管理》2007 年第 3 期。

王凤彬、江鸿、王璁：《央企集团管控架构的演进：战略决定、制度引致还是路径依赖？——一项定性比较分析（QCA）尝试》，《管理世界》2014 年第 12 期。

王鹤春、苏敬勤、曹慧玲：《成熟产业实现技术追赶的惯性传导路径研究》，《科学学研究》2016 年第 11 期。

王毅、吴贵生：《以技术集成为基础的构架创新研究》，《中国软科学》2002 年第 12 期。

韦影、王昀：《很复杂，但更精致——嵌入式案例研究综述》，《科研管理》2017 年第 11 期。

魏江、潘秋玥、王诗翔：《制度型市场与技术追赶》，《中国工业经济》2016 年第 9 期。

魏少军：《2015 年中国集成电路设计业的发展情况》，《集成电路应用》2016 年第 1 期。

吴先明、苏志文：《将跨国并购作为技术追赶的杠杆：动态能力视角》，《管理世界》2014 年第 4 期。

谢科范、董芹芹、陈云：《基于资源集成的自主创新模式辨析》，《科学学研究》2007 年增刊。

徐雨森、洪勇、苏敬勤：《后发企业技术能力生成与演进分析——以中国华录·松下公司 DVD 视盘机产业发展为例》，《科学学与科学技术管理》2008 年第 5 期。

杨瑞龙：《论我国制度变迁方式与制度选择目标的冲突及其协调》，《经济研究》1994 年第 5 期。

杨瑞龙：《论制度供给》，《经济研究》1993 年第 8 期。

杨瑞龙：《我国制度变迁方式转换的三阶段论》，《经济研究》1998 年第 1 期。

杨瑞龙、杨其静：《阶梯式的渐进制度变迁模型》，《经济研究》2000 年第 3 期。

张方华：《企业集成创新的过程模式与运用研究》，《中国软科学》2008 年第 10 期。

张方华、吴剑：《中小企业集成能力影响创新绩效的实证分析——以苏南地区为例》，《预测》2011 年第 5 期。

张军：《分权与增长：中国的故事》，《经济学》（季刊）2008 年第 1 期。

张米尔、田丹：《第三方技术源对跨越追赶陷阱的作用研究》，《科学学研究》2008 年第 2 期。

张维迎：《产业政策争论背后的经济学问题》，《学术界》2017 年第 2 期。

张卫华：《高速列车耦合大系统动力学研究》，《中国工程科学》2015 年第 4 期。

赵建华、焦晗：《装备制造业企业技术集成能力及其构成因素分析》，《中国软科学》2007 年第 6 期。

周黎安：《中国地方官员的晋升锦标赛模式研究》，《经济研究》2007 年第 7 期。

朱瑞博、刘志阳、刘芸：《架构创新、生态位优化与后发企业的跨越式赶超》,《管理世界》2011年第7期。

八　中文析出文献

慕玲、路风:《集成创新的要素》,载柳卸林《中国创新管理前沿:第一辑》,北京理工大学出版社,2004。

吴敬琏:《高铁危言》,载王晓冰等《大道无形——铁道部:政企合一的失败样本》,南方日报出版社,2013。

九　中文报刊文章

柴宗盛:《张汝京:韩国人可以做到,我们为什么不能呢?》,《澎湃新闻》2016年8月30日。

胡亚平:《总理泰国"卖"高铁引发高铁出口新契机——本报记者专访工程院院士、"中国电力机车之父"刘友梅》,《广州日报》2013年10月25日。

矫阳:《"中国面孔"是这样雕塑的》,《科技日报》2011年10月22日。

路风:《高铁从未"以市场换技术"》,《瞭望》2013年第48期。

路风:《"两部联合"激发大规模引进"正能量"》,《瞭望》2013年第48期。

路风:《政策"意料外"的高铁奇迹》,《瞭望》2013年第48期。

路风:《中国高铁技术发展的源泉》,《瞭望》2014年第1期。

路风:《追踪中国高铁技术核心来源》,《瞭望》2013年第48期。

孙寰宇:《"中国脑"诞生记——长客股份公司"列车网络控制系统"研发团队记事》,《吉林日报》2015年10月30日。

王强、罗率:《京沪高铁十年一觉》,《商务周刊》2004年第17期。

张卫华:《用好人才比引进本身更重要》,《西南交通大学新闻网》2013 年 12 月 31 日。

赵坚:《高铁"走出去"——热烈中的冷思考》,《东方早报》2014 年 12 月 2 日。

周建军:《全球产业集中和资本垄断大势》,《财经》2016 年 11 月 7 日。

十　中文工作论文

贺俊、吕铁、黄阳华、江鸿:《中国高铁技术赶超的全景观察》,中国社会科学院工业经济研究所,2018 年。

黄阳华、吕铁:《产业分权与技术赶超:基于中国高铁的调查研究》,中国社会科学院工业经济研究所,2018 年。

黄阳华、吕铁:《深化体制改革中的产业创新体系演进——以中国高铁技术赶超为例》,中国社会科学院工业经济研究所,2019 年。

十一　中文内部报告

贾根良、张文杰:《部门创新体系:理论、经验及对自主创新的意义》,中国工业经济学会年会暨"自主创新与创新政策"研讨会,2006 年。

后　记

　　通过对典型企业和典型行业的深度调研，见微知著，继而探讨中国转型发展过程中面临的重大挑战和问题，是中国社会科学院工业经济研究所建所以来形成的一个重要研究传统。在定量实证方法越来越主导经济学研究的当下，继承和发扬这种研究范式，对那些只有深入其"场景"和"过程"才能更准确提炼出现象背后复杂因果关系的问题，在与当事人的深入交流中让理论与现实不断碰撞，最终构建起逻辑一致的因果链条，对主流定量研究方法形成拓展和补充，是我与几位有着多年研究合作关系的同事一直以来的愿望。2015年初夏时节，在讨论国家社科基金重点课题"推进我国工业创新驱动发展研究"（14AJY016）的研究方案时，我们达成共识：受研究资源和研究条件的限制，与其在多个行业中铺陈，不如将研究力量集中于一个行业。综合考虑研究对象的学术价值和现实意义，并结合调研条件的成熟情况，中国高铁技术赶超问题进入我们的视野。

　　高铁是改革开放以来中国技术赶超最为成功的产业之一，也是新型举国体制推动全产业核心技术突破的典型成功案例，应当成为中国特色经济学学术体系和话语体系对话的典型事实。然而，以市场竞争和私有产权为基本信条的西方主流经济学研究很难在中国高铁强力的行政干预、普遍的国有企业制度安排与卓越的技术赶超绩效之间建立逻辑一致的因果关系，因此，对中国高铁技术赶超过程的细致描述和分析工作，始终没有纳入受过严格西方主流经济学训练的学者视野。而少数在政治学和社会学学科传统下开展的中国高铁调查研究，也囿于全面系统调查研究的现实困难，存在调查对象有偏、研究发现缺乏客观性的不足。可以说，虽然有关中国高铁技术赶超的各种分析评论泛滥于报头刊首，但中国高铁技术赶超成功的原因和机制对学术界以及高铁局外人仍然是一个"黑箱"。

中国高铁仅用12年的时间就完成了技术引进消化吸收、形成正向设计能力、掌握完全自主知识产权的技术赶超过程，跻身全球少数具备先进工程设计建造技术、装备开发制造技术和运营组织管理技术的高铁强国之列。无论是从技术赶超的效率、还是从技术赶超的效果看，高铁都可以称为中国产业技术赶超的样板。虽然中国在通信设备、核电装备、工程机械等行业的部分产品和技术领域也站在了全球技术的前沿，但从全行业的角度看，高铁是目前中国极少数整个行业的技术能力可以与工业发达国家比肩的部门之一。通过扎实的调查研究和规范的实证分析，揭示和刻画不同层面影响中国高铁技术赶超的关键因素及其作用机制，将为中国更多产业的创新发展提供重要参照，为在中国情境下拓展技术赶超相关理论、构建中国特色经济学学术体系和话语体系提供宝贵的典型事实和创新机会。

为了弥补学术研究滞后于中国产业发展重要事实的缺口，把握理论拓展机会，经过充分讨论，我们萌发了依托国家社科基金重点课题组建研究团队对中国高铁技术赶超问题开展系统调研，并从经济学和管理学两个不同的学科视角，以及宏观和微观两个不同的层面剖析中国高铁技术赶超的研究动机。

中国高铁技术赶超研究团队由吕铁、贺俊、江鸿和黄阳华4人组成。4名成员的学科背景分别是产业经济学、技术创新、战略管理和发展经济学，产业经济学和发展经济学为理解中国高铁技术赶超提供了宏观分析框架，而技术创新和战略管理则为理解中国高铁技术赶超的微观机制提供了分析工具，研究团队的多学科背景为这项研究提供了良好的知识基础。

研究团队于2015年7月至2016年7月以滚雪球式的调研方式对高铁装备、高铁用户、科研院所和高铁工程四大类高铁创新主体开展了扎根式的全景调研，调研对象涵盖了中国高铁技术赶超的主要创新主体和重要当事人。整个调研过程涉及37次焦点访谈，受访对象超过200人、300人次。2016年国庆节后，研究团队开始进入研究写作阶段。研究团队灵活采用"集中"和"分散"的科研组织方式，访谈采取主访谈方式，访谈资料和数据处理采取统一编码和共享的方式，问题提炼和具体研究方法则发挥团队成员各自的优势，尊重各自的研究偏好。

本书初稿完成于2017年4月。这部初稿申报2017年度《国家哲学社会科学成果文库》未果后，研究团队把主要精力转向与各章主题相关的学术论文的整理发表上。至2020年5月，研究团队在《中国社会科学》《管理世界》《经济管理》《学术月刊》《学习与探索》共发表7篇学术论文，在国内学术界和政策研究界中产生了较好的反响，其中一篇论文还获得第五届刘诗白经济学奖。2022年春节后，研究团队基于公开发表的学术论文，开始对本书初稿进行全面修改，将原来的5章30万字修改调整为7章20万字，并以修改后的书稿申报2022年度《国家哲学社会科学成果文库》。

本书是研究团队通力合作完成的研究成果。各章的作者分别是：第一章吕铁、贺俊，第二章贺俊、吕铁、黄阳华、江鸿，第三章贺俊、吕铁，第四章黄阳华、吕铁，第五章江鸿、吕铁，第六章吕铁、江鸿，第七章贺俊、吕铁、江鸿。附录1—5由江鸿整理。

感谢《国家哲学社会科学成果文库》8位匿名评审专家和会评专家对本书的肯定评价和宝贵意见。本书能够入选2022年度《国家哲学社会科学成果文库》，是对我们过去7年于这项研究工作投入的一个最好回报。

感谢时任中国社会科学院工业经济研究所所长黄群慧研究员对我们这项研究自始至终的大力支持。感谢中国社会科学院工业经济研究所党委书记曲永义研究员、中国社会科学出版社社长赵剑英研究员在本书申报《国家哲学社会科学成果文库》和出版过程中提供的指导和帮助。感谢张冀翼、梁建英、周黎、赵春雷、董守青、胡华峰、冯江华、魏德勇等高铁业内人士对我们调研工作的热情接待和周到安排。感谢本书责任编辑黄晗专业、细致、出色的编辑工作。

尽管我们在本书的研究写作中投入甚多,但限于能力和条件,自然会有诸多不足和问题,期望来自各方面读者的批评指正!

吕铁

2022 年 12 月 25 日